# アピアランス〈外見〉問題と 包括的ケア構築の試み

## 医療福祉連携と心理学領域とのコラボレーション

*Harada Teruichi　Masame Ken*
原田輝一・真覚 健［編］

福村出版

|JCOPY|〈出版者著作権管理機構 委託出版物〉
本書の無断複写は著作権法上での例外を除き禁じられています。複写される場合は、そのつど事前に、出版者著作権管理機構（電話 03-3513-6969、FAX 03-3513-6979、e-mail: info@jcopy.or.jp）の許諾を得てください。

# はじめに

　外見に関連した諸問題は昔から強く意識されてきたし，芸術においては主要なテーマだった。しかし一般人においては，あまり適切に対処されてこなかったのも事実である。ところが近年の社会の変化により，一般の方々にとっても，学術領域の研究者にとっても，その問題の深層に向き合わねばならない時代がやってきている。臨床目的あるいは研究目的で問題へ対処するのは専門職たちだが，この問題の対象となるのは，今や社会の全人口であることを強調しておきたい。

　本書ではそれらを「アピアランス〈外見〉問題」と呼んで，複雑かつ多岐にわたる問題について，さまざまな視点より解説している。「アピアランス〈外見〉問題」を簡潔に表現すると，「外見に問題があったり，それを自覚したりすることで，人は活力を失うことが多い。それには種々の要因が存在している。その原因としては，先天性および後天性の医学的状態があり，さらには精神科疾患が関与する。社会文化的にはメディアが流す情報やイメージにより，一般人においても外見への不安が広く浸透している」となろう。それを解決するための「包括的ケア」の目的は，「そうした要因を理解しながら，さまざまな方法を用いて人々の活力を蘇らせる，すなわち適応能力を高める」ことである。

　序章には概説を置き，問題の全体像を俯瞰してもらえるようにした。なぜ最近になってアピアランス〈外見〉問題が注目されるようになってきたのかに始まり，用語の解説，歴史，理解のための理論やモデル，介入のための枠組みや測定ツールを説明する。認知的・行動的問題に触れて，具体的な介入方法も示す。

　第1章では「包括的ケアの理解と実際」を扱う。外見認知の特性と可視的差異について，認知心理学の視点から紐解いていく。そしてケアの実際として，

アセスメントの方法，ソーシャルスキル・トレーニングの指導，認知行動療法による支援を解説する。さらには，ケアをするうえで重視されてきている当事者組織（セルフヘルプグループ）について，補完的資源としての重要性を解説する。支援スキルとしてのメイク療法はすでに確立されているが，そこに至るまでの歴史と現状も踏まえて，介入方法として発展するまでに払われた努力を記す。今後，別種の技術を開発していく際に，必ずや参考となるからである。

　第2章では「医学的解説」を置いている。人目につく外見の特徴を可視的差異と呼ぶが，その原因は実にさまざまである。そこでまず代表的な可視的差異に関する状態（症状）別解説を，先天性の状態と後天性の状態に分けて示す。続く節では，醜形障害の鑑別と治療に触れている。これは原則的に可視的差異なしの状態であるにもかかわらず，当事者を著しく苦しめているものである。他の精神疾患との鑑別も重要で，それなくして適切に患者に接することは不可能であるため，最新の知見とともに解説している。

　第3章では先天性の状態におけるアピアランス〈外見〉問題と対策について解説している。その代表例として，「口唇口蓋裂・頭蓋顎顔面領域」の状態を扱っている。出生前診断に始まり，幼少期・児童期・青年期と，ライフステージに沿って問題点を俯瞰する。さらにはイギリス圏における口唇口蓋裂・頭蓋顎顔面領域の動向，および本邦における対応への試みについて触れる。

　第4章では「熱傷・外傷領域」での問題と包括的ケアを扱っている。患者がたどる長期の過程を解説し，実際の試みについて，急性期を中心とした話題と，回復期を中心とした話題について触れる。

　第5章では「がん領域」での問題と包括的ケアを扱い，その基礎的事項と実際について解説する。がん領域へのケアは後発ながら大きく前進しており，がん領域のアピアランスケア事業は，国策としても進められることとなっている。

　第6章では「社会文化的アプローチ」について解説する。個人への支援介入とはコインの表裏の関係にある重要事項である。近年の話題として，メディアによる一般人への影響が知られている（痩せすぎモデルのイメージを流すと，摂食障害が増加するという話は有名である）。そして一般の人々に与えている影響は，気づかぬうちにさらに深刻になってきている。そうした状況を説明し，大規模

に文化への修正アプローチに立ち向かったイギリスのチェンジング・フェイス（Changing Faces）とその行事 Face Equality Day について，創設者のジェームズ・パートリッジ（James Partridge）氏が解説する。

　第7章では日本の今後の課題について，対談の中で解決方法を模索する。社会文化へのアプローチについては，気鋭の社会心理学者に意見を求める。現場へのアプローチについては，精力的に認知行動療法に取り組み，普及にも努めてこられた心理学者に意見をいただいた。

　日本文化は西欧文化圏のそれとは異なる。アサーション重視文化ではないため，顕在化する部分が少ないからであろう。アピアランス〈外見〉問題の発生の仕方も少し異なるところがあるし，それへの対応も違ったものになってくるだろう。総じていえば，日本文化ではこの種の問題は見つけにくく，ゆえに対処が難しいとも予想できる。

　日本文化においてアピアランス〈外見〉問題への理解が進み，「個人⇒社会」を促進する包括的ケアに限らず，「社会⇒個人」への社会文化的影響の健全性も問われ，より良い文化を誇れる社会へと発展することを願わずにはおられない。本書が少しでもそのために役立つことを，心より願っている。

2018年5月

執筆者一同

# 目　次

はじめに ............................................................................................................. 3

## 序章　概　説 ............................................................................................... 11

1. なぜ今，アピアランス〈外見〉問題なのか？　12
2. 用語について　17
3. 歴　史　19
4. 理論・モデル・枠組み・測定ツール　22
5. 認知的・行動的問題　26
6. 介入枠組みとしての段階的ケア　29
7. 今後の課題　31

## 第 1 章　包括的ケアの理解と実際 ............................................................. 37

### 第 1 節　外見認知の特性と可視的差異 ....................................................... 38

1. 顔に対する認知特性と可視的差異への示唆　38
2. 顔についての魅力研究と VD　41
3. VD の顔における微笑み表出の効果　44
4. まとめ　46

### 第 2 節　ケアの実際：アセスメント／SST／認知行動療法 ........................ 51

1. アセスメント　51
2. ソーシャルスキル・トレーニングによる支援　54
3. 認知行動療法による支援　62
4. 今後の課題　68

### 第 3 節　ケアの補完的資源：当事者組織（エンパワメント） .................... 71

1. 顔に関する SHG のいろいろ　71

2 SHG が達成する成果　72
　　3 SHG が援助形態として機能する4つの柱　75
　　4 専門職との関係に焦点を当てた SHG の形態　79

## 第4節　支援スキル：支援としてのメーキャップ …………………………… 82
　　1 メーキャップとは，化粧とは　82
　　2 化粧療法の誕生　86
　　3 さまざまな実践　88
　　4 今後の課題　90

# 第2章　医学的解説 ……………………………………………………………… 99

## 第1節　状態別解説（可視的差異あり） ………………………………………… 100
　　1 先天性の状態（主として頭蓋顔面領域）　101
　　2 後天性の状態　110

## 第2節　醜形障害の鑑別と治療（可視的差異なし） …………………………… 125
　　1 はじめに　125
　　2 醜形障害とは　125
　　3 DSM-5 における醜形障害の診断基準　126
　　4 これまでの DSM-IV-TR からの進展　128
　　5 醜形障害の疫学や予後，併存症など　129
　　6 鑑別診断と病識　130
　　7 文化的な側面，対人恐怖症との関連　132
　　8 治療（主に薬物療法）　134

# 第3章　口唇口蓋裂・頭蓋顎顔面領域での問題と包括的ケア ………… 139

## 第1節　基　　礎 ………………………………………………………………… 140
　　1 はじめに　140

2 出生前診断　141
　3 出生後〜幼少期　143
　4 児童期　146
　5 青年期　146
　6 イギリス圏における口唇口蓋裂・頭蓋顎顔面領域の動向　148

## 第2節　実　際　152

　1 東北大学病院唇顎口蓋裂センター設立の経緯　152
　2 心理外来の支援体制　155
　3 心理外来での支援実績　158
　4 支援提供における課題　159

# 第4章　熱傷・外傷領域での問題と包括的ケア　163

## 第1節　基　礎　164

　1 精神科的症状表現　165
　2 熱傷患者がたどる長期の過程　167

## 第2節　実　際（急性期を中心に）　177

　1 熱傷の心理的適応段階　177
　2 早期介入の必要性　179
　3 実際の介入　180
　4 チーム医療　182

## 第3節　実　際（回復期を中心に）　184

　1 はじめに　184
　2 急性期の問題　185
　3 回復期・リハビリテーション期の問題　186
　4 退院後，社会復帰前の問題　186
　5 急性期でできること　187

6 回復期・リハビリテーション期でできること　189
　　7 実例（回復期で発症したPTSD）　191

## 第5章　がん領域での問題と包括的ケア　195

### 第1節　基　　礎　196

　　1 はじめに　196
　　2 背　景　197
　　3 現　状　199
　　4 症　状　200
　　5 支援・介入の前に　201
　　6 支援の実際　203

### 第2節　実　　際　207

　　1 はじめに　207
　　2 支援に際して基本となる考え方　208
　　3 個別支援の4段階ステップ　209
　　4 代表的症状別ケア　212
　　5 その他の関連トピック　216

## 第6章　社会文化的アプローチ：
## 　　　　チェンジング・フェイスによる「顔の平等」キャンペーン　221

　　1 用語について　222
　　2 チェンジング・フェイスの設立経緯と主要プログラム　223
　　3 チェンジング・フェイスは何をするのか？　224
　　4 「顔の平等」キャンペーン活動の起源と活動　226
　　5 Face Equality Dayを創設するために何をしたか？　229
　　解　説　234

## 第7章　今後の課題（対談） ……………………………………………… 237

### 第1節　社会文化へのアプローチについて
　　　　──「見せる文化」と「読ませる文化」との差異── …………… 238

　日本は相手に「読ませる文化」　238
　メディアの影響とメディアへの影響　240
　社会における相互的理解をめぐって　241
　相互的理解を促進させるもの　244

### 第2節　現場へのアプローチについて
　　　　──CBTの有効性を軸にした，心理と医療の連携（コラボレーション）── …… 246

　CBTの普及状況　246
　アピアランス〈外見〉問題とCBT　247
　臨床から社会への情報発信　250

## 索　　引 ……………………………………………………………………… 252

# 序章

# 概説

序章概説

## 1 なぜ今，アピアランス〈外見〉問題なのか？

　最近，アピアランスという言葉をよく耳にするようになった。例えば，アピアランスケアやアピアランスセンターなどである。アピアランスとは「外見」の直訳であることから，要するに「外見を良く見せるための技術やノウハウを教えること」と想像する読者も多いと思われる。確かにアピアランス〈外見〉問題への対処には，そうした具体的な対処方法も含まれはする。しかし，それらはあくまで全体のごく一部にすぎず，本質的な部分はむしろ違うところにあると思ってほしい。

　アピアランス〈外見〉問題は日常生活の中の至るところに存在している。患者・クライアント・当事者らは広く社会の中で生活する存在である以上，ほとんどの実際的問題は医療現場以外で起こる。しかしながら医療現場において生じるものも少なくなく，また，その解決を求めて医療現場に集まってきやすい。つまり，医療現場を主としながらも，広く社会全般に至るまでがアピアランス〈外見〉問題の存在する場所であり，また未解決のまま放置されている場でもある。

　その核心的な部分とは，多種多様な原因，対人関係上の認知処理過程，対処行動発現に関する統合的理解であり，その問題解決へ向けた包括的ケアの提供計画およびその体制作りであるといえる。その広汎さゆえに，アピアランス〈外見〉問題という言葉が示している全体像は把握しづらいのである。本書の目的は，アピアランス〈外見〉問題に関する基本的事項から対処の工夫について，そして今後の課題について，簡潔に幅広く解説することである。

　アピアランス〈外見〉問題とは，狭義には「外見における客観的問題を原因とする適応障害に関連した問題」を扱う分野といえる。広義には，「客観的問題を有さない，主観的問題のみが原因である場合も含まれる」といえる。外見における客観的問題に関するこれまでの定義では，「正常範囲あるいは社会的に通常とみなされる程度を超えた変形」と表現されることが多かった。原因はさまざまで，先天性のもの（出生前から存在するもの）から，後天性のもの（外

傷や熱傷，さまざまな疾患やがん，およびそれらの治療に伴うもの，等）までいろいろである。以前は別分野の対象疾患と考えられていた身体醜形障害など，客観的には正常範囲内の外見を持つにもかかわらず，自らを醜いと思い込んでしまう一種の精神疾患がある。それらについても現在は，問題対処法における類似性から，アピアランス〈外見〉問題が対象とする状態（症状）に入れられることがあるため，本書では最新情報を紹介している。その本質もさながら，鑑別のための知識は臨床家にとって非常に役立つ情報となる。

　このように対象となる人々は老若男女を問わず，その遺伝や疾患既往の背景もさまざまである。そうした人々を対象に，医療・福祉系スタッフは患者の問題に関わる立場にいた。また，支援や介入の技術を用いて，より大きな困難に関わる立場にあるのが，専門的な介入技術訓練を受けた臨床心理士や精神科医師であった。しかし，こうした問題が医療のさまざまな分野で認知されてはいたものの，残念ながら重視されてこなかったのも事実である。個別の支援や介入のサービスをいかにして定着させていくか，さらには，社会やコミュニティを巻き込んだ堅実なヘルスケア・サービスをいかに定着させていくのか，本格的な改善はこれからの課題である。本書の存在意義は，そうした状況のもとにあるアピアランス〈外見〉問題について，直接的に関わる人にも，間接的にしか関わらない人にも，先入観や偏見に影響されずに，最先端の知見を得てもらうことである。

　ではなぜ，アピアランス〈外見〉問題はこれまで対処されてこなかったのであろうか？　その理由としていくつかのことが考えられるが，そうした理由を押さえておくことも，今後の課題に取り組む人たちにとっては意味のあることだろう。

- 理由1：こうした問題に苦しんでいる総人口は多いものの，その原因は多種多様であるため，原因別に見た場合，それぞれの分野では少数者の問題と見えてしまうこと。したがって医療や福祉の現場でも，問題対処への優先度が低く評価されてしまっていた。
- 理由2：仮に，ある人が適応障害の状態にあったとしても，当事者は社会的

回避行動をとることが多い。そのため問題が明らかになりにくく，外部からのアプローチも難しいことが多い。また，社会的引きこもり状態にあっても，外来受診には来る患者については，「社会復帰OK」と誤った判断をしてしまいがちであった。
- 理由3：適応を障害する要因は，社会的回避行動だけではない。感情駆動行動として「攻撃性の高まり」が見られることもあり，周囲の人々の対応がさらに困難なものとなりがちである（つまり，周囲の人々も回避的になりがちであった）。
- 理由4：以上のような状況にあるため，医療でも心理学でも研究分野として扱うのが難しく，研究対象としてむしろタブー化されてきた。
- 理由5：少数だが，さまざまな領域で心理学者などが対応にあたってきた。しかし，それぞれにとってアピアランス〈外見〉問題は第一専門でないことが多く，その支援介入の情報を，学術的レベルにまで高める余力がなかった。
- 理由6：アピアランス〈外見〉問題への対応には，多職種の共同作業という横断的連携が必要である。しかし現場には，このテーマに関する多職種連携チームを求める機運の高まりが，最近までなかった。

ざっと以上のような理由により，アピアランス〈外見〉問題はさまざまな領域で意識されつつも，正面から扱われることが少なかったと説明できる。

こうした問題をQOL（quality of life）の問題としてとらえ，その向上を目指すのがアピアランス〈外見〉の心理学である（学術的成果は心理学にあるとしても，その実践の場は医療・福祉・地域行政に重心があることに注目しておいてほしい）。介入の概要は，「個人の認知的問題を明らかにし，行動療法を併用しながら認知的問題を修正しつつ，現実への適応力を伸ばす」ことである。こうした介入は専門に訓練された精神科医や心理士が行うもので，比較的少数の，より重症な当事者に向けた治療とみなされてきた。

しかし現在，アピアランス〈外見〉問題はより大きな展開を見せ始めている。イギリスで試みられているシステムを例にとると，多数の比較的軽症の

ケースに対しては，医療，福祉，学校，コミュニティで，それぞれの現場のスタッフである程度のトレーニングを受けた者が，情報提供などで初期対応する。そして重症者のスクリーニングと専門機関への紹介を担当している。医療・福祉スタッフの関与に含めて，イギリスでは総合医（地域の開業医として包括的初期治療にあたっているが，より専門的な機関への紹介のためのスクリーニングも行う，ゲート・キーパーの役割も担っている）への知識普及についても議論されている。

　この分野の近年のトピックスとしては，アピアランス〈外見〉問題におけるリジリエンスの分析がある。これは，「外見に問題を抱えつつも，社会にうまく適応できている人にはどのような特徴があるのか？」を研究し，その結果をSST（social skill training：社会的スキル・トレーニング）やCBT（cognitive behavioral therapy：認知行動療法）に応用していくことが注目されている（Cash, 2002）。これまで海外で直接的に技術開発にあたってきた研究者集団は，心理学の中の健康心理学分野における研究者が多かった。単発的には各領域（例：摂食障害治療やがんセンターでの心理的ケア）で，優れた報告がなされてもきた。これまでは研究者数が少ないうえに，その臨床現場が家庭，病院，学校，職場，地域などの多岐にわたっているため，学術的レベルに達する成果をまとめることは困難であった。しかし20世紀末ごろから多分野多領域が横断的作業を行う必要性に呼応して，イギリスでは当事者のボランティアセクター（例：患者の会，等）が協力して，当事者支援とともに研究フィールドの提供が可能となったため，急速に学術的進歩を遂げることができた。その包括的ケアと呼べるレベルに達した学術的成果が，現在，世界へ向けて急速に情報発信され始めたのである。

　では，最近になって動きが加速してきたのは，サービス提供側の準備が整ってきたという理由だけによるのであろうか？　つまり，「なぜ今，アピアランス〈外見〉問題なのか？」について，まだ見逃していることはないだろうか？　前述のように過去には，多領域にわたる問題ではあるもののそれぞれが少数者の問題だったため，研究者（学術的情報発信側）の関心も，一般（情報受け入れ側）の関心も大きくはならなかった。その流れを変え，世間の関心を高めつつ

序章　概　　説

ある要因には2つある。

**要因1：がん治療に伴うアピアランス〈外見〉問題**

　先進国では共通した問題となっているが，少子化現象に伴い出生率が低下し，出産そのものの数が低下してきている。当然ながら先天性疾患（状態）の総数も減少してきている。外傷や熱傷は，労働・安全環境の改善により，重症例の発生頻度が低下してきている。これまで潜在的だったアピアランス〈外見〉問題の主領域では，徐々にその数が減少してきている。そのような状況とは反対に，高齢化現象に伴う問題が増加してきている。「がん」は高齢化とともに増え，また大規模な手術技術や抗がん剤治療の進歩とともに，確実にアピアランス〈外見〉問題が増加してきた。さらには AYA（adolescent and young adult）世代のがんが問題となってきている（若い世代ほど，アピアランス〈外見〉問題の影響を受けやすいことは想像に難くない）。アピアランス〈外見〉問題を抱えつつ生活したり働いたりする人が，がん領域において急速に増えてきているのである（Nozawa et al., 2013）。がんの問題は，決して少なくはない確率で，誰もが負う可能性があるため，世間の関心も急速に高まり始めた。抗がん剤による脱毛ではウィッグが重要となるが，一般の方の中にも，長く伸ばした髪を献髪することが行われるようになってきている。そして現在，民間に溢れるようになってきたケア情報に対して，学術的に整理して，エビデンスに基づいた情報整理と提供を行う時代になってきている。つまり，患者や家族が学術的に信頼できるアピアランス〈外見〉問題への対処法を求めるようになってきたのである。

**要因2：身体醜形障害の問題**

　摂食障害も含め，身体イメージの障害に基づく状態は，一般の方々にとっても，また医療福祉のスタッフにとっても，特殊な心の病気だと考えられてきた。しかし社会文化的圧力（例：外見が良ければ得をするといった風潮）の影響はますます強まり，摂食障害や身体イメージの混乱による社会的不安など，アピアランス〈外見〉問題に関連する心の疾患が増加傾向にある。最新の DSM-5（アメリカ精神医学会が作成している診断・統計マニュアルで，世界的に汎用されている）では，「身体醜形障害」は強迫スペクトラム障害に分類された（American Psychiatric

Association, 2013)。アピアランス〈外見〉問題の視点から重要と思われる点は，こうした身体イメージの障害を持つ人々と，正常といえる人々との間には，決定的な境界線は存在しないことである。つまり現在，世界的に拡散している美的強迫に関連している現象は，社会文化的要因とも密接に関連しながら，すべての人口に作用している問題であり，「正常人」を規定していた文化的規範も曖昧となってきている。極端な言い方をすれば，全人口が日常生活の中でアピアランス〈外見〉問題の影響を受け，それに対処し，何らかのコーピング技術を意識的に使っていく時代となっている。さらにいえば，アピアランス〈外見〉問題を意識しつつ，文化的健全性についても問い直さねばならない時代になってきている。

以上のような社会的変化に対して，個人の適応能力を発達させるニーズが高まってきているわけである。そのための技術普及の試みが，海外でも，そしてまだ微少ながら日本でも，新しい学術ムーブメントとして起こってきている。「なぜ今，アピアランス〈外見〉問題なのか？」について概略を紹介したが，こうした前置きですら長くなるほど，アピアランス〈外見〉問題は複雑で広汎であることがご理解いただけたと思う。それでは，この多様性に富むがゆえに複雑にならざるをえない問題と対処について，その概略の解説を始めることにしたい。

## 2 用語について

この分野について解説するにあたり，用語の問題は非常に重要である。今後のケアや個別研究において，当事者との前向きな関係を構築し，維持していくためにも，用語に関する理解は避けて通ることができない。

これまでの研究では，当事者の状態を表現するために，医学的慣例にのっとった表現が使用されてきた。例えば，○×病，○×症候群，○×症状，○×変形，○×機能障害などである。こうした従来の流れとは異なり，近年この分野での用語として，客観的に外見における問題の原因が見える状態を，「可視

的差異（visible difference: VD）」と表現することが増えてきた（Rumsey & Harcourt, 2005）。同時に，その原因となる症状のことを，「状態（condition）」と表現する。病態や病因に結びつけた用語は，当事者の適応能力の発達過程において，悪影響をもたらしこそすれ，良い影響をもたらすことはないということがはっきりしてきたからである。あらためて気づくことは，もともと「病気」という言葉には，「実社会で十分に働けない状態，治癒または軽快状態になるまで休養し，社会生活から離れなければならない状態」というニュアンスが含まれていることである。

とはいえ，学術的検討においては，状態が持つネガティブな局面について正面から検討し，それを表現せねばならないときもある。その際には従来から，「disfigurement」という用語を用いることが多かった。disfigurementには，「その形」が「ネガティブな印象を与える」というニュアンスが含まれている。他者へ与える生理的嫌悪感というニュアンスの強さで表せば，「状態 = condition」＜「変形」＜「disfigurement」＜「醜形 = ugliness」となろう。「変形」という言葉に，形と質と情緒的反応においてネガティブな意味合いを持たせているのが，この分野での使用となっている。こうした用語を使い分けることは煩雑であるが，これまで一律的には表現しきれなかった複雑な現実問題が，ある程度，冷静に表現できるようになった。つまり，一般的な記述をしている際には「状態」や「可視的差異」という用語が使われ，特別な場合，例えば他者への影響力を検討する際などには，必要に応じて「変形」「disfigurement」「醜形」などを慎重に使い分けるわけである。文脈により使用したいニュアンスが異なるため，それに応じて用語も使い分けるということであり，そうした表現上の混乱の背景には，上記のごとき事情があることをご理解いただきたい。

日本語で「外見問題」のことを，英語では「appearance matters」という。「外見心理学」と書いてしまうと，次項「歴史」の中で述べているように，外見をポジティブに操作することへの重要性を謳った時代があったため，どうしてもそうしたニュアンスが入り込んでしまう。英語圏でも，Appearance Psychologyという言葉に同様の問題が生じている。そうした用語に染みついた先入観への対処として，appearance matters（外見問題）というトピックスを学

術的に扱い，情報発信することを併用しながら，ニュアンスの変更を試みているようである。イギリスでは隔年で「Appearance Matters」という名称の国際会議が開催され，2018年には8回目が行われる（「Appearance Matters」でネット検索可能）。残念ながら日本では，「外見問題」という用語の使われ方が多義的であり，学術的に市民権を得ているとはいえない。厳密かつ冷静なレベルで，学術的に外見問題を取り扱う学会や研究会やニュース・ソースもない。つまり学術面での情報発信が遅れているために，「外見問題」や「外見心理学」という表現を使用すると，どうしてもポジティブな側面を強調していた時代の先入観の影響を受けてしまう。そうした日本の現状を考慮すれば，外見心理学という用語よりは，そのまま「アピアランス心理学」（＝ Appearance Psychology to manage appearance matters）とするか，「アピアランス〈外見〉心理学」と暫定的に表現するのが妥当のように思われる。学術的に妥当な用語が，これからの研究者たちの真摯な議論の中から，精錬されていくことを期待している。

## 3 歴　史

　問題の起源は古く，旧約聖書の中にもその片鱗を見て取ることができる。感染症とまぎらわしい皮膚状態を持つ者は，「共同体内部ではなく，その周辺に居住すること」という表現が見られる（旧約聖書，ラビ記より）。生存競争の厳しかった時代では，よくわからないことに対しては，悪いほうを想定して白黒をつけることが多かったのだろう。現代社会では人権侵害に当たる行為は禁止されているものの，こうした傾向（偏見）が今でも続いていることには注意を要する。

　客観的に目立つ状態を持っている人に出会うと，多くの人が一瞬身構えてしまうことだろう。短い時間に相手を観察し，いろいろなことを推測するわけだが，外見における状態に詳しくない人にとって明確な理解は不可能で，当惑だけが頭を占めて立ちすくんでしまう。また生理的嫌悪感を制御できず，その場から回避しようとする人もいるだろう。特に顔に重度の状態を持つ場合には，その表情が読み取りにくいため，友好的な相手なのか，敵対的行動をとりやす

序章 概　説

い相手なのか判断できずに，やはりその場を回避してしまうこともありえる。

　現代社会は商業化社会であり，メディアを通じてその傾向はますます強まってきている。加えて世界経済の成長により，人々はますます自由に多くの地域を訪れるため，初対面の人と接する機会は増え続けている。またITの発達により，より多様な仕事を短時間ずつ連続的に行うようになり，人々の仕事はますます断片的となってきている。それに逆行して，じっくりと人と接する機会は減る一方である。現代社会では，短時間の接触で対人関係構築を繰り返し続ける，というのが普通のライフスタイルになってきている。現代社会は昔とは違ったやり方で，アピアランス〈外見〉問題を抱えている人々の生活を脅かしているのである。

　外見研究の歴史を振り返ると，戦後の世界経済の成長期，その時勢に合わせたオピニオンが，学術の世界にも求められていたようである。外見の研究としては，美人やハンサムのほうが，あるいは背が高いほうが社会的に成功しやすいといった類の結果を掲げた研究が多かった。つまり，外見におけるポジティブな効果について，優先的に評価する研究が多かったといえる。しかしながら全世界的な経済発展は長く続かず，1980年代から先進国は成長が鈍り始め，経済の低迷が始まる（しかし日本では，これからバブル期を迎えようとしていた時期で，誰もが冷静に世界情勢や日常の社会を俯瞰することができなかったのも事実だが）。特に大きな影響を受けたのはイギリスで，第二次大戦まで保有していた経済的利権の多くを失っていたところへ，戦後の社会保障制度を手厚くするという政策が折り返し点を迎え，国家財政は破綻寸前にまで逼迫する水準に達した。そこでイギリスでは，徹底的に社会保障制度の内容の見直しが行われた。そのサービスは本当に有効なのか？　それを証明するエビデンスはあるのか？　サービスの空白を埋めるためには，いかなる手段が合理的で効果が見込めるのか？　そうしたことが徹底的に公共サービス全般において検討された。その結果，能力がありながらも適応できておらず，社会適応能力を高める必要のある人が多いことがわかった。社会保障制度の維持という視点から，その解決のための方法の一つとして認知行動療法に注目が集まり，公共提供サービスへの応用が模索された。

　そうしたころ，アピアランス〈外見〉問題に一つのパラダイムシフトが起

こった。それは，「不適応となる人々は，外見問題の原因や重症度によらないことが多い」ということである。適応に障害をきたすプロセスを分析すると，外見問題の原因や重症度は多様であっても，最後の適応障害過程はほぼ共通していることが明らかにされた。また，それまでの暗黙の思い込みでは，状態の重症な人ほど苦悩が大きいだろうと考えられていた。しかし実際に深く研究してみると，重症であるからといって苦悩が大きいとは限らず，比較的軽症の人でも大きな苦悩を経験する人がいることもわかってきた。それらが証明されるに至って，適応能力促進のための技術は，「原因別ではなく，統合的に模索しよう」ということになったわけである。つまり多数のマイナー問題の乱立状態から，外見問題（appearance matters）という枠組みのもと，一つの大きな応用科学分野へと成長する過程に入ったのである。

　もう一つの大きなシフトは，「がん治療ケア」の問題である（前述）。がん治療におけるアピアランス問題が世間の関心を喚起し始めていることはすでに述べた。この理由として，罹患人口の多さ，将来の（自分の）罹患可能性の高さ，AYA世代のがん，働きながら治療を行う人が増えていることなどである。そうした場合，アピアランス〈外見〉問題は深刻な適応阻害因子として作用する。さらにもう一つのシフトは社会文化的圧力であり，これにより，より多くの人口が潜在的醜形恐怖状態に置かれるようになってきている。テレビ・映画・インターネットをはじめとして，メディアは膨大化している。その膨張動力は当然ながら商業であるが，残念ながら商業は，時として倫理や道徳を無視した行為に走ってしまうことがある。多くの広告が関連想起を利用した販売促進戦略を行っているが，その内容の多くは，「外見をポジティブにすれば良いことがある」といったサブリミナル効果を利用している。外見問題に対して脆弱な（他者に対する自分自身の情報を，どのように統制したらいいのかが判断できない，あるいは誤った判断の仕方を身につけている）現代人に対して，文化的圧力はますますその影響力を増してきている。

　そうした状況の中，明確に2つのベクトルが存在するようになった。学術分野が主として「個人→社会の適応の問題」を扱うのに対して，「社会→個人への文化的圧力の問題」が，コインの表裏のような関係で明確化してきた（後述）。

序章概説

## 4 理論・モデル・枠組み・測定ツール

　適応障害への支援・介入技術が開発され始めた当初は，不安障害や抑うつ症状の患者が研究対象であった。別の流れとしては，主に精神科領域で扱われていた摂食障害や身体イメージ障害への研究と治療が，大きな進歩を遂げていた。上記の対象患者群は，基本的には外見に顕著な問題を持たない人々であったため，一般的な理論が使用可能であった（という前提に立脚していたのだが，異論も少なくはない）。しかしながらアピアランス〈外見〉問題への対応能力に限界があった。

　ところが1980年代に入り研究が進むにつれ，アピアランス〈外見〉問題を持つ人のうち，社会への適応がうまくいかない人々においても，その原因となっている「障害された社会化の過程」においては，前述のごとき別状態にある人々の過程と，共通する部分の多いことがわかってきた。ここでは当事者の認知過程における問題点を分析するための代表的モデルを挙げてみる。

**一般的モデル**

　保健行動に関する一般的モデルには，社会的認知モデル（social cognitive model），自己制御理論（self-regulatory theory），ストレスとコーピング理論などが用いられてきた。社会的認知モデルでは，例えば健康についての信頼モデル（health belief model: HBM）が用いられ，外見が持つ予測因子としての強さが述べられることが多い（HBMでは，適応的行動を起こさせる信念には複数の構成要素があり，その中に外見に関連した事項が含まれることもある）。確かに外見への価値観の高さを測定することは可能である。しかし，対象人を一般的な概念で均一化しているために，外見に関連した不安や可視的差異を持つ人々の経験や行動選択までは説明できないという欠点がある。

　自己制御理論は力動的モデルであり，可視的差異の研究に応用されてきた。さまざまな要因に関する信念が認知や行動に悪影響を与えていることは説明できるが，要因の普遍性については状態別・個体別の差が大きい。

　ストレスとコーピング理論では対処モデル（transactional model）が可視的差異

研究に使用されてきた。ストレッサー（変形）とコーピング方略への個人的評価について分析し，介入枠組みとして有用である。しかし，変形を単なるストレッサーとして扱うことには問題がある（変形という状態には，複雑な多くの付帯事項が含まれているからである）。

このように一般的モデルの応用性は高いが，限定された範囲では限界が大きいことも事実である。

### 外見に関連したモデル

Thompson による身体イメージ・モデルの総説では，可視的差異を持つ人々の思考が，外見に対するネガティブな考え方に支配されていき，あらゆる社会的状況が，自らの外見に関連しているとネガティブに解釈するに至るという (Thompson, Heinberg, Altabe, & Tantleff-Dunn, 1999)。身体イメージの障害に関するモデルは，摂食障害や肥満などの分野で発達してきた。Cash の認知行動モデルでは，個人的経験が身体イメージへの態度やスキーマの発達に影響する（自己スキーマ，自己制御過程，コーピング，パーソナリティなどで構成される）。可視的差異の有無にかかわらず利用でき，ネガティブな身体イメージだけでなく，ポジティブなものについても説明できる点で優れている (Cash, 2002)。Kent のモデルでは，外見への不安感と認知されたスティグマについて述べている (Kent, 2002)。引き金になる出来事 (triggering event) が予想されるときに，不安感が増大するという。不安への対処として回避行動（隠蔽を含む）は短期的には効果的だが，長期的には不安感の強化を招くとも述べている。Newell は，恐怖−回避モデル (fear-avoidance model) を提唱した (Newell, 2000)。回避はネガティブな結果への予測と恐怖によって促進され，社会的回避に対する説明を与えた。Moss & Car は，多面的自己概念を提唱した (Moss & Car, 2004)。自己概念における外見の中心性を模索し，自己概念の区画化された複雑性をモデル化した。自己概念において外見が中心的である場合には，外見に関する情報に支配され，ネガティブな自己イメージを持ちがちで，適応能力が乏しくなる。

ARC (Appearance Research Collaborations：イギリスの研究者グループ) では，Cash のモデルに似た枠組みを用いて研究を行った。先行要件が入力された認知過程や外見のスキーマと，結果とが相互関係にあるモデルである。結果が認知過程

序章　概　　説

| インプット／先行要因 | | プロセシング／介在する認知過程 | | | アウトカム／結果 |
|---|---|---|---|---|---|
| 以下の事項を含む：<br>人口構成上の要素<br>仲間や親の影響<br>社会からの影響 | ⇒<br>⇒ | 重要性<br>誘意性<br>目立ちやすさ | 自己の理想<br>文化的理想 | ⇔ | 以下の事項を含む：<br>社会的不安<br>社会からの回避／孤立<br>心理学的健康<br>怒り／敵意 |
| | | 外見のスキーマ（図式） | | | |
| | | 社会的比較過程<br>帰属スタイル | | | |

**図 1　外見への不安に関連する研究や介入療法を容易にする構成枠組み**
出典：Rumsey & Harcourt, 2005　原田・真覚訳, 2017, p. 97 の図をもとに作成

にも影響する点で力動的である。この枠組みは，支援と介入のあり方を前提としてデザインされており，介入と変化に影響する諸要因を重視している点が斬新である（図1）（Rumsey & Harcourt, 2004）。

### 状態固有のモデル

　状態固有のモデルが，それぞれ固有の分野において多数報告されている。状態に特化しているメリットは認められるものの，理論と実際の結果との隔たりが大きいのも事実である。それぞれの分野での有効性と並んで，他領域の問題についても応用可能であるか，今後の検討が待たれている。

　アセスメントについて簡単に述べておく。臨床現場で問題に直面することが多い方にとっては有用なリストとなるだろう。帰属スタイルについては以下のような項目について測定されることが多く，それぞれに測定ツールが開発されている。

- 「楽観性」：改訂版楽観性尺度の4項目短縮版 shortened four-item version of the Life Orientation Test-Revised（LOT-R）
- 「社会的ネットワーク」：略式ソーシャルサポート質問用紙の4項目短縮版 shortened four item version of the Short Form Social Support Questionnaire（SSQ）

- 「ネガティブな評価に対する恐怖感」：否定的評価恐怖尺度短縮版 The Brief Fear of Negative Evaluation（FNE）scale
- 「社会的比較」：Iowa-Netherlands Social Comparison Orientation measure（INCOM）の短縮版
- 「ポジティブな感情（情動）とネガティブな感情（情動）」：Positive and Negative Affect Schedule（PANAS）
- 「不安と抑うつ」：病院不安・抑うつ尺度 Hospital Anxiety and Depression Scale（HADS; Zigmond & Snaith, 1983）は，身体的に健康に問題のある患者における不安と抑うつについて，有用で信頼性のある 14 の自己スクリーニング質問表である。顔に変形を負った患者での先行研究においても，有効性が認められてきた（Martin & Newell, 2004）。
- 「怒り／敵愾心」：Revised Aggression Questionnaire（RAQ）は，Buss & Perry による Aggression Questionnaire の短縮版である。

外見に特化した心理学的構成概念の測定法には以下のものが頻用されている。

- 「DAS59 & DAS24; 社会的不安と社会的回避」：Derriford Appearance Scale Short Form（DAS24; Carr, Moss, & Harris, 2005）は DAS59（Harris & Carr, 2001）の 24 項目版であり，外見に関連した社会的不安と社会的回避を測定する。近年，アピアランス〈外見〉問題に関連した研究において，広く使用されてきた。
- 「CARVAL（Centre for Appearance Research Valence scale）　外見の誘意性（valence）」：CARVAL は 6 項目の誘意性質問用紙であり，参加者が自分の外見について，どれくらいポジティブに，あるいはネガティブに評価しているのかを測定する。
- 「CARSAL（Centre for Appearance Research Salience scale）　外見の顕出性（salience）」：CARSAL は，外見が作動自己概念に占める程度，あるいは外見がその人にとってどれくらい重要であるのか（顕出性）を測定する。
- 「PADQ（Physical Appearance Discrepancy Questionaire）　身体的外見における解離（理想と現実の食い違い）」：PADQ は理想と現実の食い違いについて識別す

る。人は自分が（他者から）どのように見えているかの感覚を持っているが，「理想との食い違い」とは，自分と自分にとって重要な他者が，理想的にどのように自分が見えることを好むだろうか，という予想における食い違いである。

身体イメージの測定では以下が挙げられる。

- 「ライフ・インベントリーの身体イメージの質」：Body Image Quality of Life Inventory（BIQLI）は，19項目の評価ツールで，摂食と体重の管理を含めて，広い範囲の身体イメージ行動を調べることができる。
- 「外見スキーマ・インベントリー」：Appearance Schemas Inventory（ASI-R）（Cash, Melnyk, & Hrabosky, 2004）は，身体イメージへの投資（顕出性），あるいは身体の外見に置いている心理的重要性を評価する。2つの構成概念が含まれる。(1) 自己評価による顕出性，あるいは自尊心における外見の重要性。(2) 動機づけとなる顕出性，外見を維持あるいは変化させる動機づけの程度。ASI-R は正常集団と摂食障害において使用されてきた。

状態のタイプに特化した心理学的構成概念の測定法は枚挙にいとまがない。より細分化された方法で精度が高い分，領域外の分野への応用性に制限があるのは当然である。また，生態学的妥当性の範囲も狭いことから，文脈から見た場合の測定前提条件の違いも大きく影響することは想像に難くない。今後，日本での測定ツールとして用いる場合には，文化的な違いも考慮した測定法の開発が期待される。

## 5 認知的・行動的問題

可視的差異を持つ人々の苦痛の多くは，社会的出会い（social encounter）（普通の生活をしている中で，何ら事前情報のない状況で，初対面の人と会う場合など）の際に起こる。

## 不安感

可視的差異を持つ人々の多くが全般性不安（generalized anxiety）を示す。HADS を用いたある研究では，病的ないしはボーダーラインと評価された人は，48％に達するという（Rumsey & Harcourt, 2004）。注目すべきは，状態に関して，原因別グループ間での有意差はなかったという点である。しかし別の研究では，皮膚科的状態（症状）を持つ人々においては，不安感を持つ人の割合が有意に高かったという（Thomson, Kent, & Smith, 2002）。矛盾する結果のようであるが，解釈を進めれば次のような考察が可能である。つまり可視的差異の原因について，「身体に対する侵襲性のレベルは，不安のレベルにあまり相関しない」といえそうである。皮膚科的状態のように，身体（生命）への侵襲度自体は深刻でなくとも（疾患により例外は存在するが），強い不安感を訴える人が多くなる。不安感の程度の差は，状態の他者への目につきやすさ，また，その状態さえなければ自分はまったく正常であると思っている人で増強されやすい，といえるのではないだろうか。

## 抑うつ感

一般的には不安感と比べて，抑うつ感の頻度は少ないようである。前述の Rumsey らの研究では，27.5％であったという（Rumsey & Harcourt, 2004）。しかしここでも同様に，皮膚の状態の方が，場合によっては強い抑うつ感の原因となる報告も存在する。驚くべきデータとしては，口唇裂を有する人の自殺率は 2 倍であったこと（Herskind, Christensen, Juel, & Fogh-Anderson, 1993），乾癬の患者での自殺念慮が 25％であったことである（Rapp et al., 1997）。そういう意味では思春期に生じやすいニキビも，自殺念慮の原因となっているケースは少なくないようである。

不安感と抑うつ感の根底にあって悪影響を及ぼし続けているのは，「ネガティブな自己認知」とそれに発動される「自尊感情の低下」である。可視的差異を持つ人々は，そうした状況下に置かれている。しかしながら，適応がうまく進む人と進まない人では，何が違うのだろうか？　外見の問題に強く影響を受ける人の特徴は，「外見に対して置いている重要性のレベル」が高いという（Moss & Carr, 2004）。後者の場合，自分の外見のネガティブな側面に対して自意

識が高まっているために，出会う他者がとる曖昧な行動についても，自分の可視的差異に対するネガティブな反応であると解釈してしまうことがあると予測される。事故やがんなど，後天性の変化を負った場合には，自己概念の深刻な崩壊をもたらしうる。死別の悲嘆反応とも似ており，否認，怒り，苦悩，不安，抑うつを経験する。

　他者によるネガティブな評価の予想が強まると，羞恥心が高まる。初対面の人と出会う機会の多い場所や，可視的差異が見えやすくなるような場所（プールや夏のハイキングなど）には羞恥心とともに恐怖すら感じるようになり，それらを回避するようになる。羞恥心とは他者から低く評価されることを自覚するときに生じる感情反応であり（Gilbert, 2002），内的羞恥（自己に対するネガティブな見方）と外的羞恥（他者によるネガティブな認知）に分けられる。羞恥とは，特に顔における差異（ニキビ，乾癬，熱傷，瘢痕，変形，等）によって感じられやすいと報告されている（MacGregor, 1990）。またスティグマの問題もある（Goffman, 1963）。スティグマとは正常規範からの下落を意味しており，可視的差異を持つ人に対しても，よく「スティグマ化されている人」といった議論がなされる。しかし，本来正常人でありながら可視的差異を持っているのみの人については，この用語の妥当性自体に議論の余地があるのではないだろうか。

　可視的差異があり，それが他者にネガティブな反応を引き起こすという確信は，（当事者が認知する）他者の反応や行動によって強化されていく。一般的に人は，可視的差異のある人に出会うと，自然と距離を置いてしまうことが行動実験でも示されている。理由の解釈は難しいが，最初の印象形成に作用する既知のステレオタイプ，対処経験のなさからくる決定困難，お互いの困惑を最小限にしておこうという傾向，これらが混ざり合っているのであろう。可視的差異のある人は，こうした相手の徴候にも敏感になってしまうのである。結果的に自己防衛のための回避行動をとることが多くなる。時には敵意や攻撃性が高まってしまうため，理想的な適応からさらに遠ざかってしまう。

　しかし，可視的差異が利点となる場合もあり，それを証明する実験報告もあった（Rumsey, Bull, & Gahagan, 1986）。同じ人物が特殊メイクを用いて，「可視的差異の有無」と「社会的スキルの有無」を使い分けて被験者に接触する実験を行った。その結果では，「可視的差異あり＋社会的スキルが高い」が，人物評

価が一番高かった。ちなみに順位は,「あり＋高い」＞「なし＋高い」＞「なし＋低い」＞「あり＋低い」であった。可視的差異のある人を対象にした,社会的スキルの介入について,その開発と精錬には大きな効果と期待が持てそうである。

## 6 介入枠組みとしての段階的ケア

　介入方法の枠組みとしては,PLISSIT モデル（Annon, 1976）が一般的によく用いられている。もともとは性生活など,すなわち当事者が打ち明けにくく,介入者も聞きづらい問題について,介入とケアを促進させる4段階の方法として提唱された。P（Permission）：相談ができることを伝えておく,LI（Limited Information）：基本的情報を伝えておく,SS（Specific Suggestions）：専門家による詳細な情報を提供する,IT（Intensive Therapy）：専門家による集中的な治療を提供する。こうした段階的ケアの枠組みはさまざまな分野でも利用できるため,これに倣って多数のモデルが応用開発されてきた。

　アピアランス〈外見〉の領域でも,先進的な取り組みの中でこのモデルが使用されている。ここではイギリスの ARC の提案するモデルを紹介する（次頁の表1）(Clarke, Thompson, Jenkinson, Rumsey, & Newell, 2014)。レベル1の Permission では,介入者としてすべての医療福祉スタッフが想定されている。病院内の医療スタッフ,クリニック,福祉系スタッフである。ここでは心理社会的問題点が慎重にアセスメントされる。レベル2の LI は,主として病院内の医療スタッフに期待されている役割で,問題を抱える人を対象に情報提供したり,情報資源へのアクセスを勧めたりする。専門職としては当然のことであるが,可視的差異について,基本的な質問には答えられるようになっていることが望ましい。レベル3の SS は,ある程度の専門的トレーニングを受けた各分野の専門家で,アピアランス〈外見〉問題に対処するための基本的社会的スキルを教えることができる。レベル4の IT は,アピアランス〈外見〉問題について特別なトレーニングを積んだ心理学や精神医学の専門家であり,認知行動療法を中心にして,重く問題を抱え込んでいる人を対象にする。

　この介入枠組みを用いる理由は,実際には多くの当事者が簡単な情報の提供

表1　介入を前提とした段階的ケアの枠組み（外見問題への心理社会的適応を助ける）

| ケア提供者のレベル | 内容 | 介入の例 | 専門職の種類 |
|---|---|---|---|
| レベル1 | Permission（必要時の相談受付の事前許可） | 心理社会的不安についての相談受付（可視的差異を含む） | すべての医療スタッフ（総合医，看護師，心理関係の実地家，専門職としての医療相談係） |
| レベル2 | Limited Information（基本的情報の提供） | 文書化された情報，推奨されるウェブサイト，支援グループへのアクセス情報。可視的差異に関する基本的な質問への回答 | 可視的差異の種類に特化した領域で働くすべての専門職（医師，看護師，等） |
| レベル3 | Specific Suggestions (or interventions)（個別のアドバイスや介入） | 社会的スキル・トレーニング（凝視，批判，質問に対する）。社会的状況に積極的に取り組むこと | 可視的差異に関連する問題のトレーニングを受けた専門職，必要時には各専門家へ相談できること（例：専門分野の臨床看護師，作業療法士，顎顔面領域の技術者，支援グループ） |
| レベル4 | Intensive Treatment（集中的治療） | 認知行動療法（適応の低い，外見に関するスキーマを明らかにしたり，修正を試みる） | 臨床心理士，認知行動療法を専門とする心理士や精神科医 |

やアクセスによって，自ら対処法を身につけていくことができるからである。さらには，アピアランス〈外見〉問題に精通した心理学者や精神科医は多くなく，すべての当事者に向き合うことは事実上不可能であるためである。実際の介入では，専門家が行う個別的なものの実数は少なく，むしろ医療の現場のスタッフが利用できる範囲のモデル適用が多い。したがって，こうした枠組みが合理的であり，また重度の問題を抱える当事者のスクリーニング方法としても合理的である。それゆえに，上記のステップケア教育が適しているのである。ただし，レベル1と2ではあっても，多職種のスタッフへ基本的なレベルでのアピアランス〈外見〉問題とケアについてのトレーニングが必要であり，何らかの形で介入者養成教育事業は行われなければならないだろう。

　イギリスにおける当事者支援団体のチェンジング・フェイス（Changing Faces）は，セルフヘルプ（自助）教材をネットで公開している（https://www.changingfaces.org.uk/）。これはレベル1と2に該当する部分での情報提供である。これのみで問題が解決しそうにない当事者については，個別介入による面

談を受けている。つまり，当事者の必要性からアプローチできるようにしているわけであるが，病院スタッフや地域のクリニックの総合医からの紹介も，重要なルートとして受け付けている。

学術研究施設のCAR（ウェスト・イングランド大学のCentre of Appearance Research），学術識者集団のARCの業績は，フェイス・バリュー・プロジェクト（Face Value Project）に発展した（http://www.facevalue.cc/）。これは基本的なアピアランス〈外見〉問題とケアについての講習会であり，おおむねレベル1と2を希望する多職種専門家を対象に行われている。この講習会では全体の内容を6つのモジュールに分けて，2日間のコースで行っている。現在，EUに拡大中である。

日本でも同様の試みが始まっている。国立がん研究センター中央病院ではアピアランス支援センターを置き，アピアランス〈外見〉問題に対する患者のニーズの調査，アピアランスケアに関する支援技術のエビデンス調査，新たな支援技術と教育体制の開発を行っている。また，全国の，主としてがん拠点病院のスタッフに向けた教育講習会を開始している。こうした試みは年々重要視されるようになってきて，2017年には厚生労働省の「がん対策推進基本計画（第3期）」では，支援者教育事業は国策に導入される旨が閣議決定された。がん領域の患者数は多く，ゆえにアピアランス〈外見〉問題へのニーズも高い。今後，全国的に同様の動きが広がっていくことだろう。こうした動きに触発されるように，これまでアピアランス〈外見〉問題で主役だったにもかかわらず，少数者の問題という処遇から脱却できていなかった先天性や外傷・熱傷などの領域でも，同様の対応が広まっていくことが期待される。

## 7 今後の課題

今後の課題というと，それは山積しているとしか表現の仕様がない。前述したように，ニーズへの社会的認知の促進，領域固有のアセスメント開発，支援介入のモデルと技術，サービス提供体制の構築，社会文化的圧力への対処と一般への知識普及，等々。

序章 概　　説

　本書を手に取っていただいた読者の多くは，心理系の方なら臨床心理全般に関心をお持ちであろう。医療系の方ならば，それぞれの現場に潜在する患者の心理社会的問題に対して，そのケアの手がかりを期待しておられるであろう。もちろん福祉系や行政に関わる立場にいる方もいるだろう。そうした多様な職種と関心をお持ちの方々に共通している課題は，「どのようにしてアピアランス〈外見問題〉ケアを受けることができるのか？　提供する体制が確保できるのか？」であろう。人間をここまで総合的に評価してケアしようとする分野であるがゆえに，いくら優れた方法論や技術体系が提唱されたところで，いくらでも例外が発生してしまう状況は想像に難くない。この分野の黎明期に，内容の詳細にこだわった完成形を期待するのは酷であるし，冴えた姿勢であるとも感じられない。要は，いかなる理論やモデルを使用するのであれ，それらのサービスを提供して，その結果を評価して，それを原初的な現場（病院・学校・職場，等）へ，最終的な意味でコミュニティ担当者（地域包括ケア・福祉担当者，行政担当者，法律立案者，等）へ，フィードバックしていくことである。そしてこうした情報の流れを長期的に循環させる体制を確保することである。もちろん当事者自身による自己ケアや社会への関わりがなくては持続できるものではない。そういう意味では，最優先の課題（最初の一歩）となるのは，各原因別に当事者へ届きやすい形のセルフヘルプ情報提供体制を作ることだろう。

　サービスの受け手の問題を離れて，サービスの提供側の視点から課題を探ってみると，「これまでのほとんどのサービス（これには医療・福祉・教育・労働衛生などが含まれる）では，QOL，心理的健常感（sense of well-being），自尊感情（self-esteem），自己効力感（self-efficacy）といったゴールにおいて（統計的にエビデンスといえるほどの）結果評価（outcome evaluation）がなされておらず，それらの現場へのフィードバックがなかった」ことが最大の問題点といえる。言わずもがなのことではあるが，それぞれの現場を持つ分野では，それぞれに評価項目設定を行っている。問題は，それらが短期的であること，把握しやすいものであること，プライバシー保護の観点から齟齬をきたさないこと，などに限定されていることである。それゆえに，アピアランス〈外見〉問題への対処は公共サービスの対象とはならず，むしろ避けられすらしてきた。

そこであらためて今後の課題を考えると、「アピアランス〈外見〉問題を原因別ではなく（多様な少数者のグループごとではなく、大きな均一なグループとして）、少しトレーニングを受けた者であれば誰によっても一律評価が可能なようにして、その評価結果をフィードバックしていく方法を作り上げることができるか？」ということになる。

　残念ながら、公共サービスとして以上のような効果を期待できるシステムを、短期的に構築することは現状では無理だろう。理由は挙げればきりがないが、まずは最終的結果の評価者の問題が挙げられる。実際の評価が行われるのは実生活、家庭、職場、地域であって、ここに評価者は現実には存在しない。したがって、コミュニティごとにすべてのケースに対応するのは不可能に近い。しかし、現存の社会保障体制を利用して、限定された業務に簡略化していけば、あるいは期待が持てるかもしれない。

　ある程度の広域地域ブロックであれば、対応機関を設置するのが合理的であろうか？　それともネット利用の介入療法も併用できるので、それにてフォローできるケースにのみ限定せざるをえないのだろうか（その場合は、回避的な人や社会的引きこもりの人のデータは不十分となる可能性がある）？　最初は簡単な評価でよいので、最終的結果を各分野・各領域へ、問題と結果（現状）をフィードバックできるシステムの構築が必要だろう。そこから始めなければ、広い意味でアピアランス〈外見〉問題の分析も対策も始まりようがない。広い意味とは、社会文化的圧力（問題）にも対処していくという意味である。言い換えれば、アピアランス〈外見〉問題とは、人間の側から社会と文化に対して恣意的に影響を与えられる、数少ないアプローチ方法になるのである。

（原田輝一）

引用・参考文献

American Psychiatric Association. (2013). *Diagnostic and statistical manual of mental disorders 5th ed*. Arlington, VA: American Psychiatric Association Publishing.

Annon, J. S. (1976). The PLISSIT model: A proposed conceptual scheme for the behavioral treatment of sexual problems. *Journal of Sex Education and Therapy, 2*, 1-15.

序章　概　　説

Carr, T., Moss, T., & Harris, D. (2005). The DAS24: A short form of the derriford appearance scale (DAS59) to measure individual responses to living with problems of appearance. *British Journal of Health Psychology, 10*, 285-298.

Cash, T. F. (2002). Cognitive-behavioral perspectives on body image. In T. F. Cash & T. Pruzinsky (Eds.), *Body image: A handbook of theory, research and clinical practice*. London, UK: The Guilford Press.

Cash, T., Melnyk, S., & Hrabosky, J. I. (2004). The assessment of body image investment: An extensive revision of the appearance schemas inventory. *International Journal of Eating Disorders, 35*(3), 305-316.

Clarke, A., Thompson, A., Jenkinson, E., Rumsey, N., & Newell, R. (2014). *CBT for appearance anxiety*. West Sussex, UK: Wiley Blackwell.

Gilbert, P. (2002). Body shame: A biopsychosocial conceptualization and overview, with treatment implications. In P. Gilbert & J. Miles (Eds.), *Body shame: Conceptualisation, research and treatment*. Hove, UK: Brunner-Routledge.

Goffman, E. (1963). *Stigma: Notes on the management of spoiled identity*. Englewood Cliffs, NJ: Prentice-Hall.

Harris, D. L., & Carr, A. T. (2001). The derriford appearance scale (DAS59): A new psychometric scale for the evaluation of patients with disfigurements and aesthetic problems of appearance. *British Journal of Plastic Surgery, 54*(3): 216-222.

Herskind, A. M., Christensen, K., Juel, K. & Fogh-Anderson, P. (1993). Cleft lip: A risk factor for suicide. Paper presented at the 7th international congress on cleft palate and related craniofacial anomalies. Cited by Thomas, P. W. N., Turner, S. R., Dowell, T., Rumsey, N., & Sandy, J. R. (1997). Psychological outcomes amongst cleft patients and their families. *British Journal of Plastic Survey, 50*, 1-9.

Kent, G. (2002). Testing a model of disfigurement: Effects of a skin camouflage service on well-being and appearance anxiety. *Psychology and Health, 17*, 377-386.

MacGregor, F. C. (1990). Facial disfigurement: Problems and management of social interaction and implications for mental health. *Aesthetic Plastic Surgery, 14*, 249-257.

Martin, C. R., & Newell, R. (2004). Factor structure of the hospital anxiety and depression scale in individuals with facial disfigurement. *Psychology, Health and Medicine, 9*, 327-336.

Moss, T., & Carr, T. (2004). Understanding adjustment to disfigurement: The role of the self-concept. *Psychology and Health, 19*, 737-748.

Newell, R. J. (2000). *Body image and sisfigurement care*. London, UK: Routledge.

Nozawa, K., Shimizu, C., Kakimoto, M., Mizota, Y., Yamamoto, S., Takahashi, Y., ...Fujiwara, Y. (2013).

Quantitative assessment of appearance changes and related distress in cancer patients. *Psychooncology, 22*(9), 2140-2147.

Rapp, S., Exum, M. L., Reboussin, D. M., Feldman, S. R., Fleischer, A., & Clark, A. (1997). The physical, psychological and social impact of psoriasis. *Journal of Health Psychology, 2*, 525-537.

Rumsey, N., & Harcourt, D. (2004). Body image and disfigurement: Issues and interventions. *Body Image, 1*, 83-97.

Rumsey, N., & Harcourt, D. (2005). *The psychology of appearance*. Berkshire, UK: Open University Press, McGraw-Hill Education.
（ラムゼイ，N. & ハーコート，D. 原田 輝一・真覚 健（訳）（2017）．アピアランス〈外見〉の心理学――可視的差異に対する心理社会的理解とケア――　福村出版）

Rumsey, N., Bull, R., & Gahagan, D. (1986). A preliminary study of the potential social skills for improving the quality of social interaction for the facially disfigured. *Social Behaviour, 1*, 143-145.

Thompson, A. R., Kent, G., & Smith, J. A. (2002). Living with vitiligo: Dealing with difference. *British Journal of Health Psychology, 7*, 213-225.

Thompson, J. K., Heinberg, L. J., Altabe, M., & Tantleff-Dunn, S. (1999). *Exacting beauty: Theory, assessment and treatment of body image sisturbance*. Washington, D.C.: American Psychiatric Association Publishing.

Zigmond, A. S., & Snaith, R. P. (1983). The hospital anxiety and depression scale. *Acta Psychiatrica Scandinavica, 67*, 361-370.

# 第 1 章

## 包括的ケアの理解と実際

## 第1節

# 外見認知の特性と可視的差異

## 1 顔に対する認知特性と可視的差異への示唆

　顔からは，年齢や性別の他，パーソナリティ印象などの情報が引き出される。また顔面表情としてその人物の内面の情動状態も認知される。これらは対人関係において重要な情報である。そのため顔面の可視的差異（visible difference；以下，VD）は対人関係に大きな影響を及ぼすことになる。また顔面は衣服等で隠すことが困難なことから，より厄介な問題となりやすい。

　顔はわれわれの日常生活にとって重要な視覚パターンであることから，健常な顔に対する認知については多くの研究がなされてきた。しかしVDを抱えた顔に対する認知についての研究は比較的少ない。

　本節では，外見認知の中でも特に重要な顔認知に関して，健常な顔に対する認知における知見について概説し，そこからVDを抱えた顔に対する認知についてどのような示唆が得られるかを示す。

### (1) 顔に対する知覚的・認知的鋭敏さ

　顔は相互に比較的類似した視覚パターンである。目や鼻といった顔部品の数は同一であり，部品の形もほぼ近似しているし，配置もほぼ同一である。しかしわれわれは一人ひとりの顔を違ったものとして認知できるし，多くの顔を記憶することができる。このことはわれわれの顔認知メカニズムが，顔の差異についてきわめて鋭敏なものであることを示している。

　化粧の仕方を変えることで顔の印象も変わるし，口や目・眉といった顔部品のわずかな動きの変化によって，われわれは表情を読み取ることができる。顔

のわずかな差異も知覚できることは，顔面上のわずかな VD についても知覚されうることを示唆している。

## (2) 手がかりの重要性と全体的布置

われわれの顔認知においては，目や鼻・口といった顔部品の情報よりも，それらの全体布置（configuration）の情報が重要であることが知られている。顔全体としては既知な人物であっても，目や鼻・口だけを提示して，それが誰のものであるか判断することは困難である。

一方，全体布置は顔部品とその配置から構成されているので，顔部品が変化すれば全体布置も変化する。顔認知において，手がかりの重要性は目や鼻・口といった顔部品間で同一ではない。顔部品を入れ替えて変化を検出するという実験では，髪の変化がもっとも顕著で，その次に目・口・顎の変化が目立ち，鼻の変化がもっとも検出されにくかったという結果が報告されている。顔部品を取り除くという実験では，口よりも目が重要であり，鼻と口の除去はほぼ同等であるという結果が示されている。顔に対する眼球運動を調べた研究では，目・口や鼻といった顔の中央部に視線が集まるという結果が得られている。

また，見知っている顔（既知顔）と初めて見る顔（未知顔）では，顔認知における手がかりが異なることが知られている。未知な顔では，髪型や顔の輪郭といった外側特徴と目や鼻・口といった内側特徴がともに重要であるのに対して，既知な顔では内側の特徴がより重要な手がかりになっている。目や口といった内側特徴は，表情の認知の手がかりとなり，顔を見てのコミュニケーションにおいて外側特徴よりも注意が向けられるため，既知な顔では内側特徴がより重要になると考えられている。

顔の中心部の差異は注意を引きつけやすいといえるが，アザや皮膚疾患のように面積が広い場合には周辺であっても注意を引きつける。また，われわれは動きに対して敏感であるため，目や口といった発話や表情表出に伴って動く部位は特に注意を引きつけやすい。顔の動きに影響するような VD は注意を引きつけやすいといえる。

第 1 章　包括的ケアの理解と実際

## (3) 特異性の効果と顔空間モデル

　顔の基本的な構造はすべての顔で同一であるが，わずかな差異によって個々の顔は異なって見える。どこにでもいるように見える顔（典型顔）もあれば，あまり見かけないような顔（特異顔）もある。顔の特異性（distinctiveness）については多くの認知研究がなされてきた。
　未知な顔については，特異な顔はより記憶されやすいことが知られている。特異的と判断された有名人の顔は，典型的と判断された有名人の顔よりも，知っているという判断がより早くなされる。
　このような特異性効果を説明するモデルの一つとして顔空間モデル（Valentine, 1991）がある。このモデルでは，個々の顔は多次元の顔空間の中に位置づけられて認知されると考える。顔空間はこれまで出会ってきた顔情報に基づいて形成され，より典型的な顔は中心近くに密集して位置づけられ，特異的な顔は空間の周辺部に比較的まばらに位置づけられると考える。典型的な顔の認知は，多くの類似した顔から識別しなければならないため困難になり，特異的な顔では識別しなければならない顔が少ないために認知が容易になると想定する。
　似顔絵（caricature）からも，これまで出会ってきた顔から構成される典型的な顔についての情報が顔認知に用いられていることが示唆される。似顔絵では他の顔から容易に識別できるように顔の特徴が誇張される。平均顔（もしくは基準顔）からのズレを強調することでよりその人物らしい似顔絵ができることが示されている（Brennan, 1985; Rhodes, Brennan, & Carey, 1987）。
　顔認知においてはこれまで出会ってきた顔から構成される顔情報が何らかの形で用いられている。VDを抱えた顔は特異な顔としてとらえることができるので，他の顔と識別されやすい，記憶されやすいなどの特徴があるといえる。

## (4) 顔面表情（facial expressions）

　内面の情動状態は顔面表情（facial expressions）として表れる。相手の情動状態についての情報は対人関係において重要である。顔面表情は表情筋の動きと

して，主に眉や目，頬や口の動きとして表出される。一般に良好な対人関係が深まると，微笑みなどのポジティブな非言語シグナルが増加する。VD者にしばしば見られるあまり微笑みを示さないなどの抑制的な表情表出は，対人関係を構築するうえでネガティブに機能する可能性が高い。

　自発的・無意図的な表情は左右対称の動きをし，意図的な（時には偽った）表情は左右非対称になる（Frank & Ekman, 1993）。顔の片側にVDがある場合，表情が左右非対称になることがあるが，このことがネガティブな印象を与える可能性も考えられる。

　また顔面神経麻痺やメビウス症候群のように表情表出に大きな障害を示すVDもある。このような場合，単にVDが目立ちやすいだけでなく，適切な表情表出が阻害されるという点で，対人関係に大きな影響が出る。

### (5) 視覚依存意味コード

　顔によって人物が同定されるだけでなく，その人物の能力（知能など）やパーソナリティ特性などについての印象も顔から得ることができる。このような情報を視覚依存意味コード（visually-derived semantic codes）と呼ぶ。印象はもっぱらステレオタイプ的なものであり，その人物の実際の能力やパーソナリティ特性との相関は必ずしも高くない。しかし認知者側の判断の一致度は比較的高く，顔から得られる印象は多くの人で近似したものとなっている。

## 2 顔についての魅力研究とVD

　顔のVDは魅力の問題とも密接に関係する。1970年代まで顔を含んだ外見の影響についての研究は比較的少数であった。その後，印象形成研究における対人魅力の一部として身体的魅力の影響についての社会心理学的研究が多くなされてきた。また進化心理学では配偶者選択における身体的魅力の問題が扱われてきた。コンピュータによって顔画像の加工が容易になると，顔を画像操作することによって魅力の変化を扱えるようになり，顔の魅力についてより直接

的な研究がなされるようになった。

## (1) 魅力のもたらす効果

　外見の魅力が高い者は社会的に望ましい特性を持っているというステレオタイプ的な判断がしばしばなされる。「美しい人はいろいろな面で得である」という考えは，多くの人（特に若い女性）に持たれているようである。
　身体的魅力とそれに対するステレオタイプについての研究のメタ分析によれば（Eagly, Ashmore, Makhijani, & Longo, 1991），身体的魅力の高い人物は，ソーシャルスキルが高いと見られるなど，身体的魅力の高さがポジティブな特性と結びついていた。しかし関連の強さについては研究ごとに異なり，おおむね中程度の強さであると結論づけている。
　外見に基づいて社会的能力が高いと期待されると，他者の接し方が変化し，実際の社会的能力にも影響を及ぼす可能性が考えられる。しかし，身体的魅力が高い人物はよりポジティブなパーソナリティ特性や社会的特性を持つと他者から見られるものの，身体的魅力と実際の特性との関連性は比較的低いものである（Feingold, 1992）。
　多くの研究では，顔だけが写っている写真を用いて，非常に単純化された状況設定の中で，さまざまな特性についての評定を求めるといった手続きをとっている。現実場面とは大きく異なった状況での判断であることから，過度の一般化は避けるべきであろう。また Eagly et al.（1991）の分析では，魅力的な人物は他者に対する関心があまり高くないと判断されていた。外見の魅力が高い人物に対する評価がすべてポジティブなものではないことにも留意すべきである。

## (2) 平均顔と魅力

　どのような顔が魅力的であるかの基準は時代によって変化していると考えられるが，顔の魅力の基準が文化間で比較的一致していることを示す研究もある（Jones & Hill, 1993）。また顔写真を用いた魅力判断では，認知者間で判断は比較

的一致していることが報告されている（Longlois et al., 2000）。

　Terry & Davies（1976）は，男性の顔と女性の顔を刺激として顔の魅力を評定させた。顔全体の魅力と顔部品の相関は，口・目・髪・鼻の順に低くなっており，口が比較的重要であることを示した。一方，Cunningham（1986）は女性顔について魅力と顔の測定値との関係を調べた。その結果，大きな目，小さい鼻，短い顎，目の間隔の広さなど，子どもっぽさの特徴と，狭い頰や頰骨の高さなど成熟を示す特徴とが混ざった顔が魅力的であることを示した。さらに眉の高さや微笑みの大きさといった表情特徴も魅力と関連していた。男性顔では，大きな目といった子どもっぽさの特徴と頰骨の高さ・大きな顎といった成熟を示す特徴，微笑みの大きさといった表情特徴が魅力と関連していた（Cunningham, Barbee, & Pike, 1990）。

　ダーウィン（Darwin, C.）の従兄であるゴールトン（Galton, F.）は，犯罪者のような特定のカテゴリーに属する顔の写真を複数重ね焼きすることで，そのカテゴリーの顔の特徴を明らかにしようと試みた。しかしその結果，重ね焼きした顔はもともとの個々の顔よりも魅力的なものになることを見出した。

　現在ではコンピュータを用いることで比較的容易に顔画像を合成して平均顔を作ることができる。Langlois & Roggman（1990）は，目と唇の距離を統制した正面向き・中立顔（無表情）の顔を合成して平均顔を作成した。その結果，男性顔・女性顔ともに合成した平均顔はそのもとになった個々の顔よりも魅力的であり，より多くの顔を用いるとできあがった平均顔もより魅力的になることが示された[*1]。顔画像を合成することで，できあがった顔がより対称的になることや肌が滑らかに見えることなどが，魅力的に見える要因として指摘されたが，これらの要因をコントロールしても，平均顔は元の顔よりも魅力的に見えることが示されている。

　進化心理学では，顔の魅力は配偶者選択と結びつけて論じられている。対称的な顔や平均的な顔が好まれるのは，それが遺伝子の変異の少なさを示し，順調に発達したことや病気に対する抵抗力の高さを示すからだと主張される。また女性ホルモンの分泌は，ふっくらとした唇をもたらし顔の下部の成長を抑えるが，これらは女性顔の魅力と関連している。個々の女性の顔をより女性らしく画像処理すると魅力が向上することも知られている。しかし男性顔の場合で

は，より男性らしくした顔で魅力が向上するという結果と，女性らしい方向へ画像処理すると魅力が向上するという結果が混在している。

## (3) 顔の魅力とVD

　平均的な顔が好まれるのは，より健康的であることを示し遺伝子的な質の良さを示すという主張は，裏返せば，VDのある顔は遺伝子的に問題があるものと見られるために好まれないという主張につながる。この主張に沿えば，遺伝的な顔のVDと外傷性の顔のVD（遺伝子的には問題がないと考えられる）とで魅力評価への影響力が異なることが予測される（Dunn & Mustard, 2006）。しかしこの点についてはほとんど研究されていない。

　顔の魅力は，顔立ちといった顔の構造だけで決まるものではない。中立顔（無表情）に比べて微笑み顔では魅力が向上する（Otta, Abrosio, & Hoshino, 1996）。魅力的な顔に対して内側眼窩前頭皮質（medial orbitofrontal cortex）が活性化するが，この領域は微笑によっても活性化するという報告もある（O'Doherly et al., 2003）。また視線をそらした場合よりも，視線を向けた顔で魅力は向上する（Mason, Tatkow, & Macrae, 2005）。

　VDを有した顔においても同様の効果が見られるか検討する必要があるが，VDを有した者にしばしば見られる表情の乏しさ（微笑みの乏しさ）や視線の回避は，VDそのものによる魅力の低下に加えて，さらに魅力を低下させている可能性が考えられる。

## 3 VDの顔における微笑み表出の効果

### (1) 口唇裂・口蓋裂顔での微笑み表出の効果

　真覚・足立・幸地（2009）は，20代の口唇裂・口蓋裂の女性の顔と20代の健常女性の顔を用いて，微笑み顔と中立顔に対する印象の比較を行った。実験1では，10名の口唇裂・口蓋裂者の写真と動画からの静止画像，10名の健

第1節 外見認知の特性と可視的差異

表 1-1-1 刺激条件ごとの印象評定値の平均（実験 1：真覚他, 2009）

|  | 口唇裂・口蓋裂 写真顔 | | 口唇裂・口蓋裂 動画キャプチャー顔 | | 健常者写真顔 | |
| --- | --- | --- | --- | --- | --- | --- |
|  | 中立顔 | 微笑み顔 | 中立顔 | 微笑み顔 | 中立顔 | 微笑み顔 |
| 話しやすさ | 2.905 | 4.414 | 3.090 | 4.414 | 3.295 | 4.400 |
| 思いやり | 2.814 | 4.090 | 3.119 | 4.076 | 3.200 | 4.300 |
| たくましさ | 3.472 | 4.152 | 3.300 | 4.071 | 3.267 | 3.772 |
| 元気のよさ | 2.767 | 4.376 | 2.590 | 4.467 | 2.624 | 4.057 |
| 感じのよさ | 2.729 | 4.167 | 2.833 | 4.119 | 3.052 | 4.281 |

(n=21)

表 1-1-2 刺激条件ごとの印象評定値の平均（実験 2：真覚他, 2009）

|  | 口唇裂・口蓋裂 VD 顕著群 | | 口唇裂・口蓋裂 VD 非顕著群 | | 健常者群 | |
| --- | --- | --- | --- | --- | --- | --- |
|  | 中立顔 | 微笑み顔 | 中立顔 | 微笑み顔 | 中立顔 | 微笑み顔 |
| 話しやすさ | 3.100 | 4.517 | 2.742 | 4.617 | 3.250 | 4.900 |
| 思いやり | 3.342 | 4.608 | 2.967 | 4.433 | 3.467 | 4.583 |
| 元気のよさ | 2.692 | 4.475 | 2.750 | 4.817 | 2.708 | 4.567 |
| 感じのよさ | 3.067 | 4.792 | 2.725 | 4.733 | 3.225 | 4.750 |
| 思慮深い | 3.558 | 3.600 | 3.492 | 3.508 | 3.858 | 3.858 |
| 神経質な | 3.542 | 2.508 | 3.550 | 2.392 | 3.650 | 2.650 |
| 知的な | 3.417 | 3.250 | 3.308 | 3.325 | 4.083 | 3.388 |
| 誠実な | 3.267 | 4.192 | 3.225 | 3.733 | 3.600 | 4.133 |
| 頼りになる | 3.383 | 4.283 | 3.267 | 4.267 | 3.567 | 4.242 |

(n=20)

常者の写真を用いて，5つの印象項目（話しやすさ，思いやり，たくましさ，元気のよさ，感じのよさ）について6段階評定（印象が強ければ6，弱ければ1）を求めた。表 1-1-1 はその結果であるが，中立顔に比べて微笑み顔で有意に高い評定値となっていた。刺激のタイプの違いは有意なものではなく，表情との交互作用も有意ではなかったことから，微笑みによる印象の向上は，健常者の顔と口唇裂・口蓋裂者の顔とで差がないという結果になった。

実験2では，VDの程度の影響を検討するために，予備実験として16名の口唇裂・口蓋裂者の顔と16名の健常者の顔でVDがあるかどうかの識別実験を行い，エラー数からVDが比較的顕著な顔6名と目立たない顔6名を選ん

だ。健常者の顔6名を加えて9つの印象項目について6段階評定を行った（微笑みで印象が弱まると予測される項目，微笑みの影響を受けないと予測される項目を追加した）。前頁の表1-1-2がその結果であるが，実験1同様，表情の効果は有意であったが，健常者の顔と口唇裂・口蓋裂者（VD顕著群とVD非顕著群）の効果は有意でなく，両者の交互作用も有意ではなかった。口唇裂・口蓋裂が比較的目立つ顔であっても，微笑みを表出することで印象は向上するといえる[*2]。

## (2) アザ・シールを用いた実験

口唇裂・口蓋裂者の顔を用いた実験では，健常者の顔に対する印象と口唇裂・口蓋裂者の顔に対する印象とに差異を認めることができなかった。VDの存在によって顔の印象は低下するか直接検討するために，アザ・シールを作成し，健常者の顔に貼ることでアザの有無による印象の変化を検討した。アザの大きさや濃さなどを変化させ，上記の実験2と同様の印象項目について評定実験を行った。

結果はほぼ一致しており，大きいアザや濃いアザは目立ちやすかった。中立顔においては，アザのない条件とアザのある条件で評定値に有意な差は見られなかった。大きさの違いや濃さの違いについても評定値に差は見られない。微笑みの表出は，アザの有無にかかわらず顔の印象を有意に好意的なものに変化させたが，アザが目立つ条件では，アザが目立たない条件やアザのない条件に比べて好意的な方向への変化が小さなものとなっていた。ただし，中立顔に比べると有意に好意的な評価となった。

## 4 まとめ

われわれの認知システムは顔に対して鋭敏であるため，顔の差異はわずかなものであっても認知される。さらにわれわれの認知システムは対称性の知覚についても鋭敏なものである。正中線を挟んで左右の形状が上下方向にズレているような場合，対称性の崩れは知覚されやすい。顔面裂などのVDは，顔の対

称性が崩れることから認知されやすいといえる。

　また目領域は，顔の認知にとって重要な部位であることに加えて，目から得られる視線方向の情報は対人関係を行ううえで重要な情報である。そのため，クルーゾン症候群に見られる顔貌は強い違和感をもたらすし，斜視においても違和感は比較的強いものとなる。

　画像処理によって肌をなめらかに加工すると顔の魅力が向上する。われわれは肌のキメについても敏感である。皮膚科的な疾患や移植後の皮膚，キズや熱傷等の瘢痕は肌のキメの変化や色の変化として認知されやすい。さらに皮膚科的な疾患はVD部位が比較的広い領域にわたるため目立ちやすい。

　われわれの認知システムは顔に対して鋭敏であるため，顔のVDは認知されやすい。しかし，VDのある顔に対する認知を考える場合，他者からの実際のVDの認知しやすさと，VD者が他者からどう認知されていると思っているのかを区別する必要があろう。他者からはさほど気にならないVDを，本人が非常に気にするということもありうる。他者からの好意的なシグナルとしての視線を，「ぶしつけな凝視」とネガティブにとらえることもありうる。次節で扱う認知行動療法による認知の歪み（スキーマの歪み）の修正は，VD者にとって有用であろう。

　またVDの認知されやすさと，VDのもたらす対人関係上の問題についても区別する必要がある。例えば，VDのある顔は特異な顔として記憶されやすい。しかし記憶されやすいこと自体は必ずしもネガティブなことではない。有利なこととして活かすことも可能であろう。探索的な研究ではあるが，特殊メイクを用いた実験では，VDのある条件の人物が高いソーシャルスキルを示した場合，VDのない条件よりもより好ましい印象を与えることが報告されている（Rumsey, Bull, & Gahagan, 1986）。

　アザ・シールを用いた実験では，アザの存在は顔の印象を低下させていないことが示されたが，VDのありようは多様であることから，顔のVDが魅力や人物印象を低下させる可能性も否定できない。しかし魅力や人物印象は，表情や視線，声の調子など非言語的シグナルの影響も受ける。Adachi, Kochi, & Yamaguchi（2003）は，口唇裂・口蓋裂者では対話時の頭の動きや手の動きが健常者に比べて少ないことを報告している。VD者ではこのような非言語的シ

グナルの少なさが，対人関係上の困難さをより大きくしていると考えられる。実際，口唇裂・口蓋裂者であっても微笑みを表出することで，顔に対する印象を向上させることができるし，このような微笑みの効果は健常者の顔と大差ないものであった。

　人物印象は微笑みの表出だけでなく，身振りや声の調子，視線の置き方によっても向上させることができる。顔にVDがあることで，表情や視線などのシグナルを有効に使えないような場合でも，使える非言語的なシグナルを効果的に用いることで印象の向上を図ることができる。自分に合った適切なソーシャルスキルを身につけることは，健常者にとっても必要なことであるが，VDを有する人物にとっては特に必要であるといえよう。

　VD者に対するネガティブな反応の原因としては，その人物に対する魅力や印象が低くなることや，見慣れない対象（新奇対象）への困惑などが考えられる。この他にVD者への回避的な行動と病気の感染を回避する行動との類似性を指摘する研究もある（Ryan, Oaten, Stevensen, & Case, 2012）。病気の感染とは関係しないVD（例えば外傷性のVD）に対しても回避的な行動はとられるので，より詳細な検討が必要であるが，VD者を周囲の人物が受け入れていく啓発活動を考えるうえで重要な視点といえよう。

（真覚　健）

### 注記

* 1　Dorley-Brown, C. という写真家はHaverhillの住民2000人の顔を合成して平均顔を作成している（http://www.haverhill2000.com でできあがった平均顔を見ることができる）。いろいろな年齢の顔を用いているが，できあがった平均顔は元の顔の平均的な年齢の整った顔に見える。
* 2　実際には微笑みを表出する状況を考慮する必要がある。日本人は困惑したときに微笑みを表出することが知られているし，欧米人では嘘をつくときに微笑みを見せることが知られている。

### 引用・参考文献

Adachi, T., Kochi, S., & Yamaguchi, T. (2003). Characteristics of nonverbal behavior in patients with cleft lip and palate during interpersonal communication. *Cleft Palate-Craniofacial Journal, 40*, 310-316.

Brennan, S. E. (1985). The caricature generator. *Leonardo, 18*, 170-178.

Cunningham, M. R. (1986). Measuring the physical attractiveness: Quasi-experiments on the sociobiology of female facial beauty. *Journal of Personality and Social Psychology, 50*, 925-935.

Cunningham, M. R., Barbee, A. P., & Pike, C. L. (1990). What do women want? Facial metric assessment of multiple motives in the perception of male facial physical attractiveness. *Journal of Personality and Social Psychology, 59*, 61-72.

Dunn, A. K., & Mustard, H. (2006). Pulling faces from an evolutionary perspective. *Perception, 35*(Supplement), 207.

Eagly, A. H., Ashmore, R. D., Makhijani, M. G., & Longo, L. C. (1991). What is beautiful is good, but...: A meta analytic review of research on the physical attractiveness stereotype. *Psychological Bulletin, 110*, 109-128.

Feingold, A. (1992). Good looking people are not what we think. *Psychological Bulletin, 111*, 304-341.

Frank, M. G., & Ekman, P. (1993). Not all smiles are created equal: The differences between enjoyment and nonenjoyment smiles. *Humor, 6*, 9-26.

Jones, D., & Hill, K. (1993). Criteria of physical attractiveness in five populations. *Human Nature, 4*, 271-296.

Langlois, J. H., & Roggman, L. A. (1990). Attractive faces are only average. *Psychological Science, 1*, 115-121.

Longlois, J. H., Kalakanis, L., Rubenstein, A. J., Larson, A., Hallam, M., & Smoot, M. (2000). Maxims or myths of beauty? A meta-analytic and theoretical review. *Psychological Bulletin, 126*, 390-423.

真覚 健・足立 智昭・幸地 省子（2009）．口唇裂・口蓋裂者の顔の印象評定における笑顔表出の効果　宮城大学看護学部紀要，12，43-48.

Mason, M. F., Tatkow, E. P., & Macrae, C. N. (2005). The look of love: Gaze shifts and person perception. *Psychological Science, 16*, 236-239.

O'Doherly, J., Winston, J., Critchley, H., Perrett, D., Burt, D. M., & Dolan, R. J. (2003). Beauty in a smile: The role of medial orbitofrontal cortex in facial attractiveness. *Neuropsychologia, 41*, 147-155.

Otta, E., Abrosio, F. F. G., & Hoshino, R. L. (1996). Reading a smiling face: Messages conveyed by various forms of smiling. *Perceptual and Motor Skills, 82*, 1111-1121.

Rhodes, G., Brennan, S., & Carey, S. (1987). Recognition and ratings of caricatures: Implications for mental representations of faces. *Cognitive Psychology, 19*, 473-497.

Rumsey, N., Bull, R., & Gahagan, D. (1986). A preliminary study of the potential social skills for improving the quality of social interaction for the facial disfigured. *Social Behaviour, 1*, 143-145.

Ryan, S., Oaten, M., Stevenson, R. J., & Case, T. I. (2012). Facial disfigurement is treated like an infectious disease. *Evolution and Human Behavior, 33*, 639-646.

Terry, R., & Davies, J. (1976). Components of facial attractiveness. *Perceptual and Motor Skills, 42*, 918.

Valentine, T. (1991). A unified account of the effects of distinctiveness, inversion, and race in face recognition. *Quarterly Journal of Experimental Psychology, 43A*, 161-204.

## 第2節

## ケアの実際：アセスメント／SST／認知行動療法

### 1 アセスメント

　可視的差異（visible difference；以下，VD）を持つ人々では，強い不安状態を示すことがしばしば見られる。また高いレベルの抑うつ状態を示す者も少なくない。ネガティブな自己像・自己概念を持つ者も多く，自尊感情も低くなりがちである。

　自分に対する他者の行動を自分のVDと結びつけ，VDに対するネガティブな反応としてとらえることも多い。そのため他者の行動に対して不安や恐怖を感じ，対人関係など社会的な場面を回避する傾向が見られることも多い。

　VDを有する人々が示すこれらの問題について，何らかの心理的なケアが必要とされることもある[*1]。そこでどのような心理的問題を抱えているのか，心理的なケアが必要であるかどうかについてのアセスメントが必要となる。本来，このようなアセスメント（ないしはスクリーニング）は臨床心理士等の心理専門職が行うことが望まれる。しかしながら大学病院のような総合病院においても，心理専門スタッフの数は限られており，その多くは精神神経科や心療内科，小児科などの診療科に配置されている。そのため，心理専門スタッフ以外の医療スタッフ（例えば看護師）がアセスメントを行うことも想定する必要がある。看護師のような医療スタッフがアセスメントを行うことには，VD者の外見への不安を日常的にアセスメントできるメリットもある。

　アセスメントに際して，2つの点に留意する必要がある。一つは，客観的なVDの重症度や可視性（服などで隠せるかどうか）と心理的な苦悩との相関は必ずしも高くないことである。第二の点は，交流分析が主張するように他者は変えられないということである。VD者の抱える心理的問題を解決する主体

はVD者本人しかありえない。心理的ケアはあくまで本人への支援が中心となる。周囲から見てVDが重症なものであったとしても，本人がケアを必要と感じていない場合にはケアは必要ない。逆に，周囲から見てVDが軽度なものであったとしても，本人が深刻な苦悩を抱えている場合には，心理的ケアが必要である。

　また，本人が心理的な苦悩を抱えているように見えたとしても（心理検査によって心理的な問題の存在が確認されたとしても），本人がその苦悩の解決を望んでいない場合，苦悩の解決を目指すケアは有効ではない。本人が問題を解決しようと意識化するための支援をまず行う必要がある。

　VDを持った本人の苦悩の自覚が重要ではあるが，アセスメントにおける測定ツールとして心理検査は有用である。不安感の強さについては，STAI（State-Trait Anxiety Inventory）が用いられることが多い。抑うつ感の強さについては，BDI（Beck Depression Inventory）がよく用いられる。これらは外見に特化した検査ではない。外見に関連した社会的不安や社会的回避を測定する検査として，DAS（Derriford Appearance Scale）59（Carr, Harris, & James, 2000）やその短縮版であるDAS24（Carr, Moss, & Harris, 2005）がある。DAS59については野澤他（2008）が日本語版を開発している。さらに野澤・今野（2011）はDAS59の短縮版としてDAS12を作成している。

　ケアが必要であると確認されたら，次に，解決すべき問題の明確化と介入目標の設定，どのような介入方法を用いるかの決定をすることになる。介入方法としては後述する認知行動療法（cognitive behavior therapy: CBT）やソーシャルスキル・トレーニング（social skills training: SST）などが中心となるが，本人の特性等を考慮して決定していくことになる。

　介入目標の設定にあたっては，以下のことに留意する必要がある。

①目標は解決すべき問題と関連したものであること。
②明確で具体的な目標であること。
③測定可能な（本人に変化が実感できる）目標であること。
④目標を達成する見込みがあること。
⑤目標を達成するまでの期間が明確になっていること。

目標の設定において，長期的な目標と短期的な目標を区別することも必要である。VD者が抱えている問題の本質的な解決は長期的な目標になるが，長期的目標は具体性に欠け，達成するまでの期間を設定することも困難である。比較的短期間で達成する見込みのある具体的な目標を短期的な目標として設定し，その組み合わせによって長期的目標の達成を図ることが必要である。

　前述したように問題の解決（目標の達成）ができるのはVDを持った本人だけである。介入目標の設定にあたっては，本人の達成への期待や意欲を引き出すことが重要である。以下のような質問について0〜10点の評定値で回答させることが有効である（Clarke, Thompson, Jenkinson, Rumsey, & Newell, 2014）。

①目標達成のための行動を実行できる可能性はどの程度か。
②その行動がうまくいく可能性はどの程度か。

　上記の質問について評定値が低い場合には，目標を達成するためには，より強い支援が必要とされる。

　目標を達成することの望ましさや困難さ，進展具合を意識化させるために，以下の質問も有用である（0〜10点で評価させる）。

①目標を達成することで，自分の人生にどれくらいの違いがありそうか。
②これまでのところ目標はどれくらい難しいか。
③目標の達成に向かって，どれくらいの進展が見られたか。

　目標設定にあたっては，解決すべき問題の明確化が欠かせないが，本人が抱えている問題の指摘だけでなく，適応的なソーシャルスキルや適切な楽観主義などの本人が持っているポジティブな面についての自覚を促すことも重要である。

## 2 ソーシャルスキル・トレーニングによる支援

　社会の中で他者と関わり，ともに生活していくために必要なスキルをソーシャルスキルという。良好な対人関係を営むためのスキルやストレスへの対処スキル，課題解決のためのスキルなど，さまざまなスキルが含まれる。スキルという言葉が示すようにソーシャルスキルは学習によって身につくものと考えられ，トレーニングによって，より適応的なスキルを身につけることができる。

　VDを持つ人々が経験する問題の多くは，他者との相互関係において生じている。VD者では，表情表出が抑制的であるようにソーシャルスキルが低いことがしばしば見られる。さらにVD者では他者との関わりを避けるなどの社会的回避傾向が見られることも多いが，このことは適切なソーシャルスキルを身につける機会を減少させてしまう。VD者では，ソーシャルスキルが低いことから良好な対人関係を形成することが困難となり，そのことから社会的回避傾向が生じ，ソーシャルスキルを向上させる機会が乏しくなるといった悪循環が形作られることも珍しくない。

　VD者の中には，会話を含め他者とのコミュニケーションをとりたくないと考える人もいる。しかし他者との関わりを回避し始めると，他者と関わりを持つことはますます困難になり，社会的な孤立はより深刻なものとなる。そこで，他者と適切なコミュニケーションをとるためのスキルを身につけることが必要となる。

　VD者が適切なソーシャルスキルを身につけることは，他者との関わりの中でポジティブな経験をもたらし，彼らの社会的適応を高めることが期待できる。ラムゼイ（Rumsey, N.）とパートリッジ（Partridge, J.）はVD者に対するソーシャルスキルの教育プログラムをデザインしたが，2日間のプログラムの終了時と6ヶ月後のフォローアップにおいて社会的不安と社会的回避の低下が見られている（Robinson, Rumsey, & Partridge, 1996）。

## (1) 非言語的コミュニケーションスキルの訓練

　言語以外のコミュニケーションを非言語的コミュニケーション（non-verbal communication: NVC）という。ボディ・ランゲージもこれに含まれる。NVCは好悪といった感情や親しみなどの対人態度の伝達に有効である。また，対人関係が発展して相手との親密性が増すと，ポジティブなNVC行動は一般に増加する。社会的相互作用においては返報性といった性質が見られる。相手に対して親密性を示すことで，相手はその親密性を示した人物に対して好意的な印象を持つ。適切なNVC行動をとることは，良好な対人関係を形成・維持するうえで重要である。

　Adachi, Kochi, & Yamaguchi（2003）は，口唇裂・口蓋裂者が初対面の人物とのコミュニケーション場面において，健常者に比べて，微笑みの表出が少ないだけでなく，手や頭部の動きも乏しいことを報告している。このようなNVCの少なさがネガティブな印象を相手に与え，対人関係をとりにくくさせていると考えられる。口唇裂・口蓋裂者では，健常者と差異のない手や頭部の動きも乏しくなっていることに注意する必要がある。VD者のNVCスキルの問題はVDに直接起因するものだけではない。VDと関連しないNVCスキルの問題は訓練による向上が強く期待できるものである。

　NVCの手がかりは，表情や視線，身体動作などさまざまなものがある。NVCスキルの訓練は，NVCの各手がかりの機能や特徴について理解することから始まる。その知識に基づいて実際に実行し，その適否，改善点などをフィードバックすることで，適切なNVCスキルを身につけることになる。心理専門スタッフでなくとも，NVC手がかりの機能や特徴を理解したスタッフであれば，フィードバックの提供は可能であろう。

　NVCの手がかりは多様であることから，顔面神経麻痺のように表情表出にVDの影響が強く出るようなものであっても，他のNVC手がかりを有効に用いることによって補うことも可能である。日常生活においてわれわれは，複数のNVC手がかりを同時に用いて対人関係を行っている。対人関係を回避するのではなく，相手と関わりを持ちたい，社会的な関係性を形成・維持したいという意欲をさまざまなNVC手がかりを用いて表現することが重要である。

NVCスキルがすぐに向上するとは限らない。繰り返し試みることが大切である。

### 1) 身体特徴

背が高い，低い，太っている，やせている，顔立ちなどの身体特徴もNVCの手がかりの一つである。多くは根拠のないステレオタイプ的な判断であるが，われわれは相手の身体特徴から何らかの印象を得る。VDも身体特徴の一つである。残念ながらVDはネガティブな方向に機能することが多い。他のNVC手がかりを用いて，このネガティブな印象を修正していくことが，VD者のNVCスキル・トレーニングの目標といえよう。

### 2) 人工品（服装や持ち物など）

服装やアクセサリー，持ち物などもNVCの手がかりとなる（ある程度自分の意思で変えることができることから髪型も人工品に含むことがある）。状況に合わない服装，だらしない服装などは印象を低下させる。目領域のVDを隠すためにサングラスをすることは，サングラスをすることが望ましくない場面では，かえって注意を引きつけることになるし，ネガティブな印象をもたらす。

また持ち物は，その人物の趣味や興味を示す。持ち物によって親しみやすいといった印象を相手に持たせることも可能である。自分がどんな人物であるかを相手に伝える道具として，持ち物を使うことができる。

### 3) 準言語（近言語）

音声や話すリズムや早さ，間の取り方など，言語内容ではなく，その内容を伝える聴覚的な情報を指す。

大きすぎる声は，相手に威嚇されているという印象を与えることがあり，怖い人物という印象を持たれる可能性がある。逆に小さすぎる声は，自信がない人物という印象を与えやすい。適切な声の大きさで話をする必要がある。

話す速さも印象に影響する。適度にゆっくりとした話し方は，落ち着いた人物といった印象を与える。早口すぎると落ち着きがないといった印象を与えるが，適度に速い話し方は，活発，頭の回転が速いといった印象を与える。話の

内容に合わせて，話す速さを変化させることも大事である．また抑揚のない話し方は，無関心であるといった印象を相手に与える．穏やかな口調，柔らかい口調も，相手に親しみやすさを感じさせるために必要である．

　声の質や話す速さなどから受ける印象については，特に専門家でなくても判断できるだろう．自分の話し方がどのような印象を与えているか，相手からフィードバックを受けることで改善することができよう．

### 4）身体動作

　話をするときの身振りや姿勢も NVC 手がかりとなる．熱心に会話するときには，手や頭部が動くことが多い．そのため，会話時に手や頭部の動きが少ないと，会話に関心がないといった印象を相手に与える．初対面の場面では，会話に関心がないだけでなく，話している相手に関心がないといった印象を与えることになる．

　相手が話をしているときに適切にうなずくことは，相手の話の内容に同意していることを示し，そのことで相手は話しやすくなり，話すことの満足感を相手に与えることになる．適切にうなずくことで，ポジティブな印象を相手に与えることができる．

　VD の多く（特に顔に生じた VD）は，手の動きや頭部の動きに影響を及ぼさないし，手や頭部の動きは自分でも確認できることなので，スキルの獲得は比較的容易であろう．

### 5）表　情

　対人場面においては，怒りのようなネガティブな情動を表さないことと，微笑みの表出によって親しさを表現することが特に重要である．

　微笑みを表出することで，コミュニケーションをしやすい雰囲気を作ることができる．逆に，対人場面において，表情表出が乏しいと，親密な関係を形成しにくい人物といった印象をもたらす．適切な微笑みの表出は，ポジティブな印象を相手に与える[*2]．

　表情の表出に VD が影響することもある．通常，表情は一つの手がかりだけで認知されるわけではない．微笑みでは，口角を引くといった口の動きだけで

なく，目領域の情報も認知に用いられている。手や頭部の動き，声の調子などのNVC手がかりによっても，親密性や友好性を表現することはできる。これらの手がかりと組み合わせて，表情を表出することでVDによる影響を補うことができる。VDによる表情表出の不自然さよりも，相手と良好な関係を築きたいという意思を表現しようとしていることを相手に示すことのほうが，対人関係の形成・維持にはより重要である。

### 6）視線（アイコンタクト）

会話時におけるアイコンタクトも重要なNVCの手がかりである[*3]。聞き手のときに相手（話し手）の顔を見ることは，相手の話に関心を持っていることの表現になる。話し手は相手（聞き手）の反応を確認するためにアイコンタクトをとる。会話場面が友好的なものであれば，聞き手と話し手との間にアイコンタクトが多くとられる。

欧米人に比べて，日本ではアイコンタクトをとることが苦手な人が多い[*4]。しかし日本においても視線の回避や脱落（意図的ではなく視線がそれること）はネガティブな印象をもたらす。日本人の場合，直接，相手の目に視線を送ることは，相手へ圧迫感をもたらす可能性が高い。口元に送られる視線は，しばしば目への視線として知覚される（Lord & Haith, 1974）。アイコンタクトといっても，必ずしも目に視線を送ることだけを考える必要はない。頬や口元への視線もNVCの手がかりとして機能すると考えられる。

また微笑んだ顔からの視線では，目を見られているという判断が増加することも知られている（Martin & Rovira, 1982）。微笑み表情と組み合わせることでアイコンタクトがとりやすくなる。

### (2) 言語スキルの訓練

### 1）聴くスキル

言語スキルにおいては，話すスキルだけでなく，聴くスキルも重要である。相手の話に注意を向けて聴くことは，情報を受け取るということだけでなく，相手を肯定する行為でもある。話をしっかり聴くことで相手（話し手）は安心

感を得ることができる。

　聴くスキルは，相手の話を理解するだけでは不十分である。相手の話に関心を持っていること，相手の話を理解していることが，相手に伝わる必要がある。相手の話に合わせて，相づちをうつ，うなずくなどのスキルの他に，相手の話を繰り返す（反射する）ことも有効である。また相手の話に質問することで，話に関心を持っていることを示すこともできる。

## 2）話すスキル

　相手の話への質問は，仕方によっては相手の話の内容を否定するように受け止められることもある。穏やかな口調や微笑みなどを合わせて用いることで，好意的な関心の表れとして質問が受け止められる。適切な NVC 手がかりを用いながら話をすることも話すスキルの一つである。

- 会話を始めるスキル

　初対面の人物と会話を始める方法も話すスキルの一つである。初対面の人物と会話を始めることの困難さには，相手はどのような考えを持った人物であるかがわからないために，適切な対応がとりにくいということがある。天気や気候のように当たり障りがない話題や，会話時に社会で広く話題になっているようなテーマなどがきっかけになる。相手の服装や持ち物を手がかりとして会話を始める方法もある。相手の関心に合わせて会話を始めるという点で服装や持ち物は手がかりを提供してくれる。外見について触れることはネガティブなことだけでなく，社会関係を形成するうえで有用なものであることを理解することも重要である。

- 質問に答えるスキル

　VD 者の話すスキルとして，他者からの質問に適切に答えるスキルも重要である。新奇なものは一般に注意を引きつける。VD について他者から質問されることは決して珍しいことではない。このような質問の多くは好奇心からのものであり，ネガティブな意味合いのものとは限らない。

　ここで適切に答えるということは，VD について詳細で正確な情報を答えることではない。相手は好奇心から尋ねているだけだから，納得できる情報が提供されればよい。また VD に対してどう接してよいのか困惑していること

とも考えられる。現在は痛みがないとか，気にしなくてもよいといった答えを，適切な NVC スキルを交えて答えることで，相手に安心（reassurance）を与えることも有効である。場合によっては，相手に行ってほしい対応の仕方を説明するというやり方もある。

　他者からの質問のいくつかは想定できるものである。このような質問については，あらかじめ準備しておくことが可能である。相手に期待する対応の仕方について，あらかじめ考えておくこともできる。

- 話題を変えるスキル

　話題を切り替えるスキルも有効である。相手から不快な質問をされる可能性もある。手短に答えて（場合によっては答えないこともありうる），すぐに話題を切り替えることは，答えたくないような質問をされた場合に有効であろう。

- 会話の主導権を握るスキル

　会話に苦手意識を持った人物では，相手の質問に答えていくというように会話の主導権を相手に委ねることがしばしば見られる。しかし会話の主導権を握るスキルも有効である。相手に主導権を委ねた場合，VD に関して（VD に関連しなくても）答えにくいような質問や不快な質問をされるリスクが生じる。例えば初対面の状況において，VD について相手からの質問に答えるのではなく，先に VD について説明することで答えにくいような質問や不快な質問を避けることができる。VD 者のほうから，相手に対して関心があることを示す質問（相手の服装や持ち物に対する質問，相手の趣味を尋ねる質問など）をすることで，良好な関係を築くことができる。

- アサーティブ・コミュニケーションを行うスキル

　また不快な質問や意見をされた際に，アサーティブに不快であることを伝えるスキルも役に立つ。アサーティブ・コミュニケーションは"さわやかな自己主張"と表現されることもある。相手の立場や気持ちを配慮したうえで，自分の立場や考えを主張することである。不快な質問や意見をされた際に，穏やかな表情，穏やかな口調で，自分が不快な気持ちになっていることを相手に率直に伝えるようなことを指す。自分の気持ちや考えを率直に相手に伝えることが目的であり，相手から謝罪などを引き出すことを目的とした

主張ではない。

## (3) 他者からの視線（VDへの凝視）への対処

　未知の他者からVDに視線を送られる（VDを凝視される）ことは，VD者にとって珍しいことではない。そのことを不快に思って，社会的場面を回避することもある。VDに視線を送るだけでなく，VDについての質問があれば，それに答えることで相互理解を進めることができる。しかし，凝視するだけで話しかけてこないような人物もいる。その凝視が不快だと思った場合に対処するスキルも必要であろう。

　相手の凝視への対処にはいくつかの段階がある。まず行うべきは，凝視に気づいているということを相手に伝えることである。最初の段階では，相手の顔に穏やかな視線を送り，微笑みながらゆっくりうなずくといったNVCを用いる。この段階では，不快感は表出しないほうがよい。このような反応に気づくことで，多くの場合，凝視は停止する。

　次の段階では，凝視してくる相手に対して凝視をやめるよう表現する。相手の顔に視線を送りながら，微笑みの表情をやめ，眉をひそめるなど不快感を表す表情，難しい顔つきに変化させる。

　それでも凝視が停止しない場合に，相手に対して凝視をやめるよう話しかけるということになる（凝視の停止をあきらめて，席を立つといった選択肢もありうる）。先に述べたアサーティブ・コミュニケーションのスキルをここで用いることになる。穏やかな雰囲気，穏やかな口調で，凝視されることが不快であることを伝え，凝視をやめるよう主張する。

　やめるよう伝えるメッセージは一つではない。例えば，「じろじろ見るのをやめていただけませんか」とストレートに伝えることもあれば，「私の外見が気になりますか？　○○の理由によってこうなったのですが，今は痛みもないし，気になさらなくても大丈夫です」といった伝え方もある。「先ほどから私のほうを見ておられましたが，どこかでお会いしましたか？」といった伝え方もあろう。その状況にふさわしい表現の仕方を準備しておくことが望ましい。

　複数の対処手段の中からふさわしいものを選ぶことが大事である。席を立

つ，その場を離れるということも選択肢の一つである。複数の対処手段の中からそれを選ぶということはありうることである。しかし，席を立つ，その場を離れるといった対処方法しか行えないということは問題であろう。

## 3 認知行動療法による支援

　認知行動療法は，行動療法と認知療法を融合させた心理療法である。心理的問題を抱えた人物の認知と行動に働きかけ，問題の解決を図ろうとするものである。認知行動療法では，観察可能な行動と意識化された思考に焦点を当てて介入することから，効果の測定が比較的容易である。ただし，単一の心理療法ではなく，立場や介入する対象の特性によってさまざまなアプローチがとられている（例えば，先に述べたソーシャルスキル・トレーニングも認知行動療法の技法の一つである）。

### (1) 認知行動療法の基本的な考え方

#### 1) 行動療法

　行動療法は，行動理論（学習理論）を基盤とした心理療法である。問題となる行動は，それまで誤って学習した結果か，学習すべきことを学習していない結果であると考える。行動理論をもとに，問題行動の除去を図り，望ましい適応行動の獲得を目指す。

　ソーシャルスキル・トレーニングは，行動療法の流れをくむものといえる。NVCスキルを実際に行い，その印象をフィードバックする，質問への答え方をあらかじめ考えて，ケアスタッフやピアグループで実施してその適否や改良を考えていくような方法は，レスポンデント条件づけ（道具的条件づけ）に基づいている（フィードバックは強化として機能する）。

　他の人の言動や体験から学習する社会的学習を用いることもある。モデルとなる人物の行動をまねることで，その行動を身につけるモデリング（観察学習）もある。ピアグループ活動において，先輩VD者の経験を聴く，対処行動を見

## 2) 論理療法*5

　論理療法の考え方は，ABC 理論として示される（表 1-2-1）。C として示される「結果」が問題となる不安や苦悩である。通常，生じたできごとによって不安や苦悩が引き起こされると考える。論理療法では，問題となる不安や苦悩はできごとから直接引き起こされるのではなく，できごとに対する「信念」から不安や苦悩が引き起こされると考える。この信念が非合理的なものであることから不安や苦悩が引き起こされているので，信念を合理的なものに変えていくことが介入の目標となる。

　非合理的な信念の代表が「〜ねばならない」「〜すべきである」といった信念である。例外を認めないような硬直化した信念は，現実場面にうまく適応することができず，そこで不安や苦悩が生じると考える。

　論理療法の視点からとらえると，VD の存在が直接不安や苦悩を生み出すのではなく，VD に対する本人のとらえ方（信念）によって不安や苦悩が生じるということになる。熱傷と PTSD との関係においては，PTSD と熱傷の重症度（熱傷の深度や受傷部の広さなど）の関連が低いことや主観的な要因（苦悩の程度や社会的支援の認知など）との関連が高いことが知られている（例えば，Perry, Difede, Musngi, Frances, & Jacobsberg, 1992）が，これは論理療法の考え方を支持する結果といえよう。

## 3) 認知療法

　認知療法では，人が成長するにつれて固定的な自己スキーマ（self-schema）

表 1-2-1　Ellis, A の ABC 理論

| |
|---|
| A：生じたできごと（activating event） |
| B：（できごとに対する）信念・固定観念（belief） |
| C：（信念の）結果（consequence） |
| D：（信念・固定観念に対する）論駁（dispute） |
| E：（論駁の）結果（effect） |

表 1-2-2　認知の歪み

| 種　類 | 内　容 |
|---|---|
| すべき思考（強迫的な認知） | 「〜ねばならない」「〜すべきである」といった考え方<br>　　努力しなければならないと考える |
| 選択的抽出 | 悪い面ばかりが目につき，他の面が見えなくなる<br>　　VDだけに気をとられ，他の良い面が見えなくなる |
| 過度の一般化 | 少ない事実から，すべてが同じようになると一般化する<br>　　一人から否定的な対応をされたことで，すべての人が同様に否定的な対応をすると考える |
| 拡大解釈と過小評価 | 自分の否定的な面は過大にとらえるが，長所や成功などの肯定的な面はたいしたことがないととらえる<br>　　VDの問題は重大だと考えるが，自分の長所はたいしたことがないと考える |
| 全か無か思考 | ものごとを極端に白か黒かととらえる<br>　　VDを抱えているうちは幸せになれないと考える<br>　　VDさえなければ幸せになれると考える |
| 恣意的な推論 | たいした証拠もないのに，否定的な結論を引き出す<br>　　あの人に会えば，きっとあの人は私のことを嫌いになると考える |
| 個人化（自分への関連づけ） | ネガティブなことが生じると自分のせいだと考える<br>　　天気が悪いのは，私が出かけようとしたからだと考える |
| レッテル貼り | 失敗などの理由を考えず，否定的なレッテルを貼る<br>　　ソーシャルスキルがうまく使えなかっただけで，自分はダメな人間だと思い込む |
| マイナス化思考 | 肯定的なできごとを，取るに足らないことと軽視する<br>　　褒められているのに，たいしたことはないと思う |
| 感情的決めつけ | 自分の感情のみに基づいてものごとを判断する<br>　　不安を感じているのは，トレーニングがうまくいっていない何よりの証拠だと考える |

が形成され，それに基づいて考えが自然に浮かぶ自動思考が生じると考える。自己スキーマは，自己や環境，将来に対する仮定的な確信，心理的な態度を指す。問題を抱えた人物ではネガティブな自己スキーマが形成され，ネガティブな自己スキーマから歪んだ認知（表1-2-2）が自動思考として浮かぶことで問題が引き起こされると考える。

## 4）認知行動療法

できごとが直接問題を引き起こすのではなく，できごとに対する考え方（認知）が問題を引き起こすという論理療法の考え方は，そのまま認知行動療法に

第2節　ケアの実際：アセスメント／SST／認知行動療法

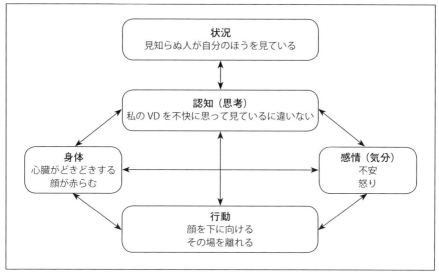

図1-2-1　認知行動療法における5つの領域の関連図

も継承されている。認知療法の認知の歪みや自動思考といった考え方も認知行動療法に継承されており，自動思考の明確化と認知の歪みの修正は重要な目標となる。

　認知行動療法では，問題を5つの領域に分けて考える（図1-2-1）。状況と認知が相互に結びついているが，状況の認知によって問題が引き起こされるということと，過去の経験のような状況が認知（自己スキーマ）を形成していることを示している。認知・行動・身体・感情の4領域は相互に結びついていると考える。4領域のいずれかが変化することで，他の領域も変化すると考える。認知（考え方）が変わることで行動が変わるだけでなく，行動が変わることで認知が変わることを認知行動療法では想定する。ソーシャルスキルを訓練することは，単にそのスキルが向上するだけでなく，スキルの向上に伴って考え方が変わることを認知行動療法では想定している。

## (2) 自動思考の把握

　自動思考は自然と頭に浮かぶ考え方なので，自分自身では無自覚であることが多い。そこで自動思考を記録することで，自分の考え方のクセ（自動思考）を明らかにし，さらにその妥当性を検討することで認知の歪みを明確にすることが必要となる。自動思考の記録には，日常思考記録表（daily thoughts record: DTR）を用いる。図1-2-2はその例である。DTRは，自動思考が起こった時点や近い時点で記録されればより正確な記録となると期待できる。ふと頭に考えが浮かんだときに，その状況や内容などを記録する。DTRの書式は特に決まったものがあるわけではない。本人が記録しやすいように書式を決めればよい。図1-2-2では，感情や思考の強さを0～100で評定するようになっているが，0～10であってもかまわない。

　自動思考の記録が集まったら，そこから自己スキーマの読み取り，認知の歪みの検討を行う。表1-2-2に挙げた認知の歪みの中でどのような種類の歪みが見られるかを検討する。

　検討の仕方についても，本人が行いやすい方法を工夫する必要がある。図1-2-2の記録表の右側に，①自動思考の妥当性の評定，②自動思考に対峙する

| 日付 | 状況 | 感情 | 自動思考 |
|---|---|---|---|
| | 不快な感情が生じた状況を記述する | 感情の種類（悲しい，腹が立つ，恥ずかしい，うんざりする，心配，等）<br><br>その感情の強さ（0－100） | どのような考えが浮かんだかを記述する<br><br><br>その考えの強さ（0－100） |
| | 例<br>電車で座席に座っていたら向かいの人からジロジロ見られた | 例<br>腹が立つ，うんざりする<br><br>*100%* | 例<br>私の顔のアザを見て笑っている<br><br>*100%* |
| | | | |

図1-2-2　日常思考記録表（daily thoughts record: DTR）の例

合理的思考の具体的内容，③合理的思考の妥当性の評定，④合理的思考をとった後の感情反応強さの評定，などを加えて認知の歪みとその修正を図る方法がある。他に，自動思考が正しいといえる根拠を，主観的にではなく客観的事実に基づいて考え，記述する。それに対して反証を考え記述し，根拠と反証を比較して，事実に基づいた適応的な思考を考えて記述するという方法もある。

　VD者によく見られる認知の歪みとして，他者が示す視線への理解の歪みがある。他者がVD者に視線を送った場合，VD者はしばしばその視線を自分のVDに向けた視線であり，不快感を示すもの，嘲笑を示すものなどネガティブな意味を持つものとしてとらえる。

　しかし，見慣れぬものに関心を示すのは普通のことであり，VDに関心を持って視線を送ったとしても必ずしもVD者をネガティブに見ているとは限らない。またVDの有無に関係なく，初対面の場面において関心を持った人物に視線を送るのは自然なことである。他者の向ける視線をネガティブにとらえ，他者との関係を回避しようとすることは，良好な関係を持ちうる機会を失うことにもなる。

## (3) ソクラテス式質問

　ソクラテス式質問は，開かれた質問（open questions）によって，問題を抱えた人物に対し，その考えを確かめ，別の考え方や対処法などを理解させる方法である。問題を抱えた人物の認知の歪みを直接指摘するのではなく，質問を通して自分自身で考え，矛盾点や非合理・非現実的な考えに気づかせ，別の考え方を自ら見つけられるようにすることを目指す。

　「問題のある認知を支持する根拠や事実を考えさせる質問」「問題のある認知に反する根拠や事実を考えさせる質問」「これまでとは違う見方を考えさせる質問」「これまでとは違う見方をした結果を考えさせる質問」など，いくつかのタイプの質問が用いられる。

　自動思考の記録からの自己スキーマの読み取りや認知の歪みの検討において，ソクラテス式質問を用いることで，問題を抱えた人物は自分自身で考えることにより，より深いレベルの理解を得ることができるだろう。

## 4 今後の課題

　ソーシャルスキル・トレーニングを含めた認知行動療法は，心理的問題が生じるメカニズムを体系的に説明するものである。さらに扱う対象が，対象となる人物の実際の行動であり，意識化された思考であることから測定が可能であり，効果の測定も比較的容易である。認知行動療法の考え方に基づいて多くのアプローチが工夫されており，さまざまな心理的問題に用いられている。

　VD の問題を抱える人々への介入方法として認知行動療法は中心的なものといえよう。欧米においてはすでに，いくつかの VD を伴う疾患患者への認知行動療法に基づいた介入プログラムの有効性が報告されている（例えば，Papadopoulos, Bor, & Legg, 1999）。わが国において，VD に関した認知行動療法を説明した書籍はないが，認知行動療法を説明した書籍はワークブックを含めて多数出版されており，認知行動療法を理解することはさほど難しくない。

　VD の問題を抱える人への認知行動療法を用いた介入について，欧米では書籍も出ており（例えば，Clarke et al., 2014），インターネット経由で情報を入手することもできる（例えば，チェンジング・フェイス〈Changing Faces〉；https://www.changingfaces.org.uk/ や，フェイス・バリュー〈Face Value〉；www.facevalue.cc/）。

　しかし欧米での試みをわが国に導入する際には，文化差について慎重に検討する必要がある。例えば，ソーシャルスキルについては，文化の影響を強く受けるため，欧米で適切とされるスキルが我が国においても適切であるかどうか検討しなければならない。表情の表出については文化によって表示規則が異なることが知られている。相手の質問に答えるソーシャルスキルについても，チェンジング・フェイスが示している英国での答え方の例の中には，わが国では適切な答え方にはならないように思えるものもある。

　わが国に合った介入の方法について，さまざまなアプローチを試み，その効果についてのデータを蓄積し，望ましいアプローチを定式化していく必要があるが，そのスタートラインに立っているというのが現状である。

　ソーシャルスキル・トレーニングや認知行動療法について述べてきたが，わが国の現状においては，これらの実施主体についても問題がある。臨床心理士

(今後は公認心理師も)などの心理専門スタッフが担当することが望ましいが，前述のように，大学病院のような総合病院においても心理専門スタッフの数は限られており，VDが関連する診療科(例えば形成外科や皮膚科など)に心理専門スタッフが置かれている病院は非常に限られている。また心理専門スタッフの中でVDの問題に関心がある者はさらに限られている。多くの心理専門スタッフは，魅力的な人物は能力が高いと見られるといった類のステレオタイプについての知識は持っているだろうが，VDの影響についての知識を十分持った心理専門スタッフは少数である。

NVCスキルのトレーニングは，心理専門スタッフでなくてもある程度行うことは可能であろう。またソーシャルスキル・トレーニングや認知行動療法において，同じようにVDを抱えた"先輩"からの体験を聴くことは有用である。VDによる問題への介入においてピアサポートの果たす役割は大きい。しかしピアサポートにおいても，心理専門スタッフによる支援は必要である。

今後，VD者の抱える問題について，心理専門スタッフが直接的に関わる理想的な体制や，間接的にスーパーヴァイズを行える体制を作っていくこと(この過渡的な体制については第7章第2節を参照)が必要である。

(真覚　健)


注記
＊1　これらの問題への支援だけでなく，VD者への心理的支援としては，治療における意思決定への支援もある。
＊2　微笑みは，闘争時に劣位サルが示す恐怖の表情から進化したと考えられている。恐怖の表情を示すことで相手の攻撃性を抑えることができる。微笑みには友好性を増加させる機能があると考えられる。
＊3　アイコンタクトは表情や目つきとも関連している。怒った顔や厳しい目つきでのアイコンタクトは，敵意の表現となりネガティブな印象をもたらす。ここでは微笑みなどのポジティブな表情や穏やかな目つきでのアイコンタクトの機能について述べる。
＊4　欧米人においても，会話時，ずっと相手の顔を見ているわけではない。数秒相手の顔を見て，しばらく視線をそらし，再び相手の顔を見る，ということを繰り返すといわれている。
＊5　Ellis, A.が1955年に提唱した療法であるが，その後，感情を軽視している印象を避け

るため，論理情動療法と呼ぶようになり，さらに行動療法の要素が加わり，理性情動行動療法（論理情動行動療法）と名称変更をした。

**引用・参考文献**

Adachi, T., Kochi, S., & Yamaguchi, T. (2003). Characteristics of nonverbal behavior in patients with cleft lip and palate during interpersonal communication. *Cleft Palate-Craniofacial Journal, 40*, 310-316.

Carr, A. T., Harris, D. L., & James, C. (2000). The derriford appearance scale: A new scale to measure individual responses to living with problems of appearance. *British Journal of Health Psychology, 5*, 201-215.

Carr, T., Moss, T., & Harris, D. (2005). The DAS24: A short form of the derriford appearance scale (DAS59) to measure individual responses to living with problems of appearance. *British Journal of Health Psychology, 10*, 285-298.

Clarke, A., Thompson, A. R., Jenkinson, E., Rumsey, N., & Newell, R. (2014). *CBT for appearance anxiety: Psychosocial interventions for anxiety due to visible difference*. West Sussex, UK: John Wiley & Sons.

Lord, C., & Haith, M. M. (1974). The perception of eye contact. *Perception & Psychophysics, 16*, 413-416.

Martin, W., & Rovira, M. (1982). Response biases in eye-gaze perception. *The Journal of Psychology: Interdisciplinary and Applied, 110*, 203-209.

野澤 桂子・林 和弘・中北 信昭・中山 礼子・石橋 克禮・今西 宣晶…Harris, D. L.（2008）．Derriford Appearance Scale（DAS59）日本語版の作成──外見に問題をもつ人のためのQOL指標── 日本形成外科学会会誌．*28*．440-448．

野澤 桂子・今野 裕之（2011）．外見に問題をもつ人の心理的 well-being を測定する尺度短縮版の作成──DAS12 尺度の信頼性と妥当性の検討── 日本心理学会第 75 回大会論文集，939．

Papadopoulos, L., Bor, R., & Legg, C. (1999). Coping with the disfiguring effects of vitiligo: A preliminary investigation into the effects of cognitive-behavioural therapy. *British Journal of Medical Psychology, 72*, 385-396.

Perry, S., Difede, J., Musngi, G., Frances, A. J., & Jacobsberg, L. (1992). Predictors of posttraumatic stress disorder after burn injury. *American Journal of Psychiatry, 149*, 931-935.

Robinson, E., Rumsey, N., & Partridge, J. (1996). An evaluation of the impact of social interaction skills training for facially disfigured people. *British Journal of Plastic Surgery, 49*, 281-289.

## 第3節

# ケアの補完的資源：当事者組織（エンパワメント）

　顔にまつわることわざや表現は少なくない．厚顔無恥，見た目より心，顔に書いてある，顔から火が出る，顔が利く，顔が広い，顔をつぶす，顔を立てるなど多様である．それらは単に顔の表現にとどまらず，行動形態，人格や権威までをも表すものとなり，顔は男女にかかわらず，その人の全容を表す指標とみなされることすらある（近年のイケメンという表現もしかりである）．

　しかし，人の思考や価値基準までもが顔に表れるとみなされるなら，病気や怪我のために手術痕で変形した場合や，口唇口蓋裂やトリーチャー・コリンズ症候群といった先天性の病気やアザなどのためにもともと外見上に課題を抱える個々人にとって，社会はさぞや生きづらいものとなるだろう．

　外見上の課題にかかわらず，生き生きと自分らしく生きられるようになるためには，個々人が全人的な成長を遂げるだけでなく，例えば聴覚障害者の「ろう文化」というような新たな文化が構築され，社会が変革されていく必要がある．その一助となるのがセルフヘルプグループ（self help group；以下，SHG）である．本節では，SHGがそうした援助の特性を保有する根拠を記すことにする．

### 1 顔に関する SHG のいろいろ

　SHGは1970年代には広く世界で活発に活動しており，とりわけ1980年代以降には日本でも急速に多様な領域で設立されている．顔に関するSHGとしては，アメリカではFaces, AboutFace, Let's Face It，イギリスではCLAPA, Changing Faces，オーストラリアではCleftPALS，ドイツではWolfgang

Rosenthal Gesellschaft などがあり，主として口唇口蓋裂のある子どもの親の会が，外見上の課題を抱えて生きる生きづらさと向き合う活動を展開している。

日本では，すでに解散したが「ユニークフェイス」はつとに知られているし，現在では「マイフェイス・マイスタイル」が活動している。これらは手術痕や先天性を問わず，多様な外見上の課題を包含したSHGである。他には熱傷・外傷に限定したもの，もともと色素の薄いアルビノや口唇口蓋裂に限定したものなど，疾患別に構成されるSHGは実に多様に存在する（中田, 2000）。しかし，それらの活動内容や成果には共通するものが少なくない。

## 2 SHGが達成する成果

SHGが活動の目標としては掲げていないが，結果として得られる共通の成果には大別して自己変革と社会変革の2点がある。

### (1) 自己変革＝エンパワメント

自分自身では解決できない生活課題を抱えて途方に暮れ，自信や自尊心を喪失した人は，社会関係を閉ざして孤立しがちである。しかし，共通の課題を抱える人たちで構成されるSHGには参加しやすいし，そのことによってまず孤立を避け，社会とつながることができる。そしてさらに仲間の体験談や情報を得て今後の見通しがつき，生きていきやすくなる。この個々人の生き直しが，SHG内でどのような力動によって達成されるのかについて述べる。

#### ① 自己に内面化している伝統的価値観との対決

まず，共通の生きづらさを抱えていても，自分らしくいきいきと生きる仲間と出会うことで，外見上の課題があることを恥ずかしいこととしたり，自己否定したりすることから解放される。SHGは，当事者にとって社会の偏見や否定的な見方から解放されて，安全で安心できるオアシスとなるのである。

外見上の課題は変えられないのが現実であり，形成外科手術は健常者に近づ

くための手段でしかない。しかし，それはあくまで近づくためにであって，健常者になれることではない。ならば，どの時点で手術をやめ，自分の容貌を受け入れ，「この顔で生きていく」と心に決めるのか。その決定に付き合うことができるのもSHGの仲間たちである。

②**主体性を育み，人格を育てる**
　SHGは，仲間同士が集う安全安心で自己への洞察を深めるエネルギーを蓄えられる，心の居場所となる。形成手術をやめて「この顔で生きていく」という決心に至るには，数多くの体験談や情報から主体的に自ら選択して，自己決定するという過程を経る。その過程において主体性が育まれ，人格が形成される。社会や時には家族からさえも孤立し，わかってもらえないしんどさを経験する当事者がSHG内で人間関係を築き，人格を育んでいく。SHGには共感し理解し合える仲間たちがいるからこそ，人格が育てられる。

③**出生原因からの解放**
　先天的な障害や病気のために当事者には受け入れ難い，また変えられない外見上の課題が生じると，その母親は往々にして自分自身を責める。しかし，SHGにおける仲間同士の体験談を通して，それは単に不運なくじを引いた偶然にすぎないと悟るとき，その不運なできごとをプラスに変え，自分の体験を無駄にしたくないと考えるようになり，これから同じような体験をする人たちの役に立とうとする。そして「私も役に立った」という経験を通して自己の有用感を回復し，さらなる高みへと昇華する。

　以上は個々人がSHGによって内的な成長を遂げ，自己を変革させる経過である。次にこうした自己を変革させた人々が，外部社会にアピールして社会変革を達成する過程について次に概略する。

## (2) 社会変革

　アドボカシーはもともと，ソーシャルワーカーなどのヒューマンサービスの専門職らが必然的に行ってきたが，同時に権利意識の浸透と深化が当事者によ

るアドボカシーの必要性を普及させてきた。社会福祉制度や資源などの改善と整備を求めるアドボカシーだけでなく，社会のスティグマと闘い，偏見を解消するように市民の意識を醸成することを求めるアドボカシーもある。SHGはこうした双方の活動の拠点となる。

### ①社会福祉制度や資源の改善と整備

制度的な充実に向けた活動は，1980年代の国際障害者年以降，障害者自身が制度政策の決定過程に参画することを求めるようになり，各SHGが，「私たち抜きに私たちのことを決めないで！」をスローガンに，街にスロープを，点字ブロックを，障害者雇用の促進を，難病患者の医療費軽減を，などと訴えて成果を得てきた。こうした制度の普及の結果，当事者のみならず，一般市民にとっても暮らしやすい環境が整ってきたことは周知の事実である。したがって，SHGは自分たちの利益追求のための単なる圧力団体としてではなく，健常者もともにより良く生きる社会を求める活動の拠点となる。

### ②市民意識の醸成

外見上の課題のために社会に出ることを控えがちであった人々も，自分を含めて仲間たちとともに「顔は歪んでいますが，心は歪んでいません！」などと訴えて，一般市民の理解を求めて活動する。その過程で，「こうやって生きていこう」と自信をつけていく。一方，市民は多様な困難を抱えつつ自分らしく生きようとする当事者を目の当たりにして，自分自身の視野を広げ，理解を深める。そしてそのことは市民の暮らしや精神を豊かにするものとなる。

[口唇口蓋裂の親の会の例を挙げると，「兎唇」や「口裂け女」という用語は差別を助長するものであると訴えて，使用を禁じる活動をしてきた。例えば，「口裂け女」という題名のテレビのアニメ番組を放映中止に至らせたし（2002年10月28日），ゲームの企画会社が「口裂け女」というゲームを開発させたときも販売を中止させている（2004年4月）。]

## ③ SHGが援助形態として機能する4つの柱

### ①援助者治療原則——ヘルパーセラピー原則

この原則はRiessman（1965）が端的に指摘する「援助する者がもっとも援助される」というものである。人が困難に出会って自分では解決できないと困惑したとき、他者に相談する。その時点で相談者と被相談者との間には優劣あるいは強者弱者の関係が成立していて、相談するという事態によってその関係が強化される。たとえ対等な関係にあったとしても、援助を受ける立場になると「借りができた」「恩がある」という関係になるのが人情である。つまり意図するとしないとにかかわらず被援助者の地位は否応なく低くなり、自尊心が奪われてしまう。逆に援助者には有能感や自尊心が高まる。したがって専門職による援助関係は常に前者が優位な立場となる。しかし一方、SHGのメンバーは援助者と被援助者の両者の役割を担うから、専門職との相談者―被相談者という上下・優劣関係ではなくて対等な関係を維持できる。さらに予約を入れて相談室まで出向く必要はなく、緊急ならいつでもどこでも平場の日常生活の生活の場で対応でき、この原則はSHG固有の重要な概念である。

さらに援助者役割をとる者は、第一に依存性を取り払い、第二に同じような問題を持つ他の人の問題に深く関わることによって自分自身の問題を距離を置いて見る機会を持ち、第三に援助者役割をとることによって社会的な有用性を感じると指摘する（Gartner & Riessman, 1977）。援助者は効果的に他者を援助できるように学習せざるを得ないから、結果的に能力を高めることになるとも指摘する（Gartner & Riessman, 1977）。

また、therapyという原語に基づいて「治療」という用語が用いられているが、ヒューマンサービス領域が医療モデルによっていた時期の名残であるから、今後「援助」や「介入」といった生活モデルに基づいた用語を用いる必要がある。

### ②体験的専門知識

知識についてBorkman（1976）は、専門的知識と体験的知識の二者択一

によって世界を見るという慣習的な見識に従ってきたが，のちに（Borkman, 1990）専門職のもつ専門的知識，素人の持つ知識，そして素人の体験者が持つ体験者的知識の3種類があると指摘した。SHG内ではメンバーの数に応じた体験的知識や情報が交わされ，一人ひとりの知識が蓄積されて洗練されて普遍化することにもなる。この普遍化された体験的知識を体験的専門知識という。

　この視点から見ると300万人の身体障害者は一人ひとりがさまざまなニーズを持ち，さまざまな経験をして生きる術を身につけている。サービスを求める300万人としてではなく，それぞれの障害に日々積極的に対処して暮らしの方法を身につけている300万人とみなすこともできる。彼らはニーズをもっとも正しくもっともよく知っているサービス提供者なのである。体験的知識と専門的知識とは決して競合するものではないが，自分自身が経験したことを他の人がすでに過去に経験していれば，その権威は専門職の権威よりも尊重されるという。すなわちSHGに所属する「やり遂げた」古参のメンバーは新参者にとって役割モデルとなり，その体験的な知識や体験的専門意見（体験によって獲得された知識や，問題にうまく対処する能力や技術を指す）は，専門職の専門的知識と同等あるいはそれ以上に尊重される。そして自己決定の際の判断基準となる。

　例えば，外見上の課題に対して「もう一度修正手術をすればきれいになりますよ」と医師が言っても，その「きれい」と当事者が期待する「きれい」との間には違いがあることが多い。SHGでは，「きれいになる」とはどこがどのようにきれいになるのか，について医師とよく話し合い，修正手術によって「きれいになる範囲」を明確にして，自分自身が納得してから，手術をするかしないかについて自己決定するように勧め，本人が自己決定に至るまで寄り添って待つようにしている。さらに専門職で当事者の場合，例えば外見上に課題を抱え，かつ形成外科医なら，当事者は本音を語りやすいうえに，得られる知識は専門領域に偏らない全人的なものとなり，当事者にとってはさらに望ましい知識を保有しているから，いっそう好ましいと筆者は考える。

　さらにBorkmanは，さまざまな市民運動は制度や施策，あるいは人権に関する偏見・差別・不平等に対する闘いであるが，同時にそれに伴う文化権，すなわち少数者が有する固有の文化の権利を求める闘いでもあることを説き，体

験的知識はその固有の文化の礎であると指摘している（1990, p. 11）。

③脱・専門職至上主義

　SHG の特徴の一つとして，反専門家主義あるいは非専門家主義と呼ばれることがある。これは専門家の持つ権力による支配への否定を意味するニュアンスが強いとも受け止められるので，ここでは専門職の知識や技能だけが優越するわけではないという点を主張し，専門職優位の一般的な価値観からの脱却を可能にする SHG の側面について述べる。

　1960 年代には，SHG に対して不信や疑いを抱いていた専門職も多かったが，現在では専門職と非専門職とは補完関係にある肯定的なものとして見直されている。Silverman, Mackenzie, Pettipas, & Wilson（1975）は，伝統的なソーシャルワークでは対応できない領域があることを専門職が認めて，当事者が自ら緩やかな構造と温かみのある SHG を作り出したと指摘している。つまり既存の援助システムでは自分のニーズは充足されないと当事者が気づいて同じ状況にある人々とともに自分の考えを表明する。この「気づいて表明する」こと自体にエンパワメントした当事者が現れてきたことがわかる一方で，一般市民の側にもまた，当事者に発言の機会を与え，その発言を聴こうとする民主的な背景が生まれてきたことがうかがえる。

　また Silverman は，既存の援助システムでは個々人のニーズが充足されない領域には 2 つの状況があるという。1 つ目はアルコールや薬物の依存症，摂食障害や児童虐待などの，やめようとしてもやめられない慢性的に継続する生活状況にある者の領域であり，2 つ目は完治が不可能な病気や障害を抱えたまま，より良く生きようとする人々によって作られる領域である。外見上の課題は 2 つ目にあたる。個々人が成長を遂げて自己変革して自身の容貌を受け入れていかなければ，いつまでもこの外見上の課題をきれいにしてほしいと専門職に希望を託して修正手術を受け続けることになる。しかし専門職による修正手術には限界があるから，「この顔で生きていく」といずれ決心することが必定であり，自分が自分らしく生きていくためには容貌がより良くなることではなくて，ありのままの自分を肯定的に受け入れ，自尊心を持つことである，と思えるようになることが必要である。その一助となる援助形態として仲間同士の

SHGがある。そこでは体験的知識をもとに，専門職優位の社会通念から脱却して主体性を持って自分自身を信頼して自己決定していくことができる。

**④ピアサポート**

　ピアサポートとは，ヘルパーセラピー原則に基づいてSHG内で自然発生的に生じる当事者同士の支え合いを指す。もともと1960年代アメリカの身体障害者による自立生活運動におけるピアカウンセリングに基づいており，障害者は専門職の指示に従わされ，主体性を持って生きることが困難なことに対する異議申し立てに始まる。したがってピアサポートは体験的知識や脱・専門職至上主義に基づいて運営されるSHG内で発展するものである。共通の悩みを持つ人たちは専門職よりも苦しみや痛みを体験し理解しているから，もっともニーズをわかっている。だからこそ，同じ仲間や同じ立場の人たち，つまりピアで語り合い，思いを共有して課題の軽減や解消を志すことが可能になる。しかしながら，自身の体験に基づく自分なりの尺度がすべての体験者に当てはまるものではない。自分の考えを押しつけたり，一方的に批判したりすることも生じる。この弊害を除去したり，世話人やSHGメンバーの援助機能を強化したり，また，自己変革そのものをも達成する一助となることを目的として，研修会を開催するSHGも増えている。

　ひょうごセルフヘルプ支援センター[*1]では不登校，引きこもり，介護者家族などさまざまなSHGの世話人を対象にして「コミュニケーションのあり方」「聴くということ」「合意形成の方法」「認知行動療法の考え方」など，世話人らのニーズをもとにテーマを決めて研修を開催している。その内容は具体性に富み，専門職のまねをするのではない，自身の良さ，強み，他者を援助することが自分に与える影響などについての気づきの研修ともいえる。もちろん，研修を受講するうえでの困難が伴う障害や心の病気もあるから，安易にあらゆるSHGのメンバーに対して独自性を無視した研修を開催する間違いを犯してはならない。

　イギリスのパートリッジ（Partridge, J.）[*2]は，外見上の課題を抱える人を対象にした研修としては世界初となる研修プログラムを開発し，書籍も発行して，Changing Facesにおいて当事者に向けて研修会を開催している。この研修

が大きな一助となって,「この顔で生きていく」という内的成長を遂げる当事者も少なくないであろう。

次いで,上記の4つの援助の特性を保有するSHGは,どのような専門職との関係を維持していることが重要なのかについて述べる。

## ④ 専門職との関係に焦点を当てたSHGの形態

SHGは,脱・専門職至上主義,脱・官僚制,入退会が自由を特徴とし,そこではメンバーも世話人も平場で対等な関係にあり,そこは安全安心な心の居場所となる。

SHGでは,専門職と当事者が対等な関係にあるというが,はたしてどれだけのSHGがその条件を満たしているだろうか？ 次に2つの基軸となるSHGと専門職との関係を紹介しておきたい。

Adams(1990)は次の3種類があるという。
①専門職がSHGを「取り込むタイプ」
②専門職がSHGを「側面から支援するタイプ」
③専門職から「自立しているタイプ」

Adamsは車の運転にたとえて,①では専門職は運転席で運転し,当事者は助手席にいる。これでは専門職が望まなければ当事者が行きたいところへ行きたいときに行けないし,当事者が望まなくても専門職が行くところへ一緒に行かなければならない。つまりこのタイプでは当事者は自分の意思では何もできない。

②では専門職が助手席にいて当事者が運転する。そして運転する当事者のパーソナリティや助手席の専門職との関係次第で専門職の言いなりになる危険性もあれば,運転する当事者が安心して自分自身の望む方向に進めるように支援を得られる場合もある。しかし,専門職の言いなりになって事故を起こしても,責任は当事者が引き受けなければいけない危険性もある。

③はもっとも理想とするもので,当事者が専門職の援助を受けずに車を自分で運転し,専門職の助言や情報が必要なときには車を降りて,しかるべき機関

から必要な情報などを得るというものである。

さらに拙著（中田，1994）では，次のように大きくA，Bに分類し，さらにBを詳細にa，bに分類している。

- A　完全自立グループ
- B　依存グループ
  - a　依存顕在グループ
  - b　依存潜在グループ

依存顕在グループでは病院内のSHGや作業所内のSHGのように世話人代表は専門職がなり，依存潜在グループは，世話人代表は当事者であるが，その運営は専門職が指示する，というものである。完全自立グループは名実ともに専門職から自立したSHGといえよう。しかし，Adamsのいう自立しているグループや中田のいう完全自立グループはその存続がきわめて困難なことはいうまでもなく，あくまでも目指すべき理想の形態として紹介した。

以上のようにSHGは個々人の成長を促し，社会にも訴えていく可能性のある援助形態として近年注目されてきている。社会福祉の領域では地域福祉を推進する市民運動の一環としてとらえているし，コミュニティ心理学の領域においても依存症の回復組織，あるいは個々人の問題解決に寄与する援助形態として，今後ますます発展するものととらえられている。さらなる発展を期待したい。

（中田智恵海）

注記

＊1　特定非営利活動法人ひょうごセルフヘルプ支援センター（2000年設立）は，生活課題を抱えて地域社会で孤立する人をSHGにつなげ，SHG同士の交流会を開催し，SHGのディレクトリーを発行したりして，生きづらさを抱える人たちが自己変革・社会変革を遂げる支援をしている。
＊2　第6章参照。

引用・参考文献

Adams, R. (1990). *Self-help, social work and empowerment*. London, UK: Macmillan, p. 39.
Borkman, T. J. (1976). Experiential knowledge: A new concept for the analysis of self-help groups.

*Social Service Review, 50*(3), 445-456.

Borkman, T. J. (1990). Experiential, professional, and lay frames of reference. In T. Powell, L. F. Kurtz, L. J. Medvene, A. H. Katz, C. A. Maida, L. Videka-Sherman, & R. Wollert (Eds.), *Working with self-help* (pp. 3-30). Washington, D.C.: NASW Press.

Gartner, A., & Riessman, F. (1977). *Self-help in the human services*. San Francisco, CA: Jossey-Bass Publishers.

（ガートナー，A. & リースマン，F. 久保 紘章（監訳）（1985）．セルフ・ヘルプ・グループの理論と実際——人間としての自立と連帯へのアプローチ——　川島書店，p. 7）

中田 智恵海（1994）．セルフヘルプグループ（家族の会）の機能と専門職者との関連　ソーシャルワーク研究，*19*(4), 306-313.

中田 智恵海（2000）．セルフヘルプグループ——自己再生の援助計画——　八千代出版，p. 162.

Riessman, F. (1965). The helper-therapy principle. *Social Work, 10*, 39-66.

Silverman, P. R., Mackenzie, D., Pettipas, M., & Wilson, E. (Eds.) (1975). *Helping each other in widowhood*. New York: Health Sciences Publishing.

## 第4節

# 支援スキル：支援としてのメーキャップ

## 1 メーキャップとは，化粧とは

　本節では，メーキャップの可視的差異（visible difference；以下，VD）支援スキルとしての役割・機能を考える。それに先立ち，まずはメーキャップを含む化粧という日常行為の概要を把握しておきたい。

　まず，化粧とは，体表の衛生や健康を維持・管理する「慈しむ化粧」と，印象を演出する「飾る化粧」を総称した言葉である（阿部，2002）。慈しむ化粧の代表はスキンケアであり，化粧水や乳液などの化粧品を用いて，体表の健康の維持・増進を目的とする。ヘアケア，ボディケアもこれに含まれる。一方，飾る化粧の代表はメーキャップとフレグランスである。メーキャップは口紅やファンデーションなどを用いて容貌の視覚的演出を行う。フレグランスは香水やオーデコロン（賦香率が異なる）などを用いて嗅覚的な演出を担う。

　この化粧という行為は，はるか太古の昔から世界中で行われてきた行為である。すなわち，歴史的にも地理的にも普遍性を有する行為である。歴史的な変遷の詳細については他書をご参照いただきたいが（Abe, 2017; 阿部, 2017），そこに描かれている西洋と日本の化粧史には対比的な特徴があり，以下の3点に要約できる。

①古代からスキンケアとメーキャップの言語的区別が明瞭な西洋。平成になるまでスキンケアにメーキャップの下準備としての呼称（化粧下，基礎化粧など）を用いていた日本。
②脂のお手入れ中心の西洋。水のお手入れ中心の日本。
③宗教的理由を背景に，衛生・清潔と距離を置いてきた西洋。古代から一貫し

第4節　支援スキル：支援としてのメーキャップ

て衛生・清潔に熱心な日本。

　西洋との対比から浮かび上がってくる日本の化粧の特質は，スキンケアとメーキャップが一体的に認識され，それが衛生や清潔感と結びついているということである。日本が世界に開かれた明治維新以降，特にグローバル化の進む昨今，西洋と日本の差異は希薄化しているが，それでもその背景には，こういう歴史的差異が潜んでいることには留意しておくべきであろう。例として，メーキャップ，フレグランス，スキンケアの，どの化粧品カテゴリーを重視しているかについて，国ごとの特徴を比較してみる。まず，商業統計（Euromonitor International, 2013a; 2013b; 2013c）から15ヶ国を選び，それぞれの国における，メーキャップ：フレグランス：スキンケアの販売額の構成比を算出した。差異を明確にするため，メーキャップの構成比の15ヶ国平均値を求め，各国のメーキャップ構成比からこの平均値を減じた値を図1-4-1に示して比較した。フレグランスもスキンケアも同様である。その国において，その化粧品カテゴリー

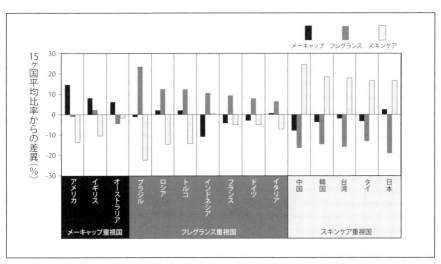

図1-4-1　化粧品カテゴリーの販売額構成比の国際比較

注記：Euromonitor International（2013a; 2013b; 2013c）のデータに基づき，15ヶ国それぞれに，化粧品カテゴリーの各国通貨ベースの販売額比率（メーキャップ〈colour cosmetics〉：フレグランス〈fragrance〉：スキンケア〈skincare〉）を算出。化粧品カテゴリーごとに15ヶ国の平均を求め，それぞれの国のカテゴリー比率からこの平均値を減じた差異を国別に示した。

# 第1章 包括的ケアの理解と実際

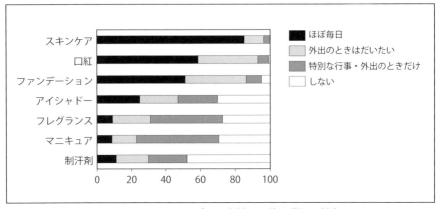

**図1-4-2 さまざまな化粧品の使用場面・頻度**

注記：阿部（1998, 図5）のデータを再分析。1997年3月，自記式の調査票を用いた会場調査。調査対象は首都圏在住の16〜69歳の女性242名。メーキャップ化粧品についてはアイテムを細分化した。なお，調査票では，スキンケアとフレグランスは，それぞれ「肌のお手入れ」「コロン・香水類」と記されていた。

が重視されていれば正の方向に，そうでなければ負の方向にバーが伸びる。

　図1-4-1では，メーキャップの販売額が多いことに特徴があるメーキャップ重視国，フレグランスの販売額が多いフレグランス重視国，スキンケアの販売額が多いスキンケア重視国に大別して示した。

　アメリカなどの英語圏はメーキャップ重視国であり，日本を含むアジア圏はスキンケア重視国である。その他の国はフレグランス重視国であり，なかでもブラジルは突出している。このことから，西洋を中心とした多くの国では飾る化粧（メーキャップ，フレグランス）が重視され，日本を含むアジアでは慈しむ化粧（スキンケア）が重視されているという特徴がうかがえる。

　次に，日本における化粧品の使用実態を確認する。どういうときに，どの化粧品を使うか，さまざまな化粧品の使用場面・頻度を図1-4-2に示した（場面と頻度を区別していないのは，場面が限定されると頻度が低下することを前提としたためである）。

　化粧品によって使用場面・頻度は異なっている（$\chi^2=862.2, df=18, p<.01$）。スキンケア，口紅，ファンデーションは，「しない」という回答がきわめて少なく，ほとんどの女性が持っている化粧品であることがわかる。ただし，スキン

ケアは，場面（状況）に限定されずほぼ毎日使う化粧品であるが，口紅とファンデーションは，外出時の使用に特徴がある。アイシャドー，フレグランスは，特別な行事や外出のときに限定して使用される傾向がうかがえる。マニキュアも特別な行事や外出のときに限定して使われる傾向が高いが，即座に落とさない場合は，しばらくつけたままの状態が維持される。制汗剤は「しない」の回答が4割を超え，この中ではもっとも使用頻度の低い化粧品であった。

　以上を大まかにとらえると，スキンケアは毎日行い，外出するときにはファンデーションと口紅をつけ，特別な場合にはアイシャドー，マニキュア，フレグランスと，使用品目が増える傾向がある。

　阿部（2007）は，暗黙裡に共有される場面ごとの装いの規範を「暗黙のドレスコード」と呼び，これが，「他人の目」と「自分にとっての重要性」を総合した「セケンの目」の強度によって規定されることを示した。そしてセケンの目の強度はスキンケア化粧品の使用意向には関係がないが，メーキャップ化粧品・フレグランス化粧品の使用意向には強く影響していた。換言すると，慈しむ化粧（スキンケア）は自分自身の肌の健康を目指した私的な化粧品として常用され，セケンの目が強まるとともに，すなわち，暗黙のドレスコードのレベルが上がるにつれて，ファンデーション，口紅，アイシャドー，マニキュア，香水と，飾る化粧（メーキャップ・フレグランス）の使用品目が増えるものと考えられる。

　このことから，慈しむ化粧と私的自意識（private self-consciousness），飾る化粧と公的自意識（public self-consciousness）の親和性が浮かび上がってくる。阿部（2002）は，化粧行為全般が私的自意識と自尊心（self-esteem）を動機とし，慈しむ化粧は私的自意識の顕在化を促すことで関心を自らに向け直して「いやし」をもたらし，飾る化粧は公的自意識の顕在化を通じて社会に関心を向けて「はげみ」を生じること，すなわち，化粧は日常生活に埋め込まれた感情調節装置であると主張している。私的自意識とは感情など自己の私的で内面的な側面への関心であり，公的自意識とは容姿や行動など公的で外面的な自己側面への関心である。慈しむ化粧は「私」と，飾る化粧は「公」との結びつきが強いと考えられる。

## 2 化粧療法の誕生

　化粧は，ことさらに医療的効用を目指して行うものではない。それどころか，校則で生徒が行うことを禁じるように，子どもからは遠ざけるべき，大人の嗜みである。校則と法律の違いはあれど，ルールで子どもの使用が禁じられながら，成人したら許容されるという点では，飲酒・喫煙と同じく，本来的には好ましくない行為だとみなされてきたといえよう。

　とりわけ1970年代は，化粧品に対する逆風が厳しい時代であった。1975（昭和50）年秋，「化粧品公害被害者の会」が結成された。化粧品による皮膚トラブルをめぐる訴訟は化粧品メーカー6社を被告とし，およそ5年後の1981年12月16日に和解した。原告団を支援してきた日本消費者連盟の化粧品問題担当は，「肌にとって必要でないものを，宣伝の力で，なくてはならないように思わせて売っている。今回の和解でそんな化粧品の本質が問い続けられなかったのは残念だ（後略）」と語っている（朝日新聞，1981）。1970年代の化粧品メーカーは，あたかも華美な宣伝で不要なものを売って儲けているかのごとき批判を浴びていたのである。この状況はアメリカでも共通しており，米国でも1970年代は，化粧品の安全性に対して政府の規制やマスコミの批判が厳しかったという（Lin, 1984）。

　1980年代に入り，この状況は変化した。アメリカでは，1983年9月，ペンシルバニア大学において，Kligman, A. M. が First symposium on the psychology of cosmetic treatments を主催した（Lin, 1984）。100名あまりの参加者が集い，「化粧品の心理的影響」「美容と心理的健康」などの21講演が催されたという。このシンポジウムが契機となり，*The psychology of cosmetic treatments*（Graham & Kligman, 1985）という書籍に結実した。この書籍の巻頭言は，このシンポジウムを振り返ることから始められている。

　日本でも，1980年代に入って状況に変化の兆しが訪れた。1984年に発行された『フレグランスジャーナル』12巻1号（通巻64）は，「香粧品の有用性と社会的役割」という特集を組んでいる（以下，組織名は発表当時のもの）。そこには，鐘紡美容研究所が1965年に労働科学研究所と共同で実施したメーキャッ

プによる労働負担緩和効果の研究が載っている（吉田, 1984）。それだけではない。エステティックマッサージの皮膚電気抵抗・主観的変化に関するポーラ化成工業研究所の試み（湯浅, 1984），アザにメーキャップを活用してパーソナリティ変化を検討したオリリー学術部の研究（重松, 1984），α-ピネンの効果に関する鐘紡化粧品研究所・美容研究所の実験（石川・島上, 1984）なども掲載されている。今日の化粧心理学の主題である，化粧のストレス緩和作用，エステティックマッサージの生理心理学的作用，化粧療法，アロマコロジーにつながる研究が，すでに芽生えていたのである。

そして1991年，日本心理学会第55回大会（仙台）で「化粧心理学のパラダイム」というワークショップが開催され，7つの講演が行われた。最終日の最終セッションだったにもかかわらず，小さな会場ながら満席になったことを記憶している（阿部, 1993）。これを契機として，1993年には，『化粧心理学』（資生堂ビューティーサイエンス研究所）という，スキンケア，メーキャップ，フレグランスに関する心理学的研究を網羅的に紹介する書籍が発刊された。アメリカにおけるKligmanのシンポジウム〜書籍と相似形の進行である。さらにその後も，大坊・神山（1996），大坊（2001），阿部（2002），資生堂ビューティーソ

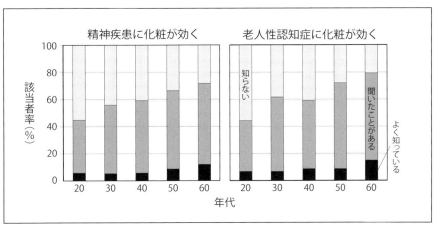

図 1-4-3　化粧の心理効果の年代別認知率

注記：阿部（2010, 図1-2）のデータを再分析。2009年3月，インターネット調査。関東地区（東京・神奈川・埼玉・千葉）と近畿地区（大阪・京都・兵庫）の20〜60代女性が対象。有効回答者数1040名（104名×2地域×5年代）。

リューション開発センター（2010）など，化粧に関する心理学的研究を紹介する書籍の発刊が続いて今日に至る。

ここに至り，化粧はもはや公害でも陰のものでもなく，むしろ人類の福利厚生に役立つものという認識が確立し，心理学的検討対象として定着した。隠されていた化粧の素顔が表に出てきたのである。前頁の図 1-4-3 に見るように，「精神疾患に化粧が効く」「老人性認知症に化粧が効く」ことは，多くの女性が知るところとなり，その傾向は年齢とともに顕著になっている。いわゆる化粧療法は，社会に広く認知されているといえよう。

## 3 さまざまな実践

広範に認知されているとはいえ，実践の普及はまだ道半ばである。例えば医療現場においては患者の外見への配慮は後回しであり，化粧の心理的効用に関する研究は少ない。野澤（2004）は，その理由の一つとして，日本の病院では「化粧禁止」であることを挙げ，フランスでは，600時間の研修を受けた国家認定資格者であるソシオエステティシャンが病院内で活躍していることを対比的に紹介している。そして，機能のみならず，外見も可能な限り元に戻ってはじめて「治った」とみなすフランスの治療観が，この取り組みの背景にあることを指摘している。アメリカではルック・グッド・フィール・ベター（Look Good Feel Better）というVD支援活動が1989年より継続されており，年間5万人に及ぶ女性がサービスを受けている（Look Good Feel Better Foundation, 2017）。イギリスではチェンジング・フェイス（Changing Faces）という団体が活躍している（第6章参照）。

欧米に後れをとっている日本においても，国立がん研究センター中央病院がアピアランス支援センターを置き，がん患者の外見変化による社会的不利益への対処を実践していることは心強い。このような先進的な取り組みを契機として，日本でも医療分野において化粧が活躍の場を広げることが期待される。

なお，医療分野の立ち遅れの一方で，日本では化粧品メーカーが，メーキャップ・化粧による社会的貢献に積極的に寄与していることが特筆される。

## 第4節　支援スキル：支援としてのメーキャップ

　日本の化粧品メーカーの研究面における先進性は先に述べたとおりであるが，実践面においても活躍が目覚ましい。

　菅沼薫氏（sukai 美科学研究所代表・㈱エフシージー総合研究所顧問）の協力により日本の化粧品メーカーに連絡し，化粧による VD 等の医療的・社会的貢献について 12 社からお答えいただいた。その結果，9 社が何らかの実践的活動によって社会貢献に寄与されていた。この 9 社のうち，特に積極的な支援活動をされている 6 社に，さらに詳細なアンケートをお願いした。のちに 1 社を追加し，計 7 社からいただいたご回答を表 1-4-1（91～96 頁）に示した。

　表 1-4-1 を見て，いくつか気づく点がある。その一つが，日本の化粧品メーカーによる研究ならびに支援活動の開始年代の早さである。カネボウ化粧品による形成リハビリテーションのためのメディカルソワンエステティックは 1966 年に開始されているが，これは世界最初の化粧療法の研究報告と目される Hey（1970）の論文に先んじており，その先進性には目を見張るものがある。また，資生堂が岩手県の特別養護老人ホーム・富士見荘に美容サービスを開始したのは 1975 年のことである。老人性認知症への化粧の有効性を明らかにした同志社大学・京都府立医大・資生堂の共同研究（Hama et al., 1992）が，国際応用心理学会で報告された 1990 年より，15 年も前のことである。この取り組みは，富士見荘創立者の故・伊崎正勝氏の，普通の暮らしを大事にしたい，人間性を尊重したいという思いによって始まったという（互, 1993）。世間の目が化粧品に厳しかった 1970 年代にあって，まさに先見の明である。

　2 点目が，老人施設へのサービスや震災支援など，容貌を中心問題としない対象への適用が多いことである。岩手の富士見荘での適用や国際応用心理学会での報告など，老人性認知症への適用が先行していたこと，そして，それらを踏まえた徳島の老人病院・鳴門山上病院の化粧を用いたアクティビティケアの成功が報道されて社会的に注目されたことなどが（神戸新聞, 1994），その背景にあると考えられる。さらに，スキンケアを重視する日本の文化（図 1-4-1 参照）においては，ハンドマッサージなどの慈しむ化粧による「いやし」の作用が被災地などで力を発揮しやすいものと思われる。また，飾る化粧の「はげみ」の作用は，容貌好転が公的自意識を顕在化することを介して生じると考えられる（阿部, 2002）。このとき，お年寄りや被災者にとっても，容貌好転は公的自意識

を顕在化させる作用を持つがゆえに，好ましい影響がもたらされると解釈できる。容貌を中心問題としない対象への化粧療法は，日本の特徴的展開として注目される。

## 4 今後の課題

　最後に，3点目として指摘したいのが，化粧の社会的・医療的支援の，「業」としての成立の困難さである。アメリカのリディア・オリリー（Lydia O'Leary）は，アピアランスケアを目的とするカバーマーク（Covermark）の販売を1928年に開始した（オリリーのホームページより）。最初から業として開始した点で，カバーマークは突出している。しかし，表1-4-1に回答いただいた日本企業の多くは，社員のボランティアや，社会的貢献活動として，営業とは切り離して実施している。例えばファンケルでは，年間180名ものボランティアが活躍されている。カバーマークも，現在日本においては，グラファラボラトリーズが製造販売を行い，相談は特定非営利活動法人メディカルメイクアップアソシエーションが担当している（表1-4-1のグラファラボラトリーズの補記を参照）。

　おそらく世間は，企業が利益を求めて行うのではなく，無償の善意で行うことを期待しているのだろう。ナリス化粧品は，日本介護美容セラピスト協会，あるいは「心人」プロジェクトという化粧による支援活動を実質的に支えているが，営業活動と勘違いされないよう，表に出ないように配慮されている。このように，化粧で社会的・医療的支援を行っている企業は，それを隠して，いわば陰徳を積んでいる形である。

　しかし，化粧療法，化粧の社会的・医療的支援が定着するためには，善意のみによって支えられているという不安定な状況を脱し，業として成り立つこと，すなわち，経営的な持続性を持つことが必須の条件である。資生堂，ナリス化粧品は，これを視野に入れて有料の活動を開始したのだと推測される。マーシュ・フィールドは，最初から経営として成立させることを目指して企業活動を展開している点で，きわめて先進的であり，今後の展開が注目される。

　化粧療法の経済的健全性の確立。これが今後の重要な課題である。

第 4 節　支援スキル：支援としてのメーキャップ

表 1-4-1　日本の化粧品メーカーの取り組み（50 音順）

| | | 花王 | |
|---|---|---|---|
| 支援の対象 | 容貌変化に関係する症状・対象 | がん治療副作用による爪や肌の乾燥・脱毛，ピンクリボンキャンペーン（乳がん啓発活動），がん治療副作用による外見変化（アピアランスケア） | |
| | 容貌変化に関係のない症状・対象 | 大規模災害被災者支援，高齢者および身体，精神に障がいをもつ方，幼稚園・保育園児 | |
| 料金 | 有料のサービス | ― | |
| | 無料のサービス | がん患者：スキンケア／ヘアケアセミナー，医療従事者への化粧品提供 | |
| | | 大規模災害被災者支援：ハンドマッサージサービス等，ピンクリボンキャンペーンでのセミナー<br>幼稚園・保育園児：シャンプー教室 | |
| 歴史と規模 | 開始年度 | 2011 年 | 2012 年 |
| | きっかけと対象 | 東京工科大学・首都大学東京と共同で，高齢者および身体・精神に障がいをもつ方を対象とする化粧を基盤とした作業療法プログラムの開発を開始。アピアランスケアへの協力，がん患者のための情報提供も | 東日本大震災以降，スマイル東北プロジェクトに協賛。乳がん患者を対象としたピンクリボンキャンペーンと連動（カネボウと連携）。別途，幼稚園児などを対象としたシャンプー教室も |
| | 2016 年の対象者数 | 約 150 名の医療従事者にアピアランスケアのための化粧品を提供。大阪府立成人病センター主催の「セルフケア・フェア」に協力 | 復興公営住宅・仮設住宅訪問（ハンドマッサージなど）100 名。ピンクリボンについては大阪でイベント開催（参加総数 247 名，セミナー参加 40 名）。シャンプー教室 36 ヶ所（3 園／月） |
| | 担当部門・担当者配置人数 | 作業療法・アピアランスケア：延べ約 14 名の研究員が協力<br>がん患者への情報提供：生活者コミュニケーションセンター，事業部門 | 大規模災害：花王カスタマーマーケティング，社会貢献部，カネボウ化粧品（計約 10 名）<br>ピンクリボン：ソフィーナ事業部，社会貢献部，花王カスタマーマーケティング（計 10 数名＋カネボウ化粧品）<br>シャンプー教室：ヘアケア事業部 2 名 |
| 今後の展望 | | 今後も活動を継続 | |

| | | カネボウ化粧品 |
|---|---|---|
| 支援の対象 | 容貌変化に関係する症状・対象 | 皮膚痕，皮弁形成術後，肥厚性瘢痕，火傷，交通事故後の瘢痕，あざ，しみなど。ピンクリボン（乳がん啓発活動）化学療法中で脱毛状態の方 |
| | 容貌変化に関係のない症状・対象 | 視覚障害（弱視）女性，東日本大震災被災者支援，就労支援センター，ピンクリボン（乳がん啓発活動），特別支援学校，就活イベントなど |

第1章　包括的ケアの理解と実際

| | | | |
|---|---|---|---|
| 料金 | 有料のサービス | — | |
| | 無料のサービス | 大学病院・形成外科外来：エステティック施術，メイクアップ指導，ホームケアアドバイス | |
| | | ピンクリボンキャンペーンイベント(乳がん啓発活動)：眉のかき方メイクレッスン（化学療法中で眉毛脱毛状態の患者さん，ピンクリボンアドバイザー含む） | |
| 歴史と規模 | 開始年度 | 1966年 | 2012年 |
| | きっかけと対象 | 〈メディカルソワンエステティック〉形成リハビリテーションのためのメディカルソワンエステティック（スキンケア・メイクアップ施術）について慶応大医学部と共同研究開始 | 〈ピンクリボンキャンペーン（眉のかき方メイクレッスン）〉乳房健康研究会との共同開催。化学療法中で眉毛脱毛状態の患者さん，ピンクリボンアドバイザー，一般の方含む |
| | 2016年の対象者数 | 北里大学病院形成外科にて，延べ50名 | ピンクリボンウォーク，ピンクリボンイベント，計100名（全体）。化学療法中で眉毛脱毛状態の患者さん，ピンクリボンアドバイザー含む |
| | 担当部門・担当者配置人数 | カネボウ化粧品美容部門 5名 | カネボウ化粧品美容部門，広報グループ |
| 今後の展望 | | 今後もサステナビリティの一環として，活動を継続 | |

| | | グラファラボラトリーズ |
|---|---|---|
| 支援の対象 | 容貌変化に関係する症状・対象 | 皮膚の変色（母斑・血管腫・白斑・シミ・そばかす・抗がん剤の副作用にて起こる皮膚変色・タトゥー・口唇裂のあと・傷跡　火傷あと・交通事故のあと等，あらゆる皮膚の変色が対象 |
| | 容貌変化に関係のない症状・対象 | — |
| 料金 | 有料のサービス | 結婚式のメディカルメイクアップ・メディカルメイクアップ製品の販売・メディカルメイクアップ技術者の養成 |
| | 無料のサービス | 皮膚変色のある方にメディカルメイクアップの使い方のご相談。皮膚科・形成外科での患者様へメディカルメイクアップのご相談。医師・看護師の方へのメディカルメイクアップのご紹介 |
| 歴史と規模 | 開始年度 | 1960年 |
| | きっかけと対象 | ジャパンオリリー（現オリリー）にてカバーマークの販売・相談開始。以後会社名の変更があり現在はグラファラボラトリーズにて製品を販売。メディカルメイクアップ技術のご相談は2016年より特定非営利活動法人メディカルメイクアップアソシエーションへ業務委託をしている |
| | 2016年の対象者数 | 約3,000名 |
| | 担当部門・担当者配置人数 | メディカルメイクアップアソシエーション事務局：5名<br>ご相談センター：3名 |

第4節　支援スキル：支援としてのメーキャップ

| | |
|---|---|
| 今後の展望 | あらゆる皮膚変色で悩んでいる方にメディカルメイクアップを紹介していきたい。症状がある事で自分の好きな道に行けない事が無いように，悩んでいる方に紹介し，悩みが解消され他の人生がある事を皆様にご紹介していく事が私共の使命と考えます |
| （補記） | 1960年，ピアス配下のオリリーでカバーマークの発売を開始し，お客様相談も受けていた。現在は以下の区分<br>①オリリー：美容室（一般化粧品）<br>②カバーマーク（社名）：デパート・薬・化粧品店（一般化粧品）<br>③グラファラボラトリーズ：病院・調剤薬局（医療用化粧品）<br>カバー用ファンデーション（カバーマークオリジナル）はグラファラボラトリーズから販売し，ご相談も同社グラファセンターでお引き受けしていた。企業にとらわれずに悩みの相談をお受けした方が良いとの思いから，ピアスの支援でNPO法人メディカルメイクアップアソシエーションを設立（2001年，東京都認定），2016年度より，製造販売はグラファラボラトリーズ，ご相談に関しては，メディカルメイクアップアソシエーションが分担することになった<br><br>著者注：ブリッジの得点表に花の絵を描く仕事をしていたリディア・オリリーは，色を間違えて，暗い紫を塗ってしまった。このとき，明るい紫を上塗りしたら上手に修正できた。これに発想を得てカバーマークを開発し，1932年には特許も取得している（Massachusetts Institute of Technologyのホームページより） |

| | | 資生堂 |
|---|---|---|
| 支援の対象 | 容貌変化に関係する症状・対象 | 東京・銀座の「資生堂ライフクオリティービューティーセンター」において，あざや傷あとなどの肌色変化や凹凸，顔のバランス，がん治療の副作用による外見上の変化などでお悩みの方にメイクアップ方法のアドバイスを実施。2006年6月の開設以来，4,800名以上の方に利用いただいている |
| | 容貌変化に関係のない症状・対象 | ソーシャルビジネスの考え方を取り入れ，使用する化粧用具代などの一部コストを有償化した「資生堂ライフクオリティー事業」を展開している。具体的には高齢者向けに化粧療法や化粧レクリエーションを実施するお化粧教室や視覚障害のある方を対象としたメイクセミナーなどがある |
| 料金 | 有料のサービス | 外見上の変化などでお悩みの方に対するメイクアップ：全国の資生堂化粧品取扱店などでの，カバー用ファンデーションの販売 |
| | | 高齢者向け施設でのいきいき美容教室：専門の教育を受けた「ビューティーセラピスト」などの講師派遣料と使用する化粧用具代 |
| | 無料のサービス | 外見上の変化などでお悩みの方に対するメイクアップ：「資生堂ライフクオリティービューティーセンター」での，メイクアップ方法のアドバイス |
| | | 災害支援：2011年東日本大震災や16年熊本地震での，水のいらないシャンプーやボディシートなどの物資や，義捐金による支援 |

第 1 章　包括的ケアの理解と実際

| 歴史と規模 | 開始年度 | 1949 年 |
|---|---|---|
| | きっかけと対象 | 高校卒業予定者を対象に，社会人の「身だしなみ」としての化粧法を知っていただくための「整容講座」を開始。1975 年からは，岩手県の富士見荘でご高齢の方に向けた支援を開始。その後，高齢者や障がいのある方など，参加者や参加目的に応じて内容を整え，2013 年より「資生堂ライフクオリティービューティーセミナー」として体系化し，展開している |
| | 2016 年の対象者数 | 「資生堂ライフクオリティービューティーセミナー」全体で，65,000 名強が受講 |
| | 担当部門・担当者配置人数 | 高齢者向け「いきいき美容教室」の対応では，化粧品店の店頭で活動しているビューティーコンサルタントから選抜されたメンバーのうち，要介護者や認知症患者などへの対応に関して専門の教育を受けた「ビューティーセラピスト」を，全国各地の事業所に配置している |
| 今後の展望 | | 化粧や美容を通じて，すべての方々が美しくすこやかに過ごせるよう，取り組んでいます |

| ナリス化粧品 | | |
|---|---|---|
| 支援の対象 | 容貌変化に関係する症状・対象 | 顔面神経麻痺者に対する美顔器を使用して，顔の左右差に対するケア（日本作業療法士会で発表） |
| | 容貌変化に関係のない症状・対象 | 東日本大震災被災者（特に福島の放射能被災者）及び熊本大震災の被災者に対する心理的サポート。高齢者全般に「心・体・脳・肌」に対する支援（認知症や・要介護者を含む）。精神疾患者へのケア。視聴覚障害者へのメーク |
| 料金 | 有料のサービス | 高齢者（認知症・要介護・健常者の健康寿命延伸）：ビューティタッチセラピーによる施術（ハンド・フット・アロマ・フェイシャル・メーク・ネイルなど）&レッスン。レッスン 60 分，材料費 500 円＋講師料 |
| | | 高齢者施設：施術 30 分 1,500 円〜，レッスン 60 分，材料費 500 円＋講師料 |
| | 無料のサービス | 震災の被災者支援：ハンドマッサージやアロマ・エステ・メーク・ネイルなど施術や講習会 |
| | | 東日本や熊本等の災害支援。視聴覚障害者へのスキンケア&メークレッスン。精神病院のメークレッスン |
| 歴史と規模 | 開始年度 | 1992 年 |
| | きっかけと対象 | 高齢者施設でエステ&メーキャップサービス。自身（著者注：ご回答者）の入院体験から，高齢者には必要と感じたことから，研究に入る |
| | 2016 年の対象者数 | 約 850 人のビューティタッチセラピスト（高齢者に心と体のケアができる人）を養成。対象者は数え切れません |
| | 担当部門・担当者配置人数 | 専任は 5 名 |

第 4 節　支援スキル：支援としてのメーキャップ

| | |
|---|---|
| 今後の展望 | ロボットやIT の開発が進む中で，人間が人間らしくあるために必要不可欠な分野と思われます。美容が外面の美しさを追求するだけでなく，心理的ケアや療法的分野として，確立すべき分野であり，専門職の活動の場を確立していきたいと考えています。ですので，ビューティタッチセラピスト育成 10,000 人（現在は 1,200 人程度）を目指しています。課題は，化粧というと軽んじられる傾向が高く，無料やボランティアを強いられることが多いことです。私は，この活動を通じて，美容の価値を世に普及させたいとも考えています |

| | | ファンケル |
|---|---|---|
| 支援の対象 | 容貌変化に関係する症状・対象 | なし |
| | 容貌変化に関係のない症状・対象 | 60 歳以上のシニア女性へのメイクセミナー。特別支援学校（養護学校）に通う高校生への身だしなみセミナー。ハンディキャップがある方へのメイクセミナー（視覚障がいなど） |
| 料金 | 有料のサービス | — |
| | 無料のサービス | 60 歳以上のシニア女性へのメイクセミナー |
| | | 特別支援学校（養護学校）に通う高校生への身だしなみセミナー・メイクセミナー |
| | | 被災地支援：ハンドマッサージ |
| | | ハンディキャップがある方（視覚障がいなど）へのメイクセミナー |
| 歴史と規模 | 開始年度 | 1988 年 |
| | きっかけと対象 | 近隣の老人ホームから「メイクセミナーをやってほしい」と要望があったのをきっかけとして，60 歳以上のシニア，ハンディキャップがある方，特別支援学校へ通う高校生に拡大 |
| | 2016 年の対象者数 | 152 件（老人福祉センター，養護学校など）。お客様数　3,656 名 |
| | 担当部門・担当者配置人数 | 担当部門：CSR 推進室（1 名）。従業員ボランティア数 180 名（2016 年度） |
| 今後の展望 | | 今後も，ハンディキャップがある方，特に視覚障がいのある方対象のメイクアップセミナーを積極的に行って参ります<br>目が見えにくくなり，お出かけする意欲がなくなったという方も，セミナーに来ていただきメイクアップすることで，「お出かけするのが楽しみになった」，「授業参観など，自分だけノーメイクで子どもが恥ずかしくないか心配だったが，メイクをできるようになり，本当に良かった」等のお喜びの声をいただいています。目が見えにくい・見えない方は，高齢化社会でますます増えていくと思いますので，今後ともメイクアップセミナーの場を広げて参ります |

| | マーシュ・フィールド ||
|---|---|---|
| 支援の対象 | 容貌変化に関係する症状・対象 | 母斑，白斑，血管腫，化学療法に伴う色素沈着・脱色，傷あと，濃いしみ，ニキビ跡，等 |
| | 容貌変化に関係のない症状・対象 | 該当なし |
| 料金 | 有料のサービス | 母斑，白斑，血管腫，化学療法に伴う色素沈着・脱色，傷あと等の症状：専用化粧品の販売（顔用だけでなく体用のファンデーションもあり） |
| | 無料のサービス | 東京・仙台・名古屋・大阪・福岡にて無料体験会 |
| | | 病院（癌サロン等）にて患者向けの無料体験会 |
| | | 病院にて医療従事者向けカバーメイク勉強会（医師・看護師・薬剤師，等） |
| | | 市役所にてピンクリボンイベント等での無料体験会 |
| | | 看護学校にてカバーメイクの勉強会 |
| 歴史と規模 | 開始年度 | 2005年 |
| | きっかけと対象 | メイクアップの可能性を広げ社会に貢献するという，オーナーの意思がきっかけです。当初は母斑・白斑・血管腫，傷あとのある方々に向けた商品開発を行いました |
| | 2016年の対象者数 | ・医療従事者（看護学校含む）向け勉強会：25施設<br>・ガン患者向け無料体験会：474名<br>・本社，支店で行う無料体験会：485名 |
| | 担当部門・担当者配置人数 | 8名 |
| 今後の展望 | | 課題はカバーメイクの存在自体が必要とされているお客様に広く認知されていないことです。潜在化しているニーズを掘り起こすために医療機関へのアプローチだけでなくSNSやYouTube等を活用し，無料体験会の様子やカバー例を画像・動画で配信して認知拡散に努めています<br>伊勢半グループの社会貢献事業として弊社は位置づけされており，今後も社会貢献と収支のバランスが取れた永続的な活動を目標としています |

（阿部恒之）

## 引用・参考文献

阿部 恒之（1993）．これからの化粧の心理学を考える　資生堂ビューティーサイエンス研究所（編）　化粧心理学（pp. 390-393）　フレグランスジャーナル社

阿部 恒之（1998）．化粧するこころ　尾澤 達也（編）　エイジングの化粧学（pp. 199-213）　早稲田大学出版部

阿部 恒之（2002）．ストレスと化粧の社会生理心理学　フレグランスジャーナル社

阿部 恒之（2007）．暗黙のドレスコード　資生堂企業資料館（編）　日本の化粧文化——化粧と美意識——（pp. 43-80）　資生堂企業文化部

阿部 恒之（2010）．化粧のちから　資生堂ビューティーソリューション開発センター（編）　化粧セラピー——心と身体を元気にする新しい力——（pp. 10-20）　日経BP社

Abe, T. (2017). Psychology of cosmetic behavior. In K. Sakamoto, R. Y. Lochhead, H. I. Maibach, & Y. Yamashita (Eds.), *Cosmetic science and technology: Theoretical principles and applications* (pp. 101-113). Amsterdam, NL: Elsevier.

阿部 恒之（2017）．化粧心理学　坂本 一民・山下 裕司（編）　文化・社会と化粧品科学（pp. 51-94）　薬事日報社

朝日新聞（1981）．和解した顔面黒皮症訴訟　12月18日東京朝刊，15.

大坊 郁夫（編）（2001）．化粧行動の社会心理学　北大路書房

大坊 郁夫・神山 進（編）（1996）．被服と化粧の社会心理学　北大路書房

Euromonitor International. (2013a). Consumer Europe 2014. London, UK: Euromonitor International PLC.

Euromonitor International. (2013b). Consumer Americas 2014. London, UK: Euromonitor International PLC.

Euromonitor International. (2013c). Consumer Asia Pacific and Australia 2014. London, UK: Euromonitor International PLC.

Graham, J. A., & Kligman, A. M. (Eds.) (1985). *The psychology of cosmetic treatments*, New York: Praeger.
　（グラハム，J. A., & クリグマン，A. M. 早川 律子（監訳）（1988）．化粧の心理学　週刊粧業）

Hama, H., Matsuyama, Y., Fukui, K., Shimizu, H., Nakajima, T., Kon, Y., & Nakamura, K. (1992). Using cosmetics for therapy. In H. Motoaki, J. Misumi, & B. Wilpert (Eds.), *General psychology and environmental psychology: Proceedings of the 22nd international congress of applied psychology, 3. Social educational and clinical psychology* (pp.271-272). New Jersey: Lawlence Erlbaum Associates.

Hey, H. (1970). Dekorative Behandlung beim Naevus flammeus. *Cosmetologica, 19*(3), 71-76.

石川 明宏・島上 和則（1984）．心理学から見た香粧品の有用性について　フレグランスジャーナル，*12*(1)，32-35．

神戸新聞（1994）．痴ほう症患者もお化粧で元気に　1月11日

Lin, T. J. (1984). 香粧品の有用性　フレグランスジャーナル，*12*(1)，8-9．

Look Good Feel Better Foundation. (2017). Our history. Retrieved from http://lookgoodfeelbetter.org/about/history/ (December 6, 2017.)

Massachusetts Institute of Technology. (publication year unknown). Lydia O'Leary. Retrieved from http://lemelson.mit.edu/resources/lydia-o%E2%80%99leary (March 5, 2018.)

野澤 桂子（2004）．治療の場における美容　こころの科学，*117*，63-67．

オリリー（公開年未詳）．オリリーについて・ブランドヒストリー　Retrieved from https://www.oleary.jp/about/ (March 5, 2018.)

重松 剛（1984）．精神医学面における特殊化粧品の有用性　フレグランスジャーナル，*12*(1)，39-41．

資生堂ビューティーサイエンス研究所（編）（1993）．化粧心理学　フレグランスジャーナル社

資生堂ビューティーソリューション開発センター（編）（2010）．化粧セラピー――心と身体を元気にする新しい力――　日経BP社

互 恵子（1993）．ある老人ホームを訪ねて　資生堂ビューティーサイエンス研究所（編）化粧心理学（pp. 359-364）　フレグランスジャーナル社

吉田 醇（1984）．化粧の心理作用　フレグランスジャーナル，*12*(1)，36-41 (passim)．

湯浅 正治（1984）．エステティックマッサージによる化粧の安らぎ効果　フレグランスジャーナル，*12*(1)，42-43．

# 第 2 章

# 医学的解説

## 第1節

# 状態別解説（可視的差異あり）

　アピアランス〈外見〉問題において，原因になりやすい状態（症状）について解説する。もちろん多種多様な状態が存在するため，その全貌を網羅することは不可能である。頻度や重篤度の高さという視点から，代表的な状態を抜粋して解説する。そして，その状態の何が心理的にネガティブな影響力を持っているのか，つまりアピアランス〈外見〉問題の起源についても，文献を引用しつつ説明を試みる。

　状態の原因については，まず2群に大別されるのが通例である。一つは客観的に可視的差異を認める場合で，従来的な意味でアピアランス〈外見〉問題の主役といえる状態であり，さまざまな医療分野において治療対象とされてきた。もう一つは客観的な問題を有していないにもかかわらず，大きな主観的差異（醜形）を感じる場合で，精神的ないしは心理的な状態である。これまで醜形障害や摂食障害などが学術的に扱われてきた。

　このように「客観的な可視的差異の有無」という大きな違いがあるにもかかわらず，近年，深刻なレベルで問題を抱える両者には多くの共通点が認められるようになってきている。それは両者の間を埋める第三者としての存在である，「一般人」において生じてきている状況である。これまで一般人とみなされていた人々にすら，外見に対する不満足は過剰さを増し，「正常範囲内における不満足（normative discontent）」という言葉が生まれた（Rodin, Silberstein, & Streigel Moore, 1985）。その後もますますその傾向は高まり，よりいっそう大きな苦悩を生み出し，「過酷な美（exacting beauty）」という言葉も生んでいる（Thompson, Heinberg, Altabe, & Tantleff-Dunn, 1999）。つまり醜形障害も摂食障害も，また可視的差異を有しているが，リジリエンスを獲得できず，重い精神的ないしは心理的症状をきたす人々も，こうした母集団が持つ認知過程を共有しているケースが少なくないはずである。

したがってこの第2章ではアピアランス〈外見〉問題の原因（核心的要因）について解説するが、前述の2つの状態を含めることにした。第1節ではイラストを用いて客観的可視的差異と、それがもたらす心理的影響について簡潔に説明する（写真では一般向け書籍のプライバシー保護に対応しきれないため、イラストに統一した）。第2節では主として醜形障害について最新のエビデンスを多数引用しながら、その根底に潜在する核心的問題の輪郭に迫りたいと考えている。

原因は多様であっても、ある程度の類似性を持つ心理社会的支援・介入が効果を上げてきていることも事実である（Jenkinson, Williamson, Byron-Daniel, & Moss, 2015）。治療が開始される時点で、セルフヘルプ資料にアクセスできていることが望ましいし（Muftin & Thompson, 2013）、アクセスしやすい資料群の構築も重要である（Bessell et al., 2012）。

人目につきやすく、しかも相手にネガティブな印象を与えてしまう状態は、これまで変形（disfigurement）や症状（symptom）と呼ばれてきた（もちろん他にもさまざまな呼称が存在する）。医学的ないしは病理学的に表現する言葉は、患者や当事者の社会適応を妨げこそすれ、益することはないとの配慮から、最近の学術用語（主として心理学領域）として状態（condition）や可視的差異（visible difference）という言葉が用いられている（Rumsey & Harcourt, 2005）。本節においても状態や可視的差異という言葉を用いるが、特に医学的・病理学的な説明の必要がある場合は、正確性を優先して従来の用語も用いることにした。さらに、可視的差異は身体のどの部位にも起こりうるが、本書の目的を鑑みて、人目につきやすい部位、つまり顔や手に重篤に発生するものに限定した（たとえ軽症であっても、たとえ衣服で隠せる部位にあったとしても、何らかの心理的影響を与えていることには要注意である）。

## 1 先天性の状態（主として頭蓋顔面領域）

出生前から存在する状態であって、医学的には先天性異常（congenital anomaly or abnormality）と表現される。出生後に発症したものであっても、本人の記憶に残っていないものは、先天性と同義とみなすべきという意見もある。先天性

第 2 章　医学的解説

の状態を持つ人に共通した特徴は，幼少期に自分の状態に気づくことなく，やがて発達と社会化の過程で自分の特徴に気づいていくことである。そしてそのことが，生涯にわたるストレッサーとして影響力を持ち続けていくことである。ここでは目立ちやすさという意味で，頭蓋顔面領域の状態について説明する。はじめの3つ（口唇裂・口蓋裂・顔面裂）は，顔面の発生段階での障害（癒合不全）に基づくものである。続く2つは，頭蓋骨の形成障害に伴う状態を扱っている。

## (a) 口唇裂 (cleft lip)

　原因は胎生期の顔面形成過程における癒合障害である。胎生期4～8週ごろに顔面の原型ができあがるが，顔面形成過程に障害が発生すると，さまざまな構造上の障害となって表れる。この時期はまだ胎児（fetus）とは呼ばれず，胚子（embryo）という。口窩（mouth fossa）と呼ばれる，口の発生原器となる凹みが胚子の先端に現れる。神経管（neural tube）（将来，脳脊髄神経になる）のある側から正中鼻突起（frontonasal process）が隆起してくる。その左右外側より上顎突起（maxillary process）が合計2つ，さらにその外側に（位置的には正中鼻突起と向かい合うように）下顎突起（mandibular process）が合計2つ隆起してくる。これらが癒合していき，顔面が形成される（図2-1-1）。口唇部の形成は顔面形成のほぼ最終段階であり，この過程で癒合障害が発生すると口唇裂（cleft lip）が発生する。口唇裂はその程度によって痕跡唇裂（microform cleft lip），不全唇裂（incomplete cleft lip），完全唇裂（complete cleft lip）に分類される（図2-1-2）。さらには片側性唇裂（unilateral cleft lip）以外にも，両側性唇裂（bilateral cleft lip）が存在する（図2-1-3）。片側性の特徴として裂が左右のどちらかに寄っていることも，さらに両側性が生じうることも，図2-1-1を参照することで理解できる（ただし，癒合過程の詳細についてはまだ議論がある）。

　主として口唇裂には生後3ヶ月前後で口唇形成手術が行われるが，術式により時期にはかなりの幅がある。しかし，いずれの術式にせよ，哺乳反射が始まり哺乳機能の獲得が終了するまでの時期に手術を終えておく必要があることから，生後これくらいの時期に口唇形成手術が行われることが多い（歯槽部や

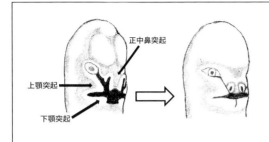

**図 2-1-1　顔面の発生**
口窩の周囲にできた5つの突起が成長して癒合し，顔面が形成されていく。その癒合過程が障害されると，さまざまな部位で「裂」が生じる。出生頻度としては，癒合過程のほぼ最終段階にあたる，口唇部や口蓋部に生じる場合が多い。

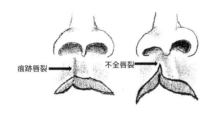

**図 2-1-2　口唇裂（1）**
（左）痕跡唇裂では口唇の連続性は保たれているものの，皮下で口輪筋が離解しており，線状の陥凹をきたすことが多い。（右）不全唇裂では裂が口唇に限局しており，鼻腔底には及んでいない。

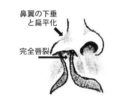

**図 2-1-3　口唇裂（2）**
（左）完全唇裂では裂が鼻腔底に及び，患側の鼻翼は下垂し，扁平化しやすい。口蓋裂を合併することが多い。（右）両側唇裂では正中鼻突起由来の上口唇正中部と歯槽中央部が独立してしまい，中間顎として浮動する。上口唇の短縮と鼻翼の扁平化が著しくなる。

口蓋部については後述）。術後経過の良い例では，術後の変形はほとんどわからなくなる。しかし，術後も患児の成長は続くため，顔面部の成長に伴って歪みが大きくなる場合もある。初回手術の術前の重症度が大きいと，術後の長期的変形も大きくなる傾向がある。こうした変形に対して，およそ成長期が終わる思春期ごろまで，修正するための手術について話し合いが行われ，希望があれば追加していく。もちろん成人期以降でも，目立つ特徴と妥当性のある希望があれば追加修正を行う。口唇の変形（Meyer-Marcotty, Gerdes, Reuther, Stellzig-Eisenhauer, & Alpers, 2010）や鼻の変形（Albers, Reichelt, Nolst-Trenité, & Menger, 2016）などは，生涯にわたるストレッサーとなっていく。

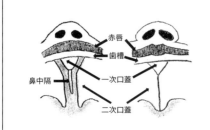

図 2-1-4 口蓋の発生
正中鼻突起後方の一次口蓋と左右上顎突起から二次口蓋が融合して，口腔と鼻腔の遮断が完成する。口蓋の後方には骨がなく，筋肉を含む軟部組織が癒合して軟口蓋を形成する。この部分の働きにより，構音機能や鼻咽腔閉鎖機能が獲得される。この癒合過程が障害されると口蓋裂となる。

## (b) 口蓋裂 (cleft palate)

　口蓋 (palate) とは鼻腔 (nasal cavity) と口腔 (oral cavity) を隔てる壁様構造である。前方は正中鼻突起後方の一次口蓋 (primary palate) が伸び，その後方では左右の上顎突起から二次口蓋 (secondary palate) が伸びてくる。これらが癒合して口蓋が完成し，口腔と鼻腔の遮断が完成する (図 2-1-4)。口蓋の前方は骨を含むため硬いが，運動能力はない。後方には骨がなく，筋肉を含む軟部組織が癒合して軟口蓋 (soft palate) を形成する。この部分の働きにより，構音機能や鼻咽腔閉鎖機能が獲得される。この癒合過程が障害されると口蓋裂 (cleft palate) となる。これにも程度があり，完全口蓋裂や不全型ともいえる軟口蓋裂がある。

　手術は構音機能を身につける1歳半までには終了するように手術を行う。手術合併症としては瘻孔 (fistula)，鼻咽腔閉鎖不全 (velopharyngeal insufficiency)，構音障害 (articulation disorder) などである。歯槽 (alveolus) の欠損 (顎裂) については，ある程度成長してから骨盤骨の骨移植 (bone grafting) が行われ，歯科矯正 (orthodontics) も行われる。また耳管機能の異常により，滲出性中耳炎などの耳鼻咽喉科的合併症も少なくない。成長とともに歪みともいえる術後変形が発生しうるし，口蓋裂手術に伴って上顎骨の発育障害も起こりうる。根本的な咬合再建のために，上顎骨や下顎骨の骨切り手術が行われる場合もある。この場合は顔面の形態修正効果もあるため，整容的効果も同時に得られる。

　口唇口蓋裂というように，両者の合併する例は多い。このような場合，口唇手術，口蓋手術，骨移植手術，場合により骨切り移動手術，場合により口唇瘢

痕や外鼻形態への修正手術を，年を重ねながら受けていくのである。それ以外にも歯科矯正治療，音声言語リハビリテーション，耳鼻咽喉科的治療を受けていく。その間，外見のみならず，構音機能における他者との差異もストレッサーとなり，生涯続いていく（Feragen, Stock, & Kvalem, 2015; Feragen & Stock, 2016）。

## (c) 顔面裂 (facial clefts)

口唇裂のところで顔面の発生について説明した（図2-1-1）。このように複雑な過程を経て顔面が形成されるため，発生過程のさまざまな時期に応じて，顔面のさまざまな部位で裂形成が生じうる。こうした多様な顔面裂について体系的に分類したのはフランス人形成外科医のポール・テシエ（Paul Tessier）であり，有名な Tessier 分類を提唱した（図2-1-5）。いずれも顔面の中の広範囲に及ぶものが多く，外見への影響はさらに大きくなる（図2-1-6）（Kalantar-Hormozi, Abbaszadeh-Kasbi, Goravanchi, & Davai, 2017）。口唇部に比べると発生早期での癒合不全であるためか，口唇口蓋裂に比べると著しく頻度は下がるものの，一般的にはより重症な状態をもたらす。多くの場合，本人の問題だけに限らず，親にとっても重大な課題となる（Shapiro, Waljee, Ranganathan, Buchman, & Warschausky,

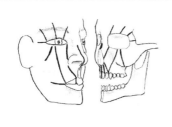

**図 2-1-5　顔面裂の発生部位**
発生段階での癒合部位に一致して裂が生じうる。実際の Tessier 分類では，さらに詳細に分類されている。

**図 2-1-6　斜顔面裂**
多様な状態が生じうるが，比較的多い例を示す。このように顔面領域での癒合不全による状態は重篤であることがわかる。

2015)（本節①の頭蓋顔面領域でも詳述）。

## (d) 頭蓋骨早期癒合症（craniosynostosis）

　頭蓋骨は複数の骨が癒合して完成するが，胎児の頭蓋骨は完全には癒合しておらず，生後しばらくの間も癒合していない（図2-1-7）。これは脳の発育に骨の成長が追いつかないため，縫合線での癒合を遅らせることによって，頭蓋を伸展しやすく，容積を拡大しやすくしているからである。また，出産時に産道を通過するとき，大きな頭部が邪魔になるため，容易に変形できるようにもなっている。
　その骨が，予定時期よりも早期に癒合してしまうと，その部位での骨の伸展

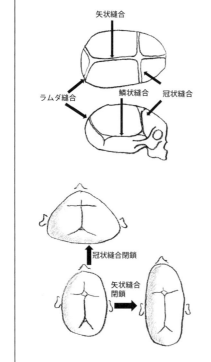

**図 2-1-7　新生児の頭蓋骨**
出生時の頭蓋骨で，多くの部位で頭蓋骨は癒合していない。

**図 2-1-8　頭蓋骨早期癒合症（1）**
頭蓋骨早期癒合症の例。矢状縫合が早期に癒合すると水平方向へ成長が遅れるため，頭蓋骨は前後に長くなる（舟状頭蓋）。冠状縫合の早期癒合では，頭蓋骨は水平方向に広がり，前後に短くなる（短頭蓋）。

が妨げられる。どの部位が早期癒合するかによって特有の頭蓋形態となり，それぞれに名称がつけられている（図2-1-8）。出産後，脳の発達に頭蓋容積がついて行けずに脳圧亢進症状を呈する場合があり，生命の危機や精神発達障害をきたすことがある。その治療には頭蓋拡大手術が必要となる。以前は骨切りして骨を取り出し，頭蓋を再形成する方法がとられていた。しかし最近では，手術侵襲を小さくする目的で，骨延長術が用いられることが多くなった。これは骨を切るものの取り出さずに，日数をかけて延長していく装具を取り付ける。そして徐々に延長を行い，骨の新たな形成を促す方法である。この分野は日進月歩で技術改新が進められている。

## (e) 症候群（syndromes）

上記以外でも，顔面におけるさまざまな先天性の状態がある。さまざまな状態を併せ持ちながら，その状態群に一定のパターンが診られる場合を症候群（syndrome）と表現するが，多くは遺伝子レベルに原因を持つ。顔面に重い状態を持つ先天性遺伝子疾患の場合，別の状態を持つことが多く，いくつかの特徴的な症候群が存在している。

厚生労働省が定める難病法（平成29〈2017〉年4月時点で330疾患）で，「頭蓋・顔面骨早期癒合を来す疾患群」に指定されているのは4疾患である。前述の頭蓋縫合早期癒合症に別の状態（特に顔面）が合併している。これらの指定4疾患は，いずれも「染色体または遺伝子に変化を伴う症候群」に分類されている。また，現時点で難病指定されていないが，顔面の著しい状態を有する症候群も存在する（トリーチャー・コリンズ症候群，ピエール・ロバン症候群，等）。これらの出生頻度は非常に低いものの，頭蓋顔面領域の代表的状態であるため，簡潔に説明する。なお，情報源は難病情報センター（http://www.nanbyou.or.jp/）や成書によったが，加えて，こうした希少な状態にある多くの人々を診療してきた，大阪市立総合医療センターの今井啓介博士の協力に深謝申し上げる。

注目すべきは，難病指定330疾患は原因も症状もさまざまであるにもかかわらず，著しい外見上の変化を伴うものが多いことである。つまり，症状として多様な状態を正確に記載したとしても，その背後に共通して存在する心理社会

的問題についてはあまり注目されてこなかったことを，支援者は理解しておく必要があろう（Marik & Hoag, 2012; Rumsey & Harcourt, 2007）。

**厚生労働省難病法「頭蓋・顔面骨縫合早期癒合を来す疾患群（4疾患）」**

クルーゾン症候群（Crouzon syndrome）（指定難病 181）
アペール症候群（Apert syndrome）（指定難病 182）
ファイファー症候群（Pfeiffer syndrome）（指定難病 183）
アントレー・ビクスラー症候群（Antley Bixler syndrome）（指定難病 184）

- 共通項目

　遺伝子における異常が認められ，かなり解析は進んできているものの，発症メカニズムの詳細解明にまでは至っていない。症状としてさまざまなタイプの頭蓋骨早期癒合を認め，脳圧亢進症状や水頭症や精神発達障害などを認めることがある。顔面では上顎骨の低形成を認め，眼球突出を認める。これは脳圧亢進状態でさらなる突出が見られる。また，外斜視，上気道の閉塞，後鼻孔の狭窄や閉塞，巨舌，外耳道狭窄や閉鎖，伝音性難聴を認めることがある。頸部では脊髄空洞症，軸椎脱臼，頸椎癒合，喉頭気管奇形を認めることがある。

- 疾患固有の症状

　クルーゾン症候群では四肢の症状はないことが多い。軽症から重症まで幅が広く，精神発達も正常から重度障害まで幅がある。イラストでは比較的軽症の顔面特徴を示した（図2-1-9）。眼球突出は対人関係において違和感を与えることが多く，この状態が起こすアピアランス〈外見〉問題の中心的存在である。おそらく他者は，その人が非常に激しい感情の中にあるか，知的障害を有しているかと瞬時に予想してしまう。いずれにせよ，どのような人間関係構築が可能なのかわからず，困惑させてしまうであろう。

　アペール症候群では合指趾症を認め，心疾患，肩関節や肘関節の形成不全を認めることがある。また，精神運動発達遅滞を認めることがある（図2-1-10）。

　ファイファー症候群には3つの病型がある。1型では知能の発達は正常または軽い発達遅延が見られる。顔面や指趾の状態を認める。2型ではクローバ様頭蓋，眼球突出，斜視，平坦な鼻根と小さな鼻，発達遅滞，肘膝の関節

第1節　状態別解説（可視的差異あり）

図 2-1-9　クルーゾン症候群
クルーゾン症候群に見られる特徴。上顎骨が低形成であり，眼窩を含めた中顔面の低形成のため，眼球突出が見られる。このイラストは比較的軽症の所見である。対人関係において，相手に違和感を与えることが多い。

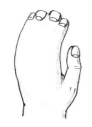

図 2-1-10　アペール症候群での合指症
四肢の合指趾症を認めることが多い。このイラストは2〜4指の癒合を描いているが，実際の合指趾症のパターンはさまざまである。

図 2-1-11　頭蓋骨早期癒合症（2）
クローバ様頭蓋は鱗状縫合癒合によって生じ，クローバの葉のような形になる。尖頭は全縫合癒合によって生じる。

拘縮が見られる（図2-1-11）。3型では尖短頭，眼球突出，発達遅滞，肘膝の関節拘縮が見られる。2型，3型では生命予後が悪い。

　アントレー・ビクスラー症候群では頭蓋骨早期癒合の他に，西洋梨様の鼻，四肢ではクモ状指など，外性器に異常（女児の男性化，男児の発育不全）を認めることがある。

　トリーチャー・コリンズ症候群（Treacher Collins syndrome）は遺伝子の異常によって発生する。欧米では1万人に1人の頻度といわれている。下顎顔面骨形成不全症ともいう。頬骨の形成不全，下眼瞼外側の下垂，下顎短小症，伝音性難聴，耳の形成不全を認める。下顎が小さく，鳥様顔貌といわれる。以下

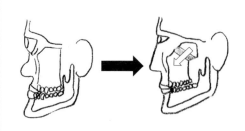

**図 2-1-12 顔面骨に対する骨切りと骨延長術**
顔面骨のさまざまな部位に対して骨の移動術が応用されている。本来は咬合不正などの機能障害を軽減させるための手術であるが，顔貌に与える効果も大きい。

のピエール・ロバン症候群を含めて，下顎の低形成を認める疾患では共通した顔貌となる。ピエール・ロバン症候群（Pierre Robin syndrome）は下顎後退症，口蓋裂，舌根沈下を3主徴とする。

　口蓋裂手術後の上顎骨低形成やさまざまな顔面裂や症候群は，咬合不正という機能障害を持っている。それを改善するために骨切り手術が行われる。大きな移動距離を獲得するためには，頭蓋骨で述べた骨延長手術が，さまざまな顔面部位に対しても用いられる。こうした方法は，骨格レベルから顔面形態の変化ももたらす方法であり，顔貌に対しても手術効果が大きい（図2-1-12）。患者にとって大きな福音であるが，重症例では理想どおりの骨移動が得られないことも多い。同時に注意すべき点は，自分の外見に対して執拗にとらわれている者にとって，こうした手術に関心が集中してしまいやすいことである。こうした患者の真の問題は，手術で解消されることはなく，手術後に別問題を呈してくる場合もあるため注意が必要である（第2章第2節も参照）。

　上記のような先天性の頭蓋顔面領域の状態を有する人々は，多くの差別や偏見を受けていると感じており，また，高いレベルの不安や抑うつ感を持っていることが報告されている（Roberts & Mathias, 2012）。それゆえに，正確な心理アセスメントと適切な心理社会的支援が必要とされる（Roberts, 2014）。

### 2 後天性の状態

　後天性（獲得性）（acquired）の状態の特色は，その状態の発生について明確な

記憶を持っていることである。仮に状態が発生したときや受傷のときに意識がなかったとしても，いつの時点から自分がその状態を負うようになったか，その変化については明確に理解し記憶している。この点が先天性と大きく異なるところである。しかし，発生時期は小児期から成人期まで幅が広いために，その影響の仕方はケースバイケースとなる。さらに原因についても遺伝的要因が大きいものもあれば，環境を含めた多要因的なもの（つまり原因不明）もあり，さらには事故のように突発的かつ偶発的なものもある。偶発的なできごとについても，それが不可避的だったか否か，責任所在が自分にあるか，別に原因が追求される状況か否かによっても心理的効果が異なる。これらの要因の違いが，心理的影響力における質と量の大きな違いにつながるのである。

## (a) 瘢痕，瘢痕拘縮（scar, scar contracture）

正常の皮膚・皮下組織について説明する（図2-1-13）。一般に皮膚（skin）と呼ばれる構造は表皮（epidermis）と真皮（dermis）からなり，その深部に皮下組織（脂肪層）（subcutaneous tissue (adipose or fat tissue)）を置いている。表皮は薄く，10分の1ミリ程度である。表皮は表皮細胞（keratinocyte）からなり，基底層（表皮深層）から分裂増殖し，表層に至るまでに分化し，角化が起こる（いわ

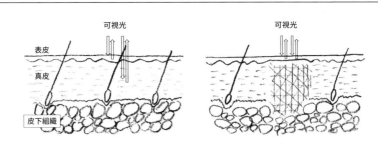

**図 2-1-13 正常皮膚（左）と瘢痕化**
正常皮膚ではさまざまな深度で反射が起こるので，色調は真皮以下の血流の赤色の程度によって決まり，さらには表皮内のメラニン色素の密度による明暗によっても決まる。瘢痕組織ではコラーゲンの配列が乱れているために，表層での乱反射が増え，入射光とほぼ同じ色調の反射光となる。

ゆる垢として脱落する)。角化層は防水性に優れており，真皮からの水分蒸発（蒸散という）による水分喪失を防止する。真皮は厚さが1ミリくらいから10数ミリまで人体部位によって幅がある。主として線維細胞と細胞間物質として構築された膠原線維（collagen）からなるが，その中に血管・神経・毛包・汗腺などを収めている。膠原線維は強靱であり，皮膚の強度は真皮層によっている。

　正常真皮の膠原線維は，ある程度，配列が揃っている。その場合は乱反射の程度が低く，可視光の一部は真皮表層で反射されるものの，残りは深部へ透過していき，さまざまな深度で乱反射して返ってくる。肌色というのが完全な白色ではない理由は，真皮内や真皮下の血流の赤色を反映した反射光を含んでいるためである。一方，表皮にはメラニン色素が含まれている。メラニン色素は紫外線や可視光を吸収するため，その量によって皮膚の反射光の明るさが変わる。黒人では暗いがゆえに黒く，白人では明るいがゆえに白く見える。しかし，前述のように下層の血流の赤色成分を含んでいるため，皮膚が完全に白いということはありえない。皮膚の色調とは，メラニンの量と皮下の血流状態によっている。

　皮膚や皮下組織が外的損傷を受けた場合，以下の3段階を経て創傷治癒へ至る。

- 第一期（炎症反応期）：創傷が形成されると，内部の血管断端が収縮する。さらに血中の血小板の付着と凝固因子により血栓が形成され，止血される。そして血管から白血球が遊走してくるが，白血球の中の単核球がマクロファージとなり，貪食作用によって創内の掃除を行う。また，取り込んだ細菌などの情報を免疫系統へ発信し，活性化させる。
- 第二期（増殖期，肉芽形成期）：組織を修復するための線維芽細胞が増殖し，膠原線維（コラーゲン）が生み出され，血管新生も起こる。コラーゲンと新生血管が発達し，赤くて柔らかい肉芽組織（granulation tissue）が発達して創内を充填する。炎症反応が引くに従い，肉芽組織は徐々に強度が増して瘢痕組織になっていく。この時期は創部が治っていても（表皮再生が完了していても），表皮下に拡張した多数の血管が透けて見えるため，瘢痕は赤く見える。

視覚的に目立つ時期である。また，創治癒が遅れると新生した膠原線維が収縮し始め，創部の収縮によっても治癒を早めようとする。単純に創部面積が小さくなるのであればよいが，実際には陥凹瘢痕や凹凸の著しい醜形瘢痕になったり，瘢痕拘縮で機能障害の原因になったりする（後述）。

- 第三期（安定期）：上記の炎症がなくなり，瘢痕の赤い色調がなくなる。瘢痕の色調や形態が一定化するのに，3～6ヶ月かかる。ほとんど目立たない傷跡になるか，何らかの目立つ特徴を示すように固定されるか，瘢痕の視覚的効果が決まってくる時期でもある。

目立たない瘢痕とはいっても，まったく見えなくなったり，正常皮膚に戻ったりはしない。再生した表皮は以前よりは薄い層となる。しかし，もともと透明な層なので，再生表皮が瘢痕の視覚的要因を決定づけることはない。再生した表皮の下は，正常真皮に置き換わるわけではなく，瘢痕組織に置換されるのである（図2-1-13）。瘢痕組織を構成するコラーゲンは配列が不規則で，光を乱反射しやすく，正常真皮よりも表層で可視光の多くが反射するために，（入射光が白色光であれば）白っぽく見える。目立たない傷跡とは，「幅の細い（あるいは小さい），平坦で影ができない，白っぽい色調の瘢痕」ということになろう。炎症期から安定期に至るまでの赤くて目立つ瘢痕に比べると，「良くなった」と実感できるかもしれない。しかし，その部分に自意識が集中してしまっていると，「よくよく見れば正常ではないものが，ずっと貼り付いている」と認知するであろう。瘢痕の目立ちやすさとは，瘢痕組織の性状の問題と，それに対する認知過程の問題とが混じり合っているのである。瘢痕は心理的に大きな影響を与え，さまざまな保険で後遺症の対象になっている。事故や犯罪の被害者である場合には，心理的に解消されないトラウマを抱えたままのことが多いため，瘢痕に対する執着も大きくなることは想像に難くない。

瘢痕の形態について示す（図2-1-14）。比較的目立ちにくい瘢痕を，「正常瘢痕または成熟瘢痕」と呼ぶことが多い。前述した肉芽形成期に十分な組織が作られないと，あるいは治癒が遷延した傷で肉芽組織が収縮すると，「陥凹瘢痕」となる。光が当たる方向によっては影ができ，目立ちやすくなる。「肥厚

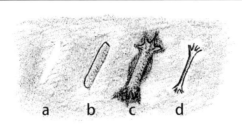

**図 2-1-14　炎症と線維組織のでき方による瘢痕形態の違い**
a「正常瘢痕または成熟瘢痕」とは，炎症による赤さが消失しており，平坦で影ができない。
b「肥厚性瘢痕」は炎症が続いており，赤さが目立つ。加えて過剰な線維組織により瘢痕が隆起している。c「ケロイド」も赤く隆起するが，それが元の瘢痕部位を越えて広がるものであり，体質によるところが大きい。d「瘢痕拘縮」では線維組織の収縮によって，引きつれや凹凸が生じる。運動障害や醜形を呈しやすい。

性瘢痕」とは，1～2ヶ月の経過で線維組織が過剰に生産されるために生じ，瘢痕が赤く盛り上がってくる。長期間で隆起が収まり，色調も白くなっていく。赤色の時期は色調と隆起で目立つが，成熟化の後も軽度の隆起を残す場合もある。その際は，やはり影の効果による目立ちやすさが残る。「ケロイド」は赤い隆起が，元の創部の範囲を越えて拡大していくものであり，主として体質による。体質以外にも好発部位が存在し，関節の伸側（肘かしら，膝かしら，等）や，顔では顎先にできやすい。ケロイドと肥厚性瘢痕との鑑別は困難であることが多く，総称するかのように「瘢痕ケロイド」と呼んだりする。若年ほどなりやすく，逆に高齢者では起こりにくい。「瘢痕拘縮」は線維組織の収縮によって生じるもので，元の創部の長さの短縮や面積の縮小をきたす。硬い瘢痕組織は伸びにくいので，引きつった醜形（図2-1-15）や運動障害を起こす（関節屈側で起こりやすく，伸展障害となる）。顔の場合，拘縮によって解剖学的位置のバランスが崩れると，他者へ与える印象情報も変化する。引きつったような目や歪んだ口元は，「緊張している」とか「不快である」という印象を与えてしまいやすい。

　治療にはさまざま方法がある。醜形瘢痕や瘢痕拘縮には手術療法が適応となる。炎症に対してはステロイド含有軟膏塗布や圧迫療法や抗アレルギー剤の内服が行われる。これに加え，ケロイドには手術・放射線が追加されることもあ

図 2-1-15　瘢痕拘縮による印象変化
目立つ瘢痕は，存在するだけで他者にさまざまな疑念を抱かせる。顔のパーツの解剖学的位置の微妙なズレであっても，他者へ与える印象が大きく変化することもある。引きつったような目は（健側とのアンバランスが重要である），「私は緊張している」という印象を与えやすい。歪んだ口元は，「私は不快である」と感じていると伝えてしまう可能性がある。

る。いずれの方法も軽快はもたらすことができるが，完全な治癒（完全な正常皮膚に戻る）は見込めないことに注意しておくことが必要である。

## (b) 熱傷・熱傷瘢痕と拘縮 (burns, burn scar and burn scar contracture)

　熱傷であっても，その結果として残る瘢痕は，前述の瘢痕と同じである。しかし，アピアランス〈外見〉問題という観点から見れば，外傷の中で熱傷がより深刻である場合が多い。熱傷の特徴は，広い面積に及ぶことが多いこと，そして凹凸の著しい醜形瘢痕を作りやすいことである。凹凸は瘢痕内に線維組織が多いことを示しており，硬くて柔軟性に乏しいということでもある。
　熱傷瘢痕の深刻度は深さに比例している。1度熱傷は皮膚の充血だけであり，治療は不要である。2度熱傷は真皮までの壊死であるが，最終的に深度が浅く保たれたものは瘢痕を残さずに，残存している真皮の上に，きれいに表皮が再生する。最終的に深くなった創は，表皮細胞を供給する毛包などが消失しているため，真皮が残存していても表皮が再生してこない。やがて残存真皮組織は肉芽組織に変わってしまう。そうなると，周囲の正常皮膚からの表皮伸展を待たねばならなくなる。小さな創であれば何とか自然閉鎖するが，大きな面積になると非常に長期化するため，皮膚移植の手術が必要となる。3度熱傷は皮膚全層が壊死しており，壊死組織の除去→肉芽組織の形成→正常皮膚からの伸展という過程を経ねばならず，小さいものでない限りは手術が必要である。
　深い創部が自然治癒したところでも，皮膚移植したしたところでも，熱傷後の瘢痕部には肥厚性瘢痕が生じやすい。熱傷では炎症の程度が強いこともあっ

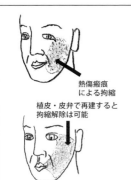

図 2-1-16 熱傷瘢痕による面状の歪曲効果
熱傷瘢痕は広汎で面状の収縮をきたすので，周囲の多くのパーツの位置異常をきたしやすい。凹凸のある醜形瘢痕以外にも，誤った表情情報を伝えたり，逆に表情を作れずに相手を当惑させたりすることもある。皮膚移植で再建しても，目立つ瘢痕が残ることが多い。このイラストのように，実際には顔にメッシュ（網状）植皮をすることは稀だが，網目状の瘢痕は心理的負担となる。皮弁手術は，質感は良いが，複数回の修正手術や採取部の問題などがある。

て，肥厚性瘢痕もケロイドも総称して，熱傷後瘢痕ケロイドという呼称もよく用いられる。瘢痕の成熟化も長引き，1年以上かかることも多く，患者の心理的負担は大きくなる。さらに深刻なのは，炎症が引いた後も，熱傷瘢痕は拘縮を起こしやすいことである。拘縮は運動制限をきたすため，手指や顔での重傷熱傷は，たとえ治療後であっても顕著な醜形瘢痕や運動制限をきたしやすい。そのため修正手術を何度も行う場合があり，皮膚組織の不足に対して植皮と皮弁を組み合わせた治療が続けられる。大きな面積の皮膚移植にはメッシュ植皮が行われるが，網目状の瘢痕が残るため，これも醜形として心理的負担となる (Burnett et al., 2014)（図 2-1-16）。醜形の原因となりうるのは色素障害，質感の違い，醜形瘢痕，瘢痕拘縮などさまざまである。加えて，熱傷という特異な外傷による心理的効果も，また闘病期間中の痛みと苦痛に満ちた記憶も，大きな心理的負担となってくる。心理支援と介入を，もっとも集中的に行わなければならない分野であるといっても過言ではないだろう (Lawrence, Qadri, Cadogan, & Harcourt, 2016; Macleod, Shepherd, & Thompson, 2016)。

## (c) 顔面神経麻痺 (facial palsy)

顔面神経は運動神経であり，主として顔面の表情筋を支配している。表情筋はヒトにとって非常に重要な機能を有している。多彩な表情という機能はヒト特有の機能であり，これにより瞬時の非言語的コミュニケーションあるいはコ

第1節　状態別解説（可視的差異あり）

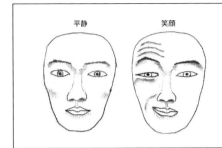

**図 2-1-17　顔面神経麻痺**
片側性の表情筋麻痺で，額のしわ寄せができない，まぶたを閉じられない，口角が垂れ下がる，口をすぼめられない，といった症状が起こる。

ンテキストの情報交換を行っている。ヒトが大きな社会を構築し，文化を共有することができたのも，この機能によるところが大きいといえる。顔面神経支配を構成している入力中枢には複数あり，まだ全貌は解明されていない。その中に情動性支配という機能も含まれており，上記のことを勘案すると非常に興味深い。

　顔面神経麻痺のうち，原因疾患が明らかなものを症候性顔面麻痺といい，原因不明のものは特発性顔面神経麻痺（ベル麻痺）という。症候性は原因の明らかな感染や外傷や腫瘍などによって生じるが，実際にはヘルペスウイルスによる感染（以前の感染の再燃）が多い。顔面神経は側頭骨を通過して脳から顔面へ出てくるが，この際に顔面神経管という細い管を通過するため，炎症や浮腫で腫れると神経圧迫や血流障害をきたしやすく，それが麻痺につながると考えられている。

　ベル麻痺の主な特徴は，突然始まる片側性の表情筋麻痺である。額のしわ寄せができない，まぶたを閉じられない，口角が垂れ下がる，口をすぼめられない，といった症状が起こる（図2-1-17）。神経支配の関係で，聴覚過敏，味覚障害などが生じる場合もある。完全に治癒する場合もあるものの，治療しても完全麻痺や不完全麻痺が残ることもある。改善の認められない麻痺に対してさまざまな手術的治療が模索され，それぞれに安定した効果が得られ始めているが，残念ながらすべての表情機能を再建できる方法はいまだ開発されていない。

　顔面神経麻痺を有する人が，もしも笑顔を作ろうとしたらどうなるだろう。図のように，よく動く健側と，無表情のままの患側が並存するようになり，ア

ンバランスが強調されて見える。笑顔を発信しようと思っていても，客観的には笑顔と認知することができない場合も多い。こうした表情表出困難を鏡で確認している患者は，自分のアンバランスな表情がもたらすかもしれない社会的状況に対して，常に不安感を覚えることになる（Kleiss, Hohman, Susarla, Marres, & Hadlock, 2015）。後日，仮に顔面神経が再生してきても，本来の支配先と異なった筋を支配してしまった場合，やはり表情のアンバランスが生じる。

　社会適応という観点から見れば，こうした患者に手術方法の説明から入るのは好ましくない。まず説明すべきことは，「どのようなメカニズムでこうした状態が生じているのか？」「回復の見込みは？」「表情のアンバランスが他者に与える客観的な認知内容とは？」「（特定の患者として）あなたが感じている自己イメージ像はいかなるものか？」であろう。そのうえで認知的行動的問題が見られる患者に対しては，「あなたの状態が他者にどれほどの影響を与えるのか？」「あなたが実際に取り戻したいと思う生活とはいかなるものか？」といったことへ本人の理解を広げつつ，日常生活での行動訓練を行うことである。社会適応に向けて，いずれかの路線に患者が乗っている際に手術療法は有効で，相乗効果が期待される（Butler & Grobbelaar, 2017）。逆に，手術療法にのみ患者がすがりつく状況を作ってしまうと，その効果に対する後日の患者自身による評価において，好ましくない事態を招きかねない。

## (d) 皮膚疾患 (skin conditions)

　さまざまな皮膚の状態がアピアランス〈外見〉問題を引き起こす（Coneo, Thompson, & Lavda, 2017; Sampogna, Tabolli, & Abeni, 2013）。皮膚がんの治療においては，根治性が最大の問題であるのは間違いないが，それと同じくらいにアピアランス〈外見〉問題に対する質も問われる（Sobanko, Sarwer, Zvargulis, & Miller, 2015）。
　比較的多いもののうちで，客観的にもっとも目立ちやすいのが神経線維腫症（neurofibromatosis）であろう。臨床的に2つの型に分けられているが，茶色のカフェ・オ・レ斑と多発性の皮膚神経線維腫を主徴とする（深部神経にも多発性に発生する。その他に脊椎弯曲，四肢骨，頭蓋骨，顔面骨の変形や欠損など）（図2-1-18）。神経組織から発症するため，全身の多くの部位で多様な症状を表すこ

第 1 節　状態別解説（可視的差異あり）

図 2-1-18　神経線維腫症
はじめはカフェ・オ・レ斑（茶色の扁平な色素斑）が多発するだけだが，皮膚に神経線維腫が多発性に隆起してくることが多い。大小はさまざまで，頭蓋顔面の大面積を占めるようなものも発生しうる。

とが多い。0.3〜0.4％に発症し，優性遺伝を示すが，突然変異によっても多くが発症する。幼少時期にはカフェ・オ・レ斑のみのことが多く，年齢が進むにつれて隆起する神経線維腫が多発してくる。予期される病状の重さに加え，進行性に醜形を増す外観のため，本人への心理的ストレスは想像を超えたものがある（Barke, Coad, & Harcourt, 2016; Smith, Wang, Plotkin, & Park, 2013）。根本的治療法はなく，対症的治療しかできない。重篤な合併症が多いため，定期的に進行をチェックしていかねばならない。

　尋常性乾癬（psoriasis vulgaris）は炎症性の皮疹が慢性的かつ連続的に多発するもので，患者を心理的にも苦しめる。赤色の皮疹に，白色の鱗屑が生じてははがれ落ちる。0.1％に発症し，若年から高齢まで発症する。体質（遺伝性は低い）と環境ストレスが関与して生じるといわれている。感染性はないにもかかわらず，あたかも感染症のように見えてしまうことで周囲の人たちに誤解されやすい。また，こうした状態を持っていることについて，患者は大きな疎外感を感じることになり，実際に深刻な状況に陥ることもある（Galili et al., 2017）。根治は難しく，発症をコントロールする術を模索して，比較的良い状態を維持していくことが重要となる。患者がよく言われる言葉であるが，非常に困惑させられるものがある（「この病気は治りません。うまく付き合っていくことを工夫してください」）。医療側からすればもっともな説明だと感じるであろうが，患者からすると困惑を避けられない。うまく付き合う方法を同時に情報提供されていれば，あるいは有用な情報源へのアクセス法を紹介されていれば，こうした困惑はある程度避けることができる（Wojtyna, Łakuta, Marcinkiewicz, Bergler-Czop, & Brzezińska-Wcisło, 2017）。

　白斑症（vitiligo）は皮膚が部分的に白くなる状態で，さまざまな原因によって皮膚のメラノサイトが消失するために生じる。先天性と後天性に分けられ

るが，原因として遺伝的素因や自己免疫などが考えられている。後天性の尋常性白斑（vitiligo vulgaris）がもっとも多く，汎発型と分節型に分けられる。汎発型は徐々に進行し，白斑が融合して大きな面積となりやすい。自己免疫が想定されており，治療はステロイド外用薬塗布，紫外線療法，レーザー療法などが行われる。分節型は神経の通り道に沿って身体の片側のみに出現する。顔や首にできやすく，ストレスや自律神経系障害が想定されている。紫外線療法やレーザー療法などで治療する。あまり ADL（日常生活動作）に影響する状態ではないものの，心理的影響力は決して小さくはない (Salman, Kurt, Topcuoglu, & Demircay, 2016)。尋常性ざ瘡（ニキビ）(acne vulgaris) は普通に見られる皮膚の状態である。思春期に発生しやすいこともあり，心理的負担も大きく，これにより自殺念慮を持つ若者も，決して少なくはない (Lee et al., 2014)。白斑症と同様に，適切な情報提供とともに，心理的に問題を抱える場合にはアセスメントが必要である (Alexis et al., 2014)。

## (e) 関節リウマチ (rheumatoid arthritis)

　関節リウマチは約 0.5％の人に発症する自己免疫疾患である。女性に多く，中年期に発症することが多い。関節滑膜に対する自己免疫により炎症が起こり，やがて骨や軟骨が壊れていく。遺伝性は認められるが，それほど強くはなく，ウイルス感染や喫煙などがトリガーになると考えられている。関節の痛みと腫れが主症状で，手指の関節に多く見られるが，進行すればどの関節でも発症しうる。関節変形や関節拘縮をきたし，目立つ部位である手の変形は，患者にとって大きな苦悩となる (McBain, Shipley, & Newman, 2013; Morris, Yelin, Wong, & Katz, 2008)。

## (f) 内科的疾患や副作用

　さまざまな疾患や治療により外見，特に顔貌は変化する。体力の消耗は，即，顔色や相貌に表れる。それ以外にも発疹が出たり，色素斑が出たり，多様な変化が普通に起こりうる。そうした一般的変化も心理社会的に大きな影響力を持ちうるが，特に外見上目立つ変化をきたす場合がある。
　代表的な例の一つは抗がん剤（anticancer agent, oncologic drug）による脱毛（hair

loss）である。脱毛は疾患でも起こりうるし，放射線治療やストレスなどでも起こりうる。しかし現在，社会的に問題となっているといってもいいのは，やはり抗がん剤による脱毛である。皮膚病変や爪への変化といった副作用と並んで，抗がん剤使用におけるもっとも深刻な問題となっている（Dua, Heiland, Kracen, & Deshields, 2017; Cho et al., 2014）。がん領域で近年注目されているのが，AYA（adolescent and young adult）世代のがんである。若年者のがんは進行の早いものが多く，予後不良とされてきた。しかし治療技術の進歩により，小児から若年成人の世代まで，多くの若い世代が通学しながら，働きながら生活するようになってきた。それに伴い，どのように心理的ケアを充実させていくかは，急を要する課題となってきている（Enskär & von Essen, 2007; 2008）。

多くの自己免疫疾患や膠原病では，何らかの免疫抑制剤を用いるのが通常である。そうした抑制剤の中で，今も強力であり，なおかつ頻用されているのがステロイドホルモン（steroid hormone）である。この薬剤は効果も高いが，副作用も少なくない。アピアランス〈外見〉問題においては，満月様顔貌（moon face）がよく話題となる。ステロイドの副作用として中心性肥満が起こり，顔や体幹部中央に肥満が起こる。このため大きく膨らんだ顔貌になるため，こうした表現が定着している。最近のスリム体型志向の文化的圧力により，患者がこうした副作用に大きく苦しめられる（Hale, Radvanski, & Hassett, 2015）。さらには，この副作用が嫌なために，疾患そのものへの治療を拒否してしまうケースも出てくる。

（原田輝一）

引用・参考文献

Albers, A. E., Reichelt, A. C., Nolst-Trenité, G. J., & Menger, D. J. (2016). Feeling normal? Long-term follow-up of patients with a cleft lip-palate after rhinoplasty with the derriford appearance scale (DAS-59). *Facial Plastic Surgery, 32*(2), 219-224.

Alexis, A., Daniels, S. R., Johnson, N., Pompilus, F., Burgess, S. M., & Harper, J. C. (2014). Development of a new patient-reported outcome measure for facial acne: The acne symptom and impact scale (ASIS). *Journal of Drugs in Dermatology, 13*(3), 333-340.

Barke, J., Coad, J., & Harcourt, D. (2016). The role of appearance in adolescents' experiences of neurofibromatosis type 1: A survey of young people and parents. *Journal of Genetic Counseling, 25*(5), 1054-1062.

Bessell, A., Brough, V., Clarke, A., Harcourt, D., Moss, T. P., & Rumsey, N. (2012). Evaluation of the effectiveness of Face IT, a computer-based psychosocial intervention for disfigurement-related distress. *Psychology, Health & Medicine, 17*(5), 565-577.

Burnett, L. N., Carr, E., Tapp, D., Raffin Bouchal, S., Horch, J. D., Biernaskie, J., & Gabriel, V. (2014). Patient experiences living with split thickness skin grafts. *Burns, 40*(6), 1097-1105.

Butler, D. P., & Grobbelaar, A. O. (2017). Facial palsy: What can the multidisciplinary team do? *Journal of Multidisciplinary Healthcare, 10*, 377-381.

Cho, J., Choi, E. K., Kim, I. R., Im, Y. H., Park, Y. H., Lee, S., ...Nam, S. J. (2014). Development and validation of chemotherapy-induced alopecia distress scale (CADS) for breast cancer patients. *Annals of Oncology, 25*(2), 346-351.

Coneo, A. M. C., Thompson, A. R., & Lavda, A. (2017). The influence of optimism, social support and anxiety on aggression in a sample of dermatology patients: An analysis of cross-sectional data. *British Journal of Dermatology, 176*(5), 1187-1194.

Dua, P., Heiland, M. F., Kracen, A. C., & Deshields, T. L. (2017). Cancer-related hair loss: A selective review of the alopecia research literature. *Psycho-Oncology, 26*(4), 438-443.

Enskär, K., & von Essen, L. (2007). Prevalence of aspects of distress, coping, support and care among adolescents and young adults undergoing and being off cancer treatment. *European Journal of Oncology Nursing, 11*(5), 400-408.

Enskär, K., & von Essen, L. (2008). Physical problems and psychosocial function in children with cancer. *Paediatric Nursing, 20*(3), 37-41.

Feragen, K. B., & Stock, N. M. (2016). Risk and protective factors at age 10: Psychological adjustment in children with a cleft lip and/or palate. *Cleft Palate-Craniofacial Journal, 53*(2), 161-179.

Feragen, K. B., Stock, N. M., & Kvalem, I. L. (2015). Risk and protective factors at age 16: Psychological adjustment in children with a cleft lip and/or palate. *Cleft Palate-Craniofacial Journal, 52*(5), 555-573.

Galili, E., Barzilai, A., Shreberk-Hassidim, R., Merdler, I., Caspi, T., & Astman, N. (2017). Neuro-psychiatric comorbidity among psoriatic adolescents. *British Journal of Dermatology.* doi: 10.1111/bjd.16031. [Epub ahead of print]

Hale, E. D., Radvanski, D. C., & Hassett, A. L. (2015). The man-in-the-moon face: A qualitative study of body image, self-image and medication use in systemic lupus erythematosus.

*Rheumatology, 54*(7), 1220-1225.

Jenkinson, E., Williamson, H., Byron-Daniel, J., & Moss, T. P. (2015). Systematic review: Psychosocial interventions for children and young people with visible differences resulting from appearance altering conditions, injury, or treatment effects. *Journal of Pediatric Psychology, 40*(10), 1017-1033.

Kalantar-Hormozi, A., Abbaszadeh-Kasbi, A., Goravanchi, F., & Davai, N. R. (2017). Prevalence of rare craniofacial clefts. *Journal of Craniofacial Surgery, 28*(5), e467-470.

Kleiss, I. J., Hohman, M. H., Susarla, S. M., Marres, H. A., & Hadlock, T. A. (2015). Health-related quality of life in 794 patients with a peripheral facial palsy using the FaCE scale: A retrospective cohort study. *Clinical Otolaryngology, 40*(6), 651-656.

Lawrence, J. W., Qadri, A., Cadogan, J., & Harcourt, D. (2016). A survey of burn professionals regarding the mental health services available to burn survivors in the United States and United Kingdom. *Burns, 42*(4), 745-753.

Lee, I. S., Lee, A. R., Lee, H., Park, H. J., Chung, S. Y., Wallraven, C., ...Chae, Y. (2014). Psychological distress and attentional bias toward acne lesions in patients with acne. *Psychology, Health & Medicine, 19*(6), 680-686.

Macleod, R., Shepherd, L., & Thompson, A. R. (2016). Posttraumatic stress symptomatology and appearance distress following burn injury: An interpretative phenomenological analysis. *Health Psychology, 35*(11), 1197-1204.

Marik, P. K., & Hoag, J. A. (2012). Self-concept in youth with congenital facial differences: Development and recommendations for medical providers. *Pediatric Dermatology, 29*(5), 549-554.

McBain, H., Shipley, M., & Newman, S.; Appearance Research Collaboration (ARC). (2013). The impact of appearance concerns on depression and anxiety in rheumatoid arthritis. *Musculoskeletal Care, 11*(1), 19-30.

Meyer-Marcotty, P., Gerdes, A. B., Reuther, T., Stellzig-Eisenhauer, A., & Alpers, G. W. (2010). Persons with cleft lip and palate are looked at differently. *Journal of Dental Research, 89*(4), 400-404.

Morris, A., Yelin, E. H., Wong, B., & Katz, P. P. (2008). Patterns of psychosocial risk and long-term outcomes in rheumatoid arthritis. *Psychology, Health & Medicine, 13*(5), 529-544.

Muftin, Z., & Thompson, A. R. (2013). A systematic review of self-help for disfigurement: Effectiveness, usability, and acceptability. *Body Image, 10*(4), 442-450.

Roberts, R. M. (2014). Discrimination among adults with craniofacial conditions. *Journal of Craniofacial Surgery, 25*(1), 77-81.

Roberts, R. M., & Mathias, J. L. (2012). Psychosocial functioning in adults with congenital craniofacial conditions. *Cleft Palate-Craniofacial Journal, 49*(3), 276-285.

Rodin, J., Silberstein, L., & Streigel Moore, R. (1985). Women and weight: A normative discontent. In T. Sonderegger (Ed.), *Nebraska symposium on motivation, 32: Psychology and gender* (pp. 267-308). Lincoln, NE: University of Nebraska Press.

Rumsey, N., & Harcourt, D. (2005). *The psychology of appearance*. Berkshire, UK: Open University Press, McGraw-Hill Education.
（ラムゼイ，N., & ハーコート，D. 原田 輝一・真覚 健（訳）（2017）．アピアランス〈外見〉の心理学——可視的差異に対する心理社会的理解とケア——　福村出版）

Rumsey, N., & Harcourt, D. (2007). Visible difference amongst children and adolescents: Issues and interventions. *Developmental Neurorehabilitation, 10*(2), 113-123.

Salman, A., Kurt, E., Topcuoglu, V., & Demircay, Z. (2016). Social anxiety and quality of life in vitiligo and acne patients with facial involvement: A cross-sectional controlled study. *American Journal of Clinical Dermatology, 17*(3), 305-311.

Sampogna, F., Tabolli, S., & Abeni, D. (2013). Impact of different skin conditions on quality of life. *Giornale Italiano di Dermatologia e Venereologia, 148*(3), 255-261.

Shapiro, D. N., Waljee, J., Ranganathan, K., Buchman, S., & Warschausky, S. (2015). Gender and satisfaction with appearance in children with craniofacial anomalies. *Plastic Reconstructive Surgery, 136*(6), e789-795.

Smith, K. B., Wang, D. L., Plotkin, S. R., & Park, E. R. (2013). Appearance concerns among women with neurofibromatosis: Examining sexual/bodily and social self-consciousness. *Psychooncology, 22*(12), 2711-2719.

Sobanko, J. F., Sarwer, D. B., Zvargulis, Z., & Miller, C. J. (2015). Importance of physical appearance in patients with skin cancer. *Dermatologic Surgery, 41*(2), 183-188.

Thompson, J. K., Heinberg, L. J., Altabe, M., & Tantleff-Dunn, S. (1999). *Exacting beauty: Theory, assessment and treatment of body image disturbance*. Washington, D.C.: American Psychological Association Publishing.

Wojtyna, E., Łakuta, P., Marcinkiewicz, K., Bergler-Czop, B., & Brzezińska-Wcisło, L. (2017). Gender, body image and social support: Biopsychosocial determinants of depression among patients with psoriasis. *Acta Dermato-Venereologica, 97*(1), 91-97.

## 第2節

# 醜形障害の鑑別と治療（可視的差異なし）

## 1 はじめに

　自分の鼻のラインが歪んでいると自分で思い込み，一日中鏡で自分の鼻のラインを眺め，何度も手でさわり，一人で悩み，学校を休学している思春期の患者がいる。この節では，こうしたアピアランス〈外見〉に関連した精神科領域の疾患について述べたい。醜形障害（body dysmorphic disorder: BDD）[*1]は，他人には意識されないような些細な身体的欠陥に関する過剰なとらわれを特徴とする疾患である。診断分類上は，従来は身体表現性障害の一型としてとらえられていたが，アメリカの精神疾患の診断基準であるDSM-5の改訂以降は，強迫症および関連症群に含まれることとなった。これは，醜形障害では「外見へのとらわれ」に加えて，鏡で繰り返し確認するなどの過剰に繰り返される「強迫的な行動」が注目され，強迫スペクトラム障害としての特徴が強調されることとなったためである。さらに醜形障害患者では，とらわれについて妄想的信念を有するものが少なくない。この点は妄想性障害・身体型との鑑別が問題となるが，その一方で醜形障害患者の中に精神病性の傾向を有する一群を認める可能性も考えられる。また社交不安症との関係性も密接で，今後生物学的知見なども集積し，これらとの連続性や相違点をさらに検討し明確化すべきであろう。

## 2 醜形障害とは

　醜形障害の歴史をさかのぼると，今から120年あまり前の1891年にイタリア人精神科医のエンリコ・モルセッリ（Enrico Morselli）により初めて報告され

表 2-2-1 醜形障害の特徴

| |
|---|
| 1. 他人から見れば,外見上問題がない |
| 2. 自分では,容姿が醜いと思い込んでいる |
| 3. 自分の容姿にとらわれ,何度も確認し,思い悩む |
| 4. その結果,社会生活上の障害がある |

た（Morselli & Jerome, 2001）。彼はこの病態を dysmorphophobia（醜形恐怖症）と呼び,「一般的に見れば問題のない外見であっても,自分の外見や容姿を他人が認識するほど醜いものだととらわれている状態であり,患者は四六時中ずっと自分の醜形が気になって悲惨な毎日を送っている」と記載している。このような Morselli による記述は,今日われわれが醜形障害と呼んでいる概念と酷似しており,現代でもその意義は失われていない。すなわち醜形障害の特徴が,他人には意識されないような些細な身体的欠陥に関する過剰なとらわれを特徴とする点や,そのとらわれが,社会生活上に著しい苦痛や障害を引き起こしているとする点である（表 2-2-1）。

こうした臨床的な特徴に加えて,1980 年以降,各種精神疾患の生物学的病態機序の解明が進められるなか,強迫性障害（obsessive-compulsive disorder）の脳内メカニズムが次第に明らかにされ,強迫性障害に代表される「とらわれ」と「繰り返し行為」を共通の症状とする強迫スペクトラム障害（obsessive-compulsive spectrum disorder）の概念が注目されてきた[*2]。そしてアメリカ精神医学会が作成した診断基準の DSM-5 においては,従来の不安障害カテゴリーから分離する形で強迫スペクトラム概念に基づき「強迫性障害および関連症群（obsessive-compulsive and related disorders）」が新設されることとなった（American Psychiatric Association, 2013）。強迫性障害とともに醜形障害はこのカテゴリーの中に包含された。

## ③ DSM-5 における醜形障害の診断基準

精神障害の領域では,疾患の診断や分類の基準として WHO（世界保健機関）が作成した ICD 国際疾病分類の他に,アメリカ精神医学会が作成した DSM

第 2 節　醜形障害の鑑別と治療（可視的差異なし）

**表 2-2-2　醜形障害の診断基準の要点（DSM-5 より改編）**

A. 本人が知覚する身体上の外見の欠陥または欠点にとらわれているが，それは他人には認識できないか，できても些細なものである。

B. その障害の経過中において，外見上の心配に反応して，いろいろな繰り返し行動（例：鏡を見て確認，過剰に身だしなみを整える，皮膚をむしる，周囲に保証を求めて安心する），または精神的行為（例：他人の外見と自分の外見を比較する）を行う。

C. 外見へのとらわれのために，臨床的に意味のある苦痛を感じている，あるいは社会生活を送るうえで機能の障害を引き起こしている。

D. その外見へのとらわれは，摂食障害の診断基準を満たしている人の肥満や体重に関する心配という観点からではうまく説明されない。

が広く用いられている。DSM では判定者の主観が入りにくい操作的な診断基準が用いられており，2013 年に改訂された最新の第 5 版（DSM-5）では，醜形障害の診断基準は次のように基準 A～D によって示されている（American Psychiatric Association, 2013）（表 2-2-2）。基準 A は従来のとおりであり，他人には認識できない外見上の欠陥または欠点について，本人は「醜い」「魅力的ではない」「異常である」「歪んでいる」などと信じている。さらにとらわれは身体の一つの部位に集中する傾向があり，にきびやしわ，瘢痕などの皮膚，あるいは毛髪，鼻などが多い。しかし身体のどの部位も心配の対象となり（目，歯，腹部や胸部，顔の大きさ，顎，性器など），左右の非対称性にとらわれる場合もある。こうしたとらわれに加え，今回新しい基準 B として「とらわれに反応して，過剰に繰り返される行動あるいは精神的行為」が必須となり，醜形障害の強迫的な繰り返しの行為がいっそう強調され，他の精神疾患との鑑別が明確となった。こうした行動パターンを醜形障害患者の 90％以上に認めることは，以前より指摘されていた（Phillips, Didie, Feusner, & Wilhelm, 2008）ため，この改変は醜形障害の実態をより反映したものと考えられる。そのうち出現頻度が高い繰り返し行動には，容姿について，「人と比較する」「鏡などで確認する」「過剰に身繕いをする（ブラシでとく，髭をそる，整えるなど）」「カモフラージュする（化粧を念入りにする，帽子や服，髪の毛などで隠すなど）」「（家族など周囲に）保証を求める」「皮膚をむしる」などがある。その他にも，化粧品や薬品，洋服な

どの購入や，皮膚科や美容整形外科などの受診，あるいは繰り返し治療を求めることである。基準Cは従来どおり，診断には臨床的に有意な苦痛，社会的・職業的・他の重要な領域における機能障害をきたしていることが必要とされ，社会生活上の困難が挙げられている。また基準Dは，除外診断として，摂食障害の肥満恐怖や体重への固執を除外することが求められている。

以上の診断基準の他に，特定用語が2点取り上げられている。まずは主に男性に認められる「自分の身体は小さすぎる」「筋肉の引き締まり方や逞しさが足りない」というとらわれを特徴とする「筋肉醜形恐怖」が新たな特定用語として追加された。さらに病識の程度を特定する必要があるが，これについては鑑別診断の項で後述したい。

## 4 これまでのDSM-IV-TRからの進展

強迫性障害は，かつて強迫神経症と呼ばれ，例えばトイレのあとで病原菌に汚染した気がして繰り返し長時間の手洗いを行う，外出時にガスの元栓を閉め忘れ，火事が起こると不安になり何度も元栓の確認をする，など繰り返し生じる不快な思考（強迫観念）とそれを打ち消すために繰り返される行為（強迫行為）を特徴とする疾患である。従来のDSM-IV-TRでは，強迫性障害は不安障害の中に，醜形障害は身体表現性障害の中に，と別々のカテゴリーに分類されていた（American Psychiatric Association, 2000）（表2-2-3）。しかし近年の精神科領域における生物学的研究の進展とともに，強迫性障害の脳内メカニズムが次第に明らかとなり，強迫性障害を不安障害から分離させるという機運が高まってきた（Bartz & Hollander, 2006）。そして，脳内の大脳基底核，特に線条体におけるセロトニン，ドーパミン系機能異常を想定し，それに関連した認知的・行動的抑制障害としての「とらわれ」「繰り返し行為」を中核症状とみなす幅広い概念へと変移していった（Hollander, Kim, Khanna, & Pallanti, 2007）。その結果，強迫的な思考・行動様式を共有する障害群として強迫スペクトラム障害が注目され，その後のDSM-5の改訂作業の中で独立した診断カテゴリーとしての妥当性検証が進められ（松永, 2015; Phillips, Hart, Simpson & Stein, 2014），強迫性障害お

第2節　醜形障害の鑑別と治療（可視的差異なし）

表 2-2-3　DSM-IV-TR での醜形障害と強迫性障害の位置づけ

- 身体表現性障害
    - 身体化障害
    - 転換性障害
    - 疼痛性障害
    - 心気症
    - <u>身体醜形障害</u>
- 不安障害
    - パニック障害
    - 単一恐怖
    - 社交不安障害
    - <u>強迫性障害</u>
    - PTSD
    - 急性ストレス障害

表 2-2-4　DSM-5 での醜形障害の位置づけ

- 強迫性障害および関連症候群（OCRD）
    - 強迫症／強迫性障害（OCD）
    - 醜形恐怖症／身体醜形障害（BDD）
    - ためこみ症
    - 抜毛症
    - 皮膚むしり症
        - 以下略

よび関連症群と呼ばれるカテゴリーが不安障害カテゴリーから分離され新設されることとなった（American Psychiatric Association, 2013）。そして醜形障害はこのカテゴリーの中に，強迫性障害やためこみ症[*3]，抜毛症[*4]，皮膚むしり症[*5]などとともに包含され，その診断基準にも，従来の「とらわれ」だけでなく，「繰り返し行為」の存在が必須となるなどの改変が加えられた（表2-2-4）。

## 5 醜形障害の疫学や予後，併存症など

　醜形障害の欧米における時点有病率は 1.7 〜 2.4 ％程度とされるが，皮膚科受診患者中の有病率は 9 〜 15 ％，美容整形外科患者では 3 〜 16 ％，口腔外科や歯科矯正患者では 8 〜 10 ％と，より高率であることが報告されている

(American Psychiatric Association, 2013)。つまり醜形障害患者では，当初精神科よりも皮膚科や美容整形外科を受診する割合がはるかに高率であるが，そこで外科的介入をすることにより，醜形障害の予後がさらに悪化する可能性が指摘されている（Phillips & Dufresne, 2000）。

醜形障害の発症年齢は16～17歳ごろであるが，12～13歳ごろより，外見に関する心配が潜在的に出現する場合も少なくない（American Psychiatric Association, 2013）。多くの醜形障害患者は慢性的経過をたどるが，自分がどう見られているかを過剰に気にしていることを恥ずかしく思っており，他人に自分の心配事を明かしたがらないため，自ら受診に至るケースはきわめて少ない。治療を受けた場合でも，寛解率は他の精神障害よりも低率とされる（American Psychiatric Association, 2013）。醜形障害を理由とし，学校を中退するものは20%にのぼり，QOL（quality of life）は他の精神疾患に比しても低い（Phillips, 2000）。また醜形障害患者の希死念慮や自殺企図の割合は高率で，約80%に希死念慮を，24～28%に自殺企図歴が認められ，外見に関する心配やうつ病の併存などがその主たる原因となる（Phillips et al., 2008）。醜形障害患者では，社交不安症（social anxiety disorder），強迫性障害，物質関連障害の併存が高率であり，社交不安障害は醜形障害に先行発症することが多く，うつ病や物質関連障害は二次的に出現することが多い（American Psychiatric Association, 2013; Phillips et al., 2008）。こうしたcomorbidity（併存）の有無や程度は，醜形障害患者が示す機能的障害度に有意に関連する（American Psychiatric Association, 2013）。

## 6 鑑別診断と病識

醜形障害の診断の際には，DSM-5では，病識の程度を特定することとされている。自分の容姿の欠点についてどの程度まで確信しているかにより，「病識が十分またはおおむね十分」「病識が不十分」「病識が欠如した・妄想的な信念を伴う」のいずれに該当するかを特定する必要がある（American Psychiatric Association, 2013）。そして醜形障害患者では自分自身の外見上の欠陥もしくは欠点へのとらわれに関して，病識が欠如あるいは妄想的確信を有する場合が少な

くない（American Psychiatric Association, 2013）。具体的には，受診当初に欠陥の存在を完全に確信している，すなわち妄想的信念を有する醜形障害患者の割合は27〜39％とされ（Phillips et al., 2008），むしろ良好な病識を有する場合が少ない。さらには，周囲が自分の外観に否定的な意味合いで注視しており，「あざけ笑われる」「バカにされている」などの考えにとらわれることもあり，これによる暴力行為がしばしば見られる（American Psychiatric Association, 2013）。このように妄想的信念を伴う醜形障害の場合には，妄想性障害など精神病性障害との鑑別が問題となる。妄想性障害とは統合失調症スペクトラム障害に含まれる疾患で，恋愛や迫害，身体などに関する妄想が長期間持続するものの，それ以外に精神病症状は認められず社会的な機能は保たれている疾患である。しかし醜形障害の妄想症状の場合には，妄想のテーマが外見に関連する内容に限局され，鏡を見た際など状況依存的であり，概してより短時間の傾向であり（Phillips, 2000），その他の精神病症状は伴わない（American Psychiatric Association, 2013）。こうした点で妄想性障害との区別が可能となる。さらに妄想性障害・身体型では，妄想のテーマが身体的機能に関するが，それは皮膚や口腔，肛門などから悪臭を放っている（自己臭妄想），皮膚や皮下に虫がたかっている（皮膚寄生虫妄想）などの確信であり，醜形障害患者の訴える容姿に関連するこだわりとは異なった内容であり，ピモジド（pimozide）など抗精神病薬の反応性が良好とされている点で醜形障害と鑑別を行う（Manschreck & Khan, 2006）。

　ただし，当初妄想性の醜形障害と診断された患者が，その後，幻聴や多彩な妄想を呈するようになって，統合失調症に合致する病像に変遷したケースも報告されており（Issa, 2010），妄想性の醜形障害の一部は，強迫スペクトラムと統合失調症スペクトラムの重なりに位置している可能性を示唆している。したがって妄想性の醜形障害患者を診療する場合，現病歴や生活歴，家族歴，症状評価などで精神病的特性にも注意しつつ，薬物反応や経過を慎重に観察しながら，個々の中核的病理や病態を多角的に判断する必要があろう。

　なお，妄想性醜形障害と非妄想性醜形障害患者間を比較した場合，前者では醜形障害がより重度で，教育年数が短期間で，自殺企図や薬物依存・乱用が高率で，社会的機能水準や受診に至る割合が低率であったが，醜形障害に関する臨床像やその内容，QOL，他の疾患との併存パターン，家族性，1年後の治

表 2-2-5　醜形障害との鑑別診断

- 強迫性障害
- 摂食障害
- 社交不安障害
- 妄想性障害

療予後などでの差は見られなかった。さらに醜形障害の重症度を調整したところ，教育年数以外の群間差を認めなかったという（Phillips et al., 2010）。これらの知見に基づき，今回の DSM-5 では先に述べた病識の次元的評価が導入され，妄想的な病像を伴うケースも醜形障害の一部として非妄想性のものと連続性にとらえることになった（American Psychiatric Association, 2013）。

摂食障害との鑑別では，自分の容姿に強いこだわりを持つ点は共通しているが，摂食障害患者では体重の増加に対する極端な恐怖とやせ願望が認められる点で醜形障害と鑑別を行う。醜形障害や摂食障害における容姿に対するこだわりについては，単一因子の影響だけで発生するものではないが，メディア文化が影響している点は十分考えられる。特に摂食障害の場合は，スーパーモデルの紹介が摂食障害を助長しているとの批判に対して，フランスのファッション業界がやせすぎた女性はモデルとして起用しないことを発表するなど一定の対策が講じられている。メディア文化による醜形障害の助長に対する影響についても，今後の検討が必要である（表 2-2-5）。

## 7 文化的な側面，対人恐怖症との関連

ここで，醜形障害や社交不安障害との関連で取り上げられることの多い対人恐怖症（Taijin-Kyofu-Sho）について述べたい。代表的な対人恐怖症は，他人との交流場面で極端に緊張したり，自分の容姿や行動が他人に不快感を与えていると考え，他人との交流を避ける疾患である。対人恐怖症は日本で古くから知られた概念であり，本邦を中心に多くの報告が行われ，日本など東アジアの社会的文化的特性と密接に関連する病態と考えられてきた経緯がある。そのため

第2節　醜形障害の鑑別と治療（可視的差異なし）

図 2-2-1　対人恐怖症の分類

DSM-5 では正式な診断病名としては取り上げられていないが，醜形障害や社交不安障害の項で文化に関連した問題として取り上げられ，さらに付録の用語集「苦痛の文化的概念（culture concepts of distress）」の中でも文化症候群として紹介されている（American Psychiatric Association, 2013）。対人恐怖症の概念や分類は研究者により異なるが，DSM-5 では用語集の中で対人交流に関して極度の緊張と不安を持っている sensitive subtype（過敏型）と，他者に不快感を与えることが心配の対象となる offensive subtype（不快型）とを区別している（American Psychiatric Association, 2013; Veale & Matsunaga, 2014）。また本邦の山下は，対人恐怖症を緊張型対人恐怖症（軽症例）と確信型対人恐怖症（重症例）に分類している（山下, 1977）。

　そこで対人恐怖症と社交不安障害や醜形障害との対応を検討すると，社交不安障害患者は，人前での行為や社交場面で患者自身の緊張，萎縮，羞恥の出現が恐怖の主題となっている点で，対人恐怖症の sensitive subtype（過敏型）つまり緊張型対人恐怖症が近いものと考えられる（図 2-2-1）。一方，醜形障害患者は，身体的欠点（疾患）の存在や他人への迷惑などの妄想的確信性を認める場合が多く（朝倉, 2015; Veale & Matsunaga, 2014），対人恐怖症の offensive subtype（不快型）つまり山下の確信型対人恐怖症が近いものと考えられる。このように対人恐怖症の中で，醜形障害は，社交不安障害に近いタイプとは区別されて，DSM-5 において「強迫性障害および関連症群」に含められることとなった。実際，醜形障害と社交不安障害患者双方の臨床像を多角的に比較検討した研究

では，発症年齢や結婚，教育に関する状況，全体的機能水準などに有意な相違が認められている。さらに醜形障害が強迫性障害に，社交不安障害は強迫性障害以外の不安障害に，それぞれより密接に関連するなど，異なった併存パターンを示すことが指摘されている（Kelly, Delrymple, Zimmerman, & Phillips, 2013）。加えて，確信型対人恐怖症患者に対してSSRI（Selective Serotonin Reuptake Inhibitors：選択的セロトニン再取り込み阻害薬）の効果が検証されていることは（Matsunaga, Kiriike, Matsui, Iwasaki, & Stein, 2001），妄想性の醜形障害患者へのSSRIの有効性とも一貫するものと考えられる。一方で，笠原は確信型対人恐怖症患者の中にも社交不安障害に当てはまるケースがあると述べ（笠原, 2005），さらにDSM-5の社交不安障害の診断基準でも「他者への迷惑」を恐れる場合が含まれることとなり，対人恐怖症と社交不安障害は従来に比しより近い位置づけとなっている（朝倉, 2015）。

このように，醜形障害と社交不安障害あるいは対人恐怖症との関係については，いまだ議論の余地があるが，今後臨床場面において，醜形障害患者の診察を行うときには，社交不安障害の併存を確認するとともに，対人恐怖症としての側面を併せて診ていくことは，個々に見合った治療プログラムを検討する際の一助となろう。

## 8 治療（主に薬物療法）

最後に治療（主に薬物療法）について述べたい。精神疾患に対する治療法としては，各種向精神薬の投与を行う薬物療法と，認知行動療法やカウンセリングなどを含む精神療法が主に用いられる。醜形障害に対する治療でも，SSRIを中心とした薬物治療と認知行動療法の組み合わせが推奨されている。薬物治療に主に用いられるのは，SSRIと呼ばれる薬剤で，脳内のシナプス部位でのセロトニンの再吸収を妨げることで，情報伝達物質であるセロトニンを増加させ，不安や抑うつ気分，こだわりを軽減させる薬剤である。最初はうつ病の治療に使われ，その後，パニック障害や強迫性障害，社交不安障害などの治療にも用いられるようになってきた。こうした疾患に対して，現在，日本では4種

### 表 2-2-6　醜形障害治療のポイント

- 薬物治療：SSRI（選択的セロトニン再取り込み阻害薬）の投与を行う
- 精神療法：さまざまな認知行動療法の取り組みが始まっている

類のSSRIが認可され，投与されているが，醜形障害に対する適応はまだ取得されていない。海外では醜形障害に対するSSRIの有効性が報告されており，いくつかのRCT（ランダム化比較試験）において有効性が53〜70％とされている（Phillips, Albertini, & Rasmussen, 2002; Hollander et al., 1999）。さらに，再発予防の観点からはSSRIの長期間投与が望まれること，うつ病治療の際の投与量よりも多くの用量を投与する必要があることなどが報告されている（Phillips & Stein, 2015）。しかしながら，醜形障害に対する薬物治療の標準的なガイドラインなどは作成されておらず，今後，本邦でも醜形障害治療に対するSSRIの適応取得や，SSRIの中での治療効果の比較，難治性の醜形障害患者へ非定型抗精神病薬を追加する増強療法などについての研究が望まれる。

なお，醜形障害への非薬物療法としては認知行動療法の有効性が近年報告されている（Enander et al., 2014）。この中には患者自身が外出できず，医療機関を受診できないケースが多いことからインターネットを活用した遠隔医療の試みも含まれているが（Veale et al., 2014），コントロール群が含まれていないなどの点から，さまざまな取り組みが始まっている段階と考えられる（表2-2-6）。

このように醜形障害に対する，薬物治療や認知行動療法の効果が示されているにもかかわらず，先述したように未成年で発症し，病識が不十分であったり欠如したりする場合に，美容整形外科などで手術を希望するケースも少なくない。一方で，2014年に（ヘルシンキ宣言も採択している）世界医師会から美容治療に対するガイドラインが発表されている（World Medical Association, 2014）。そこでは，未成年者に対する美容目的での治療を実施するべきではないことと，こうした治療を担当するのは十分な知識と経験を積んだ医師に限定すべきであると述べられている。こうしたガイドラインも踏まえつつ，醜形障害に対する治療のいっそうの進展が望まれる。

（松井徳造）

## 第2章　医学的解説

### 注記

*1　身体醜形障害，醜形恐怖，醜形恐怖症などとも呼ばれるが，本節では醜形障害で統一した。

*2　スペクトラム障害について。従来の診断分類は，一つの疾患単位に一つの病名をつけて，さらにその病態は他の病態とははっきり区別が可能で重なり合うことはないという考え方のもとで分類を細分化していくものであった。一方，新しい診断分類では，それぞれの疾患の境界ははっきりしたものではなくて，多くの疾患に共通した思考や行動様式などの症状や経過・治療反応の類似性，バイオマーカーなどに着目して，関連する疾患群を一連のものとして一つにまとめてとらえようとする考え方に基づき，スペクトラム障害という概念が導入されることとなった。

*3　ためこみ症は，生活空間が品物で一杯になって社会生活が障害されているにもかかわらず，実際の品物の価値とは関係なく，所有物を捨てることが困難な疾患。

*4　抜毛症は，皮膚科疾患などがないにもかかわらず，社会生活が障害されるほど，繰り返し体毛を抜きつづける疾患。

*5　皮膚むしり症は，自分の手指やピンセット，針などの道具を用いて，多くの時間を費やして，自分の皮膚をむしったりこすったりする行為によって皮膚病変を引き起こし，社会生活が障害される疾患。

### 引用・参考文献

American Psychiatric Association. (2000). *Diagnostic and statistical manual of mental disorders 4th ed., text revision.* Washington, D.C.: American Psychiatric Association Publishing.

American Psychiatric Association. (2013). *Diagnostic and statistical manual of mental disorders 5th ed.* Arlington, VA: American Psychiatric Association Publishing.

朝倉 聡（2015）．社交不安障害の診断と治療　精神経誌，*117*, 413-430.

Bartz, J. A., & Hollander, E. (2006). Is obsessive-compulsive disorder an anxiety disorder? *Progress in Neuro-Psychopharmacology & Biological Psychiatry, 30*, 338-352.

Enander, J., Ivanov, V. Z., Andersson, E., Mataix-Cols, D., Ljótsson, B., & Rück, C. (2014). Therapist-guided, internet-based cognitive-behavioural therapy for body dysmorphic disorder (BDD-NET): A feasibility study. BMJ Open. 4(9). doi: 10.1136/bmjopen-2014-005923.

Hollander, E., Allen, A., Kwon, J., Aronowitz, B., Schmeidler, J., Wong, C., & Simeon, D. (1999). Clomipramine vs desipramine crossover trial in body dysmorphic disorder: Selective efficacy of a serotonin reuptake inhibitor in imagined ugliness. *Archives of General Psychiatry, 56*, 1033-1039.

Hollander, E., Kim, S., Khanna, S., & Pallanti, S. (2007). Obsessive-compulsive disorder and obsessive-compulsive spectrum disorders; diagnostic and dimensional issues. *CNS Spectrums, 12*(suppl 3), 5-13.

Issa, B. A. (2010). Delusional disorder-somatic type (or body dysmorphic disorder) and schizophrenia; a case report. *African Journal of Psychiatry, 13*, 61-63.

笠原 敏彦（2005）．対人恐怖の外来精神療法——治療のポイント—— 対人恐怖と社交不安障害——診断と治療の指針——（pp. 43-58） 金剛出版

Kelly, M. M., Delrymple, K., Zimmerman, M. A., & Phillips, K. A. (2013). A comparison study of body dysmorphic disorder versus social phobia. *Psychiatry Research, 205*, 109-116.

Manschreck, T. C., & Khan, N. L. (2006). Recent advances in the treatment of delusional disorder. *Canadian Journal of Psychiatry, 51*, 114-119.

松永 寿人（2015）．強迫症の診断概念，そして中核病理に関するパラダイムシフト——神経症，あるいは不安障害から強迫スペクトラムへ—— 不安症研究，*6*，86-99.

Matsunaga, H., Kiriike, N., Matsui, T., Iwasaki, Y., & Stein, D. J. (2001). Taijin kyofusho: A form of social anxiety disorder that responds to serotonin reuptake inhibitors? *International Journal of Neuropsychopharmacology, 4*(3), 231-237.

Morselli, E., & Jerome, L. (2001). Dysmorphophobia and taphephobia: Two hitherto undescribed forms of insanity with fixed ideas. *History of Psychiatry, 12*, 103-107.

Phillips, K. A. (2000). Quality of life for patients with body dysmorphic disorder. *Journal of Nervous and Mental Disease, 188*, 170-175.

Phillips, K. A., & Dufresne, R. G. (2000). Body dysmorphic disorder. A guide for dermatologists and cosmetic surgeons. *American Journal of Clinical Dermatology, 1*, 235-243.

Phillips, K. A., & Stein, D. J. (Eds.) (2015). *Handbook on obsessive compulsive and related disorders*. Arlington, VA: American Psychiatric Association Publishing.

Phillips, K. A., Albertini, R. S., & Rasmussen, S. A. (2002). A randomized placebo-controlled trial of fluoxetine in body dysmorphic disorder. *Archives of General Psychiatry, 59*, 381-388.

Phillips, K. A., Didie, E. R., Feusner, J., & Wilhelm, S. (2008). Body dysmorphic disorder: Treating an underrecognized disorder. *American Journal of Psychiatry, 165*, 1111-1118.

Phillips, K. A., Hart, A. S., Simpson, H. B., & Stein, D. J. (2014). Delusional versus nondelusional body dysmorphic disorder; recommendations for DSM-5. *CNS Spectrums, 19*, 10-20.

Phillips, K. A., Stein, D. J., Rauch, S. L., Hollander, E., Fallon, B. A., Barsky, A., ...Leckman, J. (2010). Should an obsessive-compulsive spectrum grouping of disorders be included in DSM-V? *Depression and Anxiety, 27*, 528-555.

Veale, D., & Matsunaga, H. (2014). Body dysmorphic disorder and olfactory reference disorder:

Proposals for ICD-11. *Revista Brasileira de Psiquiatria, 36*(suppl 1), 14-20.

Veale, D., Anson, M., Miles, S., Pieta, M., Costa, A., & Ellison, N. (2014). Efficacy of cognitive behaviour therapy versus anxiety management for body dysmorphic disorder: A randomised controlled trial. *Psychotherapy and Psychosomatics. 83*(6), 341-353.

World Medical Association. (2014). New guidlines on cosmetic treatment agreed by World Medical Association. Retrieved from file:///C:/Users/harad/Desktop/WMA%20(1).pdf.

山下　格（1977）．対人恐怖　金原出版

# 第3章

# 口唇口蓋裂・頭蓋顎顔面領域での問題と包括的ケア

## 第1節

## 基　　礎

### 1 はじめに

　顔面領域の先天性疾患では口唇口蓋裂（cleft lip and/or palate；以下，CLP）がもっとも発生頻度が高く，約600分の1で出生する。口唇口蓋裂の発生機序とタイプについては医学的解説（第2章）の中で述べられているように，さまざまなタイプと重症度がある。外見の形状以外に，随伴する症状として構音障害，鼻咽腔閉鎖機能不全，耳管機能障害（中耳炎をきたす）など多岐にわたる。そうした合併症への治療を受けるかたわら，状態の本態への手術治療を，場合によっては成人に至るまで複数回受けていくことになる。その経済的・心理的負担は大きく，子にとっても親にとっても試練の連続となる。当然ながら発達の各段階において，特有の心理社会的問題が発生する（Endriga & Kapp-Simon, 1999）。多くの子たちは発達段階に応じた適応を獲得し，重大な心理的問題を回避できるというが，しかし30〜40％に問題が認められ，引きこもり，コンピテンス欠如，反抗，衝動性，認知機能障害などが認められるという。家族破綻という最悪の結果を見ることもあるのは残念である。

　他にも多くの頭蓋顎顔面領域（cranio-maxillo-facial region；以下，CMF）の先天性疾患が存在するが，その頻度はきわめて低く，CLPと比べると約20分の1である。しかし，その程度は軽度からきわめて重度まで多様性が大きく，簡単には述べられない。総じていえば，CMFのほうがCLPよりも重度かつ深刻な場合が多く，なかには他領域の疾患を合併する症候群（syndrome）を呈するものもある。したがって，心理社会的問題についてもCLPと共通する部分は多いものの，CMFの一筋縄ではいかない追加的な部分について述べなければ，先天性疾患における重要なポイントを列挙したことにはならない。本節では

CLPとともに，CMFにおける課題についても解説する（医学的解説の章も参照）。

## 2 出生前診断

　出生前に胎児の状態を検査・診断するもので，胎児超音波スクリーニング検査，血液検査，絨毛検査，羊水検査がある。CLPやCMFについて述べる場合，前者の超音波検査（echography）が問題となる。超音波検査装置の改良は日進月歩であり，胎児の形態について，3次元エコーでより詳細な描出ができるようになってきている。とはいえ，精緻な写真ほどに鮮明な描出が可能でないのも事実で，偽陽性も偽陰性も多く，合併するかもしれない別疾患についてはいまだ不明のことが多く，ここに最初の問題点を生む背景がある。

　一口にCLPとはいっても，その程度にはさまざまな違いが存在する。痕跡唇裂（明らかな裂はないが赤唇縁の不連続性などがある），不全唇裂（裂は下方に存在するが鼻腔側には明らかな裂が存在しない），完全唇裂（鼻腔底まで裂を形成するもの），片側唇裂（裂は左右のどちらかに片寄って存在する），両側唇裂（左右に裂を形成する），口蓋裂（口唇裂を伴わず単独で存在するもの），口唇口蓋裂（口唇裂と合併するもの）と，簡単に分類するだけでも形態上の差異の程度は著しく大きい。これらは超音波検査でどの程度分かるのだろうか？　大まかにいうと，完全唇裂が確認される検出率は高くなってきているが，「なし」と見えてしまう偽陰性率も低くはない（そもそも出生前検査はCLPを対象としているわけではない）。また両側型かどうかの判定は必ずしも精度が高いわけではなく，不全型や痕跡型の診断はより困難である。口蓋裂単独の判定はもっと困難である。さてそうなると，診断結果によっていかなる問題が生じるであろうか？

　口唇裂（cleft lip: CL）があると疑われた場合，完全唇裂が存在する確率は高いが，口蓋裂（cleft palate: CP）については未定である。親には口唇裂とCLPの治療計画の両方が説明されるが，両側型口唇裂の場合も想定しておかねばならない。これらの状態では，それぞれの治療計画に大きな違いがあり，あえて不確定性を含めながらの情報提供となる。それは説明する側にとっても，それを理解せねばならない親側にとっても大きなストレスとなる。多くの不確定要素

を抱えたままの情報で意思疎通せねばならず、理解が難しくなり、ゆえに不安感もさらに増す。親によっては恐怖感すら与えてしまう可能性がある。

いくつかの国では（もしかするとすでに日本でも？）、口唇裂が判明した場合に、人工中絶が行われているようである（Exalto et al., 2009）。母親が妊娠中に受ける不安と恐怖は大きく、妊娠の継続をあきらめる場合の主要な理由として以下が挙げられている——母親としての自己価値の喪失、母親への非難、妊娠を続けるかどうかを決断できない葛藤、不十分な情報による不安感の増大、患児育成の重荷と経済的不安への予想（Hsieh, Chao, & Shiao, 2013）。この問題については多くの複雑な背景と要因が絡んでいるので、簡単にはコメントできない。しかし急務といえることは、こうした衝撃を抱えている親に対して正確な医学的情報と心理社会的支援を提供する体制について検討を開始することだろう（Nelson, Kirk, Caress, & Glenny, 2012）。患児のみならず、親も長期にわたって危機的状況を経験していくため、定期的にアセスメントと心理社会的支援を受けられるようにする必要がある。

逆に口唇裂「なし」とされた場合は、当然ながらその説明はされない。しかし前述したとおり、不全型 CL や単独型 CP が出生する可能性はあり、また確率は低いものの、完全型 CL が出生することもある。出生後の最初の対面で、一番先に目につく外見上の状態は、親にとって大きなインパクトを与える。「生まれるまでは分からない」と思っていたのではなく、「異常がない」と思っていたところに外見上の問題と連続する治療計画を突きつけられた場合、親の側の危機は決して小さくはないだろう。ここに出生前診断時の説明における課題が残されているといえる。

しかしながら先行研究によれば、誕生時に初めて知るよりも、事前に知るほうが良かったという意見が多いという。すべての親が語ることは、最初のショックはあるものの、出生前診断が生まれる子の外見に対して準備することを助けてくれるし、早くから哺乳の困難に対処することができたということである。妊娠中のストレスや不安という不利益よりも、準備を行い、関連する知識を得ることのメリットのほうが大きいと感じていた。Davalbhakta & Hall（2000）によると、85％の親が出生前診断により心理的備えができたと感じており、92％が診断後に情報を得られたことに満足していたという。このストレ

スに満ちた時期を支援するための方法について，医療スタッフたちは包括的ケアの訓練が必要である（Young, O'Riordan, Goldstein, & Robin, 2001）。

　CMFの超音波胎児診断の特徴は，よほど大きな形態的差異がない限り，顔面形態や状態について，出生前に診断することは非常に困難である。最大の理由は，CMF領域の状態は出生時にはあまり目立たず，成長とともに差異が大きくなってくるからである。CMFの代表的状態であるクルーゾン症候群，アペール症候群，トリーチャー・コリンズ症候群においてもそうである。顔面に比べると，四肢の状態のほうが，識別がより容易であるといえる。しかし疾患名まで，つまり合併症の有無やその程度まで検出したり予測したりすることは困難である。形態について，特に顔面について，精度の高い診断を求めるのはいまだ困難である。したがってCMFにおいては，そして少なからずのCLPにおいても，出生後になってから親が深刻な心理社会的問題に向き合わねばならない状況は，大きく改善されているとは決していえないだろう。

## ③ 出生後～幼少期

　出生後，CLPの乳児の診察および親への説明は，その地域で診療を担当している施設のスタッフによって行われる（形成外科，歯科口腔外科や新生児科など）。そこで患児の親は，出生後に新たな不安と恐怖を感じる。哺乳機能が低下している患児に対して，うまく授乳させることができるのかは，最初に直面する問題である。そして，患児が家族の成員や親戚に愛されるのかどうかが不安となる。家族成員や親戚が最初に患児を見たときに，驚きや失望を見せられることには苦痛を感じるし，そうした反応にどのように対処したらいいのかわからないことにも苦痛を感じる。やがて苦しい場面を強迫的に想像するようになり，恐怖感までも感じるようになる。医学的説明だけではなく，心理社会的支援も必要とする親も少なくないだろう。

　患児への愛着（secure attachment）も，はじめのうちは揺れ動いている。ハンディキャップを持つわが子をあまり抱いてやる気になれないかもしれないし，

あまり反応してやらないかもしれない。Barden, Ford, Jensen, & Salyer（1989）は，頭蓋顔面領域に可視的差異を有する患児に対する母親・患児間の相互関係を調べ，正常児の母親に比べて，養育がおろそかになりがちであると述べた。

CMFの場合，頭蓋骨早期癒合症（craniosynostosis）については，形成外科と脳神経外科で説明が開始されることが多い。症候群である場合には合併症が問題となるケースも少なくないため，CLPに比べると，CMFの親のほうが心理社会的に大きな問題を抱える場合が多い。結果的に家族破綻につながることも少なくない。CLPにせよCMFにせよ，両親の離婚率といった問題は，心理社会的支援を考えるうえで必須のエビデンスとなるはずだが，残念ながらそうした統計自体が日本国内に存在しない。希少疾患であり，出生率自体も低下する中，患者レジストリーを全国的またはブロックごとに行うことが望ましいが，現在もその動きはない（そうした明瞭なエビデンスがない中での説明であることをご了承願いたい）。

出生後，早期の説明において見られる傾向について述べる。CLPの親への説明では，多くの方が納得され，将来への不安が減少するようである。なかにはカタルシス作用で泣かれる方もおられる。CLPでは，明確な遺伝性が確認されないケースが多く，親が一番心配していた遺伝性について，つまり「親に責任があるのではないか」という不安と恐怖心について，ある程度払拭できることが理由なのかもしれない。また「完全に治りますか？」という質問が多くの親から出されるが，「完全に何もなくなるわけではない。しかし，……」という説明も冷静に受け止められるようになっていくようで，自分の子の最終イメージが，ある程度は想像できるようになるのだろうと思われる。

親の不安と苦悩を増大させる因子としては，手術回数や治療回数の多さ（耳鼻咽喉科治療，音声言語治療，歯科矯正治療，等）が挙げられる。CLPでは高校生くらいまで治療が続き，日常生活や経済的基盤に犠牲はつきものとなる。夫婦間の意見の対立も大きな要因となり，そうした葛藤から父親もしくは母親が育児から逃げる場合もある。逆に，親の悩みとして「将来，親が不在になったときのこと」を心配するようであれば，困難への対応能力も維持される場合が多

# 第1節 基　　礎

い。

　CMFではCLPと異なり，当初から親がカタルシスにまで至ることは稀なようである。理由は，可能性のある合併症の多さ，それらの深刻度の大きさ，将来の実際に対する予測の不確実性が挙げられる。発達につれて特有の顔面状態が目立ってくる可能性を説明し，場合によっては精神発達障害や呼吸状態悪化の可能性についても説明しなければならない。親としては，理解しなければならない事項が多いだけでなく，説明されるほどに増加してくる不確定性をどのように受け止めたらよいのかわからず，不安と恐怖で思考が停滞してしまうのかもしれない。

　将来への不安では，経済的困窮への不安が特に大きく影響するようである。また，出生時より高度な変形と重度の合併症を持つ場合には，親の治療放棄や育児放棄が起きることも稀ではない。合併症の中では，精神発達遅滞の可能性が深刻に影響する。頭蓋や顔面の形態であれば，手術でその可視的差異の程度を低められるのであれば，親としても頑張る意欲が出てくるものである。しかし軽快が見込めない合併症となると，育児放棄，離婚，子の施設入所という流れになってしまうケースがあるのも事実である。子が生後まもないころ，親はまだ20～30歳代であることが多い。子に症状がはっきりしてくるのは，重度なものを除くと，子が10歳くらいになったころである。それまでの，そしてそれからへの不安が大きくなりすぎ，その心理的葛藤に耐えられず，「今ならやり直せるか?!」という気になることも想像できる。このあたりは，ソーシャルワーカーとともに，臨床心理士による介入の必要性の大きさを感じるところである。

　注意すべきは，深刻な合併症がない場合でも親の心理社会的危機が解消されず，不幸な流れになりうることである。親の危機は，両親間で育成方針の違いといった意見対立が解消されない場合もあれば，もともと親にしっかりとした社会的・経済的基盤のないケースもある。こうした要因が慢性的に親の負担となり続けるので，子が5～10歳になってからの破綻も少なくない。さらに上記の問題に加えて，子の自我の芽生えに耐えられない場合もあろう。うまく危機を乗り越えられる家庭では，祖父母の関与の存在が，影響力の大きい保護因子になっていると考えられるケースが多い。

## 4 児童期

　通常と異なる顔を持つ子が，他の子たちよりも多くの社会的困難を経験するのは想像に難くない。子は小さいころから友人の選択を行い，可視的差異は友人関係の構築にも悪影響を与えうる。Kapp-Simon & McGuire（1997）は，顔に可視的差異を持つ子は，そうでない子よりも社会的アプローチを切り出しにくく，また受け取ることも少ないと報告している。Endriga & Kapp-Simon（1999）は，仲間からの拒絶の可能性を減らすために，患児が社会的引きこもりに陥る可能性を指摘した。Adachi, Kochi, & Yamaguchi（2003）は，可視的差異がないコントロール群の10％と比較して，頭蓋顔面領域に可視的差異を持つ20名の女性の90％が，学校でのからかいに遭ったことを見出した。開鼻声（口蓋裂手術後の子に特有の発音状態）も原因となる。治療には，入院生活を送らねばならないことや手術へのストレスが含まれる。治療への期待が楽観的すぎたという場合もあるだろう。小児や10代の若者の中には，術後の顔が完璧に「正常」になるといった不可能な現実を期待する者もいるだろう。そうであれば，必然的に手術の結果に落胆することになるだろう。

　親の愛着が子の成長に大きく影響するのは当然である。しかしながら親子関係で最悪であると感じられるのは，親が自らを責め続けることである。一種の過保護であるともいえるが，子にしてみれば，「自分が負っている困難に対して，親が自らに責めを負っても，それは有効な理屈になっていない」からである。やりどころのなくなった憤懣は，結果的に自制能力の乏しい発達成長過程をとることが多く，激しい感情や暴力的な攻撃性をコントロールできなくなる場合がある。子の孤独感が，かえって強まってしまうのであろう。

## 5 青年期

　年齢が進むにつれ，後続の治療に関する決定に，本人の関与が増えてくる。本人の意志に任せる親もあり，ある程度以上は手術しないというケースも出て

くる。健全に本人へ意思決定を移譲し，親としては見守るという姿勢の家庭もある。これらには正解といえるやり方はない。逆に，親はやれることをやるものの，子の意思決定の重大局面に対して関与放棄になるケースもある。この場合も，親の経済力が大きく影響している。

　意思決定を行うことに関して困難を経験する若者がいる。特に治療を受けるか否かについての決定や，医療スタッフとの面談で自分の見方を述べることにおいて。そうした若者の見方は，「自分がどのように見えているかに不満はない。今はこれ以上の治療は必要としない」であろう。若者は病院を訪れることを不愉快に感じるかもしれないし，待合室で「見世物」に，診察室で「目に見える標本」になっているという感情から，さらなる困惑を経験するかもしれない。

　手術後の本人の感想はさまざまである。期待以上という自己評価もあれば，未満という場合もある。注意すべきことは，「治療についてはこれで終わり」となったときに，本人の心理状態に大きな変化が生じることである。本人が認知する自己イメージと医師が示しうる理想とのギャップは，満たされない現状というストレスになる一方で，「まだ伸びしろのある自分」という希望になりうるのも事実である。「自分は何を目指す人間になりたいのか？　進学はどうするのか？　どんな職を選択しようとするのか？」。いよいよ自らの意志でさまざまなライフイベントに立ち向かっていくときに，継続する残された治療は妨げにもなりうるし，心の避難所ないしは休息所にもなりうる。多くのCMFはいわゆる多因子遺伝と考えられ，明確な遺伝性が乏しい。しかし，ある種の疾患では遺伝性が強く，本人にもそのことが理解できる状態もある。そうなると「自分の恋愛は？　結婚は？　子作りは？」といった，人生における大問題に行き当たることになる。こうした段階では病院ベースからすでに離れていることがほとんどであり，そうしたことへの心理社会的支援を必要とする場合，どういった資源であればそれが可能となるのだろうか？

　治療計画終了の時期やタイミングは個人差が大きく，まちまちであることを忘れてはいけない。本人の受け止め方はさまざまに変化するため，終了時期は医師の側から一方的に決められない。ここにも心理社会的ケアの必要性を見出すのである。注意すべきは，病院での治療が終了した後も，変形は生涯にわた

る潜在的なストレッサーとして影響することで，持続的に（心的）エネルギーを消耗させる。ライフイベントにおける転機が，所属する社会的なグループを変える場合はなおさらである（例：引っ越し，転校，学校や家庭を去ること，大学生活の始まり，新しい職場，転職，人間関係の始まりや終わりなど）。

## 6 イギリス圏における口唇口蓋裂・頭蓋顎顔面領域の動向

　イギリス圏（United Kingdom: UK）の現在の医療はガイドラインをもとにして行われ，世界的に高い評価を受けている。つまり，ランダム化比較試験によりバイアスのないデータ収集を行い，システマティック・レビューとして評価し，ガイドラインを作成したうえで，施設配置と医療コストまでも含めて治療のあり方を決定している。

　UKの医療システムの原点は，1948年に設立されたNational Health Service（NHS）（https://www.england.nhs.uk/）にあり，税金で運営される医療システムが導入されている。利用者の病状や経済力にかかわらず，治療の必要性に応じて利用することができ，自己負担はほとんど無料である。たとえ在留外国人であっても，認定を受けられればNHSを利用できる。1992年，NHSはコクラン共同計画（Cochrane Collaboration: CC）を開始して，ランダム化比較試験を中心にデータ収集を行い，結果をシステマティック・レビューとして評価した。つまり，エビデンスを基盤としたガイドラインの作成と，それに基づく治療や方針の決定である。1999年にはNHS配下の国立臨床評価機構が設立され，2005年に改組された国立医療技術評価機構（National Institute for Health and Care Excellence: NICE）が，NHSが行う医療（薬剤の使用，治療法，手順），適応（疾患ごとの手技，治療法の適応）を決定してきた。この結果，口唇口蓋裂の治療は多職種チーム医療として行われることが決定された。現在はNHS Cleft Teamsが稼働中で，イギリス全体を9つの地域に分け，それぞれにCleft Teamを構成している。このチームは以下に示す専門家が所属していないと認められない。口唇口蓋裂の患者は，すべてこのチームの病院（チームごとに1つまたは2つの病院が存在）に紹介され治療が行われる。そして，治療結果はアウトカム・デー

タとして NHS に報告される。アイルランドにおいても NHS のデータをもとに，同じようなチーム医療が行われている（https://www.clapa.com/treatment/nhs-cleft-teams/）。特色としては，対象に成人も含むこと，心理社会的支援や遺伝カウンセリングも提供されることである。加えて，当事者組織である CLAPA（Cleft Lip and Palate Association）が支援されており，当事者支援のみならず社会啓発事業にも積極的に取り組んでいることであろう（https://www.clapa.com/about-us/the-clapa-community/）。

## Cleft Team を構成する専門家

- Cleft Surgeon（唇裂口蓋裂外科医）
- Paediatric Anaesthetist（小児麻酔科医）
- Specialist in Paediatric Dentistry（小児歯科専門家）
- Consultant Orthodontist（矯正歯科指導歯科医）
- Specialist Speech and Language Therapist（言語療法専門家）
- Consultant Paediatrician（小児科指導医）
- Consultant ENT (Ear, Nose & Throat) Surgeon and/or Audiological Physician/Paediatric Audiologist（耳鼻咽喉科指導医／聴覚士／小児聴覚士）
- Consultant/Clinical Nurse Specialist（sometimes called a 'Cleft Nurse'）（唇裂口蓋裂専門看護師）
- Clinical Psychologist（臨床心理士）
- Consultant Restorative Dentist（補綴歯科指導歯科医）
- Consultant Clinical Geneticist（臨床遺伝相談専門医）

このようにそれぞれのチームには，口唇口蓋裂に関与する専門家が，治療面・精神面・サポート面などのすべてがカバーされるように集められている。そしてそれぞれの治療や指導は，エビデンスをもとに行われるよう規定されている。筆者が Birmingham Children's Hospital を見学したときには，一人の患者に対してチームメンバーが十分な時間をかけて診察を行い，外科医を中心としたディスカッションが進められ，それまでの治療の結果評価や今後の治療方針が決定されていた。この方法であれば治療方針に偏りが生じにくく，治療レベ

ルの維持と問題発生リスクの減少にも役立つという印象を受けた。

　一方，頭蓋顔面領域の頭蓋骨早期癒合症（craniosynostosis）に対しては，同様の経緯のもと，4つの施設が Craniofacial Unit として指定された（http://craniofacialuk.com/）。すべての患者は，ホームドクターから当該地域の病院へ紹介され，専門的治療を受けることになる。口唇口蓋裂と同様，多職種による高いレベルの治療を受けることができ，家族に対する精神的サポートも行われている。

### 専門病院（specialist hospitals）
- Alder Hey Children's Hospital, リバプール
- Birmingham Children's Hospital, バーミンガム
- Great Ormond Street Hospital for Children, ロンドン
- Oxford Children's Hospital, オックスフォード

　アメリカでは，American Cleft-Palate Craniofacial Association において，ほぼ同様のチーム医療が規定されている（http://acpa-cpf.org/）。日本にもコクラン共同計画の支部があり，ガイドラインの作成がわが国でも進行中である。エビデンスをもとに，心理面・社会面までも考慮した治療計画を立てる場合，外国の結果をそのまま利用するより，アウトカム・データを国ごとに集積して利用するのが妥当である。なぜならば，国ごとに宗教も社会構成も異なり，同じ事象に対しても，治療計画や心理面に対するベストな対応が異なると思われるからである。日本の数多くの施設では，あうんの呼吸でチーム医療が行われている。しかし，明確化されたチーム計画がないと穴が多くなるのは事実で，特に心理社会的支援については手が回らないことが予想される。日本でもランダム化比較試験を中心にデータ収集を行い，結果をシステマティック・レビューとして評価したガイドラインを作成し，それに基づく治療や方針の決定が行われることを期待している。その中で，心理社会的な支援や介入も含めた充実したチーム医療が可能になるだろう。

（今井啓介）

引用・参考文献

Adachi, T., Kochi, S., & Yamaguchi, T. (2003). Characteristics of nonverbal behaviour in patients with cleft lip and palate during interpersonal communication. *Cleft Palate-Craniofacial Journal, 40*, 310-316.

Barden, R. C., Ford, M. E., Jensen, A. G., & Salyer, K. E. (1989). Effects of craniofacial deformity in infancy on the quality of mother-infant interactions. *Child Development, 60*, 819-24.

Davalbhakta, A., & Hall, P. N. (2000). The impact of antenatal diagnosis on the effectiveness and timing of counselling for cleft lip and palate. *British Journal of Plastic Surgery, 53*, 298-301.

Endriga, M. C., & Kapp-Simon, K. A. (1999). Psychological issues in craniofacial care: State of the art. *Cleft Palate-Craniofacial Journal, 36*, 3-11.

Exalto, N., Cohen-Overbeek, T. E., van Adrichem, L. N., Oudesluijs, G. G., Hoogeboom, A. J., & Wildschut, H. I. (2009). Prenatally detected orofacial cleft. *Nederlands Tijdschrift Voor Geneeskunde, 153*, B316.

Hsieh, Y. T., Chao, Y. M., & Shiao, J. S. (2013). A qualitative study of psychosocial factors affecting expecting mothers who choose to continue a cleft lip and/or palate pregnancy to term. *Journal of Nursing Research, 21*(1), 1-9.

Kapp-Simon, K. A., & McGuire, D. (1997). Observed social interaction patterns in adolescents with and without craniofacial conditions. *Cleft Palate-Craniofacial Journal, 34*, 380-384.

Nelson, P. A., Kirk, S. A., Caress, A. L., & Glenny, A. M. (2012). Parents' emotional and social experiences of caring for a child through cleft treatment. *Qualitative Health Research, 22*(3), 346-359.

Young, J. L., O'Riordan, M., Goldstein, J. A., & Robin, N. H. (2001). What information do parents of newborns with cleft lip, palate, or both want to know? *Cleft Palate-Craniofacial Journal, 38*(1), 55-58.

## 第 2 節

# 実　　際

　東北大学病院では諸科共同で唇顎口蓋裂センターが運営されており、その形成外科部門には心理外来も併設されている。

　口唇口蓋裂児とその家族に対する心理社会的支援の重要性は、従来から指摘されている。とりわけ早期からの家族支援は患児の発達基盤となる（Kapp-Simon & Gaither, 2015）。患児を受け入れる準備や家族の協力体制の構築、唇顎口蓋裂発見後早期からの適切かつ迅速な情報提供と医学的・心理学的支援、それらが患児の長期的適応のために必要である。この時期は出生前診断や授乳等の養育方法や通院・入院・手術などで、両親や家族が大きなストレスにさらされる時期でもある。

　しかし本邦における唇裂口蓋裂チーム医療を見ると、いくつかの報告はあるものの、患児や家族に対する体系的な心理社会的支援は、いまだ行われていないのが現状であると思われる。そこで本節では、心理士による心理社会的支援を含めたチーム医療の先例として、東北大学病院唇顎口蓋裂センター心理外来の現状と課題について、運営者の心理士と形成外科医が紹介する。


## 1 東北大学病院唇顎口蓋裂センター設立の経緯

　かつて東北大学では、医科付属病院と歯科付属病院は道を隔てて別々の建物にあり、各病院で独自に治療が行われていた。1981年、歯学部付属病院内に唇顎口蓋裂専門外来である「合同外来」（のちの「顎口腔機能治療部」）が開かれ、それを機に医学部付属病院の症例についても、初診時から全症例が歯科を受診することになった。その後、耳鼻咽喉科や言語聴覚士との連携が計られ、医科

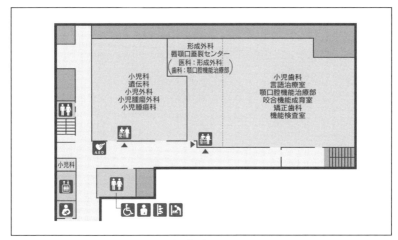

図 3-2-1　唇顎口蓋裂センターの見取り図
出典：東北大学病院ホームページ（http://www.hosp.tohoku.ac.jp/pc/pdf/outline/3F_20170401.pdf）より一部抜粋

と歯科によるチーム医療は一定程度に確立していった。しかし，耳鼻咽喉科外来と形成外科と歯科との合同外来は診療曜日が異なっており，建物も別のため移動に時間がかかるといった問題があった。2010年に医科と歯科の病院統合に伴い，新たな外来棟が建設され，東北大学病院唇顎口蓋裂センターが開設された（図3-2-1）。外来棟新設という機会に合わせ，各科の外来ブースを1ヶ所に集約し，形成外科・顎口腔機能治療部，言語療法室，小児科の診療ブースを隣り合わせに配置し，治療者が自由に移動できるようにした（今井他, 2013）。

　こうしたセンター機能の充実に合わせ，2014年2月から形成外科内に心理外来が設けられた。これまでも複数の心理学研究者が，乳幼児期・思春期・青年期の唇顎口蓋裂患者とその家族についての研究調査を行ったり，医師・歯科医師の依頼に基づいてボランティアで心理面接やリエゾン・コンサルテーションを行ったりしていたが，対象は研究調査への協力に同意した患者と家族に限定されていた。しかし，こうした調査期間中も，多くの患者や家族が関与していたにもかかわらず，心理社会的支援や介入にまで関わることができない患者や家族が存在した。こうした心理士との関わりがない患者や家族の中には，通院が中断するといった治療忌避と思われる事例や，家族関係に問題が生じた事

例など，実に多くの問題が経験されてきた。むしろ研究協力を得られなかった患者や家族の中に，心理社会的支援を必要とする方々が潜在しているとも考えられた。とりわけ外見の問題は，患者・家族ともにその悩みを十分に語りにくいため，面談自体が行われにくいといえる。

そこで心理外来は，上記のような潜在的に心理社会的支援を必要としながらもアプローチできていなかった患児・家族も含めて，丁寧に寄り添い，必要な心理社会的支援のニーズを評価して，実際に支援を行うことを目的として開設された（2011年11月から2017年12月までは，ボランティアで心理士が相談業務に携わっていた。2018年1月からは，保険診療が行われている）。ただし，心理外来は実質1名の心理士による外来であるため，専門性を有する心理士が外来で活動できるのは月2回程度であり，現時点ではさまざまな制限がある。もっとも大きな限界は，患児・家族と関わる時期に関するものである。心理外来では，まず出生前診断から生後1歳半までの時期を対象として，当センター形成外科を受診したすべての唇顎口蓋裂児・家族を受診対象とすることにした。これは，この時期が患児家族にとってもっともストレスフルな時期と考えられるためである。実際この時期には，産科による出生前診断・告知，当センターへの紹介受診，出産，その後の育児における授乳・体重増加の問題，通院・治療の心理的経済的負担，治療展望の獲得などさまざまなイベントが続く。とりわけ多くの患児家族にとって負担が大きいのは，唇裂がある場合に3ヶ月ごろに実施される唇裂初回手術，および口蓋裂がある場合に1歳ごろに実施される口蓋裂初回手術である。当センターでは，手術実施の1ヶ月ほど前に手術前検査を行うとともに，そこで医師や看護師から手術内容と予想される結果，育児上の注意，入院生活などについて丁寧な説明を行うが，1回の説明では不安感がぬぐえない患児家族も少なくない。このため，一連のストレスフルなイベントを経験する患児・家族を支えることを目的として心理外来はスタートしたのである。

このようにして月2回程度から始まった心理外来だが，来談者は増え，現在では，唇顎口蓋裂について1歳半までのみならずそれ以降も来談し，単に治療や育児の問題のみならず，幼児教育における適応やいじめ等の社会的問題についても扱うようになってきている。さらに，唇顎口蓋裂以外の顎顔面部の先天性疾患についても対応を始めている。

## 2 心理外来の支援体制

　心理外来は非常勤心理士1名で運営されている。原則として毎週火曜日であるが，心理士の都合により，それ以上の回数を行う場合がある。心理外来は，センター内の形成外科外来ブースの並びにあるキッズルームに置かれている。室内には面談用のテーブル，椅子，院内イントラネットにつながったパソコンがあり，診察室と同様にカルテ記載や予約ができる。電話も設置してあり，各診療科との連携に用いられている。床は絨毯マットにして，乳幼児が使えるおもちゃを用意して，患児と家族が遊べるようにしている。

### (1) 出生前診断から出生まで

　唇顎口蓋裂患児とその家族には来院当初より心理外来も受診していただくことを目指している。そのため，産科での唇顎口蓋裂の発見後，1ヶ月以内に当センターへの受診を勧めている。そして形成外科初診からできるだけ速やかに（原則として1ヶ月以内に），心理外来も受診していただく。これは母親・家族の不安を，できるだけ速やかに軽減するための工夫である。

　しかし現実には，心理士の勤務日が限定されているため，形成外科医師と看護師による一般的ケアの提供を基本にして，ハイリスク症例と判断された家族のみが心理外来を受診するという状態が続いている。これについては今後の大きな課題である。また，産科（他院を含む）との迅速な連携確立についても課題が残されている。出生前診断と告知を経て，出産後になってから当センターを受診するケースや，出産前でも受診までに時間がかかってしまうケースが散見される。親の抱える心理社会的問題への早期介入（early intervention）という観点からは，産科との連携にはもう少し努力する必要がある。将来的には，全事例において産科（地域産院等）での出生前診断・告知から，1〜2週間以内での紹介受診がなされることを目標としている。なお心理外来受診後に発見された問題事例（産科との連携などの問題）については，形成外科医師より連絡をとるようにして，産科へのフィードバックを行っている。

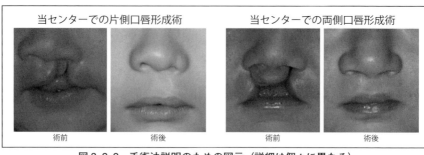

図3-2-2　手術法説明のための図示（詳細は個々に異なる）

　出生前カウンセリングは当センター形成外科で，疾患と治療に関する情報を提供している。発生頻度（約600人に1人），唇顎口蓋裂の症状，治療の方法（チーム医療で包括的ケアを行い，見た目，噛み合わせ，発音を改善し，中耳炎などの予防に努めること）を伝える。加えて，どのような治療経過をたどるのか（いつ，どのように治療をするのか），またどのようなスタッフが関わるのかを説明する。とりわけ唇顎裂や口蓋裂の初回手術は患児家族にとってストレスの大きなイベントになるため，手術の方法や周術期のケアについては，図示や術前後写真を駆使して丁寧に説明している（図3-2-2）。

　心理外来で家族のニーズを把握し（すべきこと・知りたいこと・必要なこと），それによって必要な支援の内容を検討して実施する。加えて，出生前カウンセリングや心理外来を通じて得られた課題を検討し，産科での出生前診断と告知の方法や紹介状態について，当センターより産院へフィードバックを行う。

## (2) 出産から唇裂口蓋裂初回手術までの時期

　育児支援については授乳指導が中心となる。授乳が可能なほ乳瓶についてはセンター受診時から説明し（出生前カウンセリングを受診する場合は出生前に行う），ほ乳瓶併用での授乳を推奨している（図3-2-3）。近年，直接母乳授乳（いわゆる「直母」）を推奨する産院が多いためか，直母をあきらめることに葛藤を感じるケースもある。こうした葛藤へのケアも，心理外来の重要な仕事の一つとなる。さらに，母親の睡眠時間の確保など，育児環境の調整指導も重要にな

図 3-2-3　周術期ケアの説明は具体的を心がける

る場合がある（チェックリストを用いた支援を行っている）。

　さらに治療アドヒアランス（参加）のための支援も行う。これは，家族が治療を理解して受け入れ，継続できるようにするための支援である。医師や看護などの医療スタッフは，丁寧かつ十分な説明を行っている。家族の心理状況によっては，治療や入院などに関する説明について家族の理解が十分に追いついていないケースも見られる。例えば，出生前診断や出産直後では，さまざまな説明がなされても，家族がショック状態にあることも見られ，結果的に十分理解できるとは限らない。そこで心理外来が目指すのは，提供された諸情報の再確認の場とすることである。もちろん，医療スタッフと患児・家族間の信頼を強化させる役割も担っている。その際，たとえ一度聞いたことであっても十分に理解・納得できなければ繰り返し納得いくまで聞いてよいこと，どんなに些細と思えることであっても気になれば聞いてよいこと，などを繰り返し説明する。その中で，何か疑問点が浮かび上がってくれば，医師に対して効果的に質問できるよう，家族と一緒に論点整理を行い，文書化したりする。さらには家族の了解を得て，医師らとの情報共有が円滑に進むよう調整を図ることもする。

　さらに心理外来では，母親や家族成員への心理的問題への解決支援はもちろん，夫婦や家族の人間関係への支援，通院継続のための環境調整への支援も行う。ただし当然のことながら，限られた時間内ですべての患児・家族に，同じ

ように時間をかけて相談を行うことはできない。心理外来ではスクリーニング的支援を実施して，心理面接・アンケート・母子相互作用場面の観察を行うとともに，その結果に基づいて症例会議を行う。ハイリスク群と判定された症例については，より頻回の面接によりケアの密度を上げるようにしている。ハイリスク群の判定基準としては，以下の (1) ～ (3) のポイントを利用している。

### (1) 背景因子の探索（精神科既往歴など）

心理外来初診時，母親や家族成員の生育歴を確認する際，リスク因子について把握するように努めている。

### (2) アンケート

各種アンケートも有効な手立てである。本外来では，患児両親に対して生後5ヶ月までは EPDS（Edinburgh Postnatal Depression Scale）を用いて，生後6ヶ月からは BDI-Ⅱ（Beck Depression Inventory）を実施している。カットオフポイントを越えた両親については「抑うつ症状あり」と判断し，追加の面接を考慮する。

### (3) 母子相互作用の観察

Biringen らによる情緒的利用可能性尺度を使用している。

### (4) センター外施設との連携

地域医療連携支援センターには，当院と地域医療との連携を図るため医療ソーシャルワーカーが勤務している。患児家族の家庭への環境調整が必要と考えられる場合は，患児家族の同意のもと，この地域医療連携センターを介して該当地区へ働きかけ，保健師などによる家庭訪問を要請したり，地域福祉課や児童相談所との連携を図ったりしている。とりわけ DV や虐待が懸念される場合，通院・治療が進まなくなるだけでなく，患児や家族の生命の危険もありうるため，迅速な連携を行う。

## ③ 心理外来での支援実績

心理外来における来談家族数は，2014 年 2 月～2017 年 11 月までで合計 318

表 3-2-1　心理外来を訪れた来談者数（2014年2月～2017年11月）

| 年 | 開設日数 | 来談家族数 | 備考 |
|---|---|---|---|
| 2014年 | 13日 | 19組 | 2014.2.25～ |
| 2015年 | 22日 | 83組 | |
| 2016年 | 23日 | 100組 | |
| 2017年 | 23日 | 116組 | ～2017.11.7 |

組である（表3-2-1）。初診から1歳半までの期間は，原則的に心理外来を受診していただくことにしている。さらにハイリスクと判断された事例については，1歳半より後も継続して受診してもらうため，来談家族数は順次増加している。

## 4 支援提供における課題

　上記期間において心理外来でハイリスク群と判定されたのは全来談家族数の4.7％であった。対象者全員が治療を求めて通院している人々である。それを考慮すると，患児の全出生母集団では，実際はもっと多いのかもしれない。加えて，原則的に全症例にアセスメントを行うよう努力しているが，心理外来が月2回であるため，現状ではどうしてももれてしまうケースがある。判定法についても，今後，さらなる検討を重ねていく必要があろう。
　家族同士の交流は，支援という観点からは重要な資源の一つであり，全国の複数の唇顎口蓋裂治療ユニットでは家族会組織が存在している。しかし当センターでは，あえてこうした試みを誘導していない。その理由の一つは，家族会は家族が主体的に組織運営するものであり，病院側が準備して提供するものではないからである。このため当センターでは，家族同士が主体的に関わり合うことを勧めている。外来では多くが火曜日に来院するので，幅広い年代の多くの患者と家族が同じ待合室で待つことになり，そこに家族同士が関わる機会が生まれる。また入院と手術も，家族同士のつながりができる貴重な機会となる。唇裂初回手術は生後3ヶ月ごろに，口蓋裂初回手術は12ヶ月ごろに行うが，通常病室は4人部屋で家族も付き添うので，結果的に家族同士の会話が生

第3章　口唇口蓋裂・頭蓋顎顔面領域での問題と包括的ケア

図3-2-4　各発達期における唇顎口蓋裂者の自己の意味づけ
出典：松本（2009）をもとに作成

まれ，絆も生まれてくる。こうして実際に家族同士の交流が生まれ，なかには定期的に会いながら情報交換をしている方々もいる。

　家族会の有効性は間違いないが，運営は簡単ではない。唇顎口蓋裂の場合，そもそも裂型の違いがあり，それによって症状や治療過程が大きく異なる。また，たとえ裂型が同じであったとしても，家族構成や家族背景，治療や子育ての考え方などが大きく異なる場合もあり，必ずしもスムーズな情報交換がなされるとは限らない。それは病院が治療の片手間に行うものではなく，より専門的な見地から指導されつつ行われるべきものであると考えられる。長期的視点で考えれば，将来は指導トレーニングを受けた心理士などが，家族会ファシリテーターとしてセルフヘルプグループを運営する可能性はあるのかもしれない。

　前述したように，現時点での支援は対象年齢がごく限定的であり，今後拡大していく必要がある。その際，各発達期の問題に対応した支援は，どのように行えるだろうか？　松本（2009）は，各発達期で唇顎口蓋裂当事者が，どのような自己の意味づけを行うかをまとめている（図3-2-4）。これによって各発達期別の支援のあり方が考えられると思われる。当センターでは現在のところ，乳幼児期の患児と家族にしか心理社会的支援を提供できていない。しかし，そのニーズがその後も続くことは先行研究が示しているとおりである。患児の長

期的適応は，家族環境に依存する。そして家族環境の支援のためには，長期的に患児・家族と関わることができる専門職の存在が必要不可欠である。将来，心理士や専門看護師などが中心となって，体系的かつ長期的に事例管理を行っていく必要性を感じる。

　松本（2008）が指摘したように，青年期以降，患児本人のニーズは個別化かつ多様化する。支援の選択については，患児自らが自律的に行っていくことが考えられる。したがって支援は，徐々に，必要に応じて，患児・家族自身が選択することができるよう備えられているのが理想である。現在の心理社会的支援は，医療職者や心理職者のコントロールによって患児と家族を支える支援である。しかし長期的には，患児・家族自身が主体的にさまざまな支援を利用して，通院や治療をより主体的に決定していくという，医療・心理職者らと対等に相談しながら治療を継続していくことが理想である。

（松本　学，今井啓道，館　正弘）

### 引用・参考文献

今井 啓道・館 正弘・佐藤 顕光・今川 千絵子・五十嵐 薫・中條 哲…幸地 省子 (2013). 口唇・口蓋裂治療：未来へのネットワーク――理想的なチーム医療を目指して――東北大学病院の挑戦　日本口蓋裂学会雑誌, *38*, 35-40.

Kapp-Simon, K., & Gaither, R. (2015). Psychological and behavioral aspects of orofacial clefting. In J. Losee, & R. E. Kirschner, (Eds.) *Comprehensive cleft care* (2nd ed.), Vol. 1. Florida: CRC Press.

松本 学（2008）．Visible Difference にまつわる心理的問題――その発達的理解と支援――心理学研究, *79*(1), 66-76.

松本 学（2009）．口唇裂口蓋裂者の自己の意味づけの特徴　発達心理学研究, *20*(3), 234-242.

第4章

熱傷・外傷領域での問題と包括的ケア

# 第1節

# 基　　礎

　熱傷・外傷領域において，可視的差異が原因となる，あるいは増悪因子となる心理社会的問題の特徴について解説する。なお，本節では重症患者を想定した（入院して集中治療を受け，体表面状に可視的差異を負う程度）。

　第一に注目すべき特徴は，熱傷であれ外傷であれ，事故として突発的に偶発的に生じることである。後日に患者が思考整理する時期に，そうした点が精神的かつ心理的に複雑に影響してくる。詳細は後述するとして，「突発的・偶発的・不可避的に患者となった」ということに注目してほしい。実際に被害者であったかどうかは別にして，この領域の患者は被害者心理に陥りやすく，それに没頭しやすい。

　第二に，生命の危機という重大局面にありながら，体表面に影響を与える熱傷・外傷に対して，いわゆるアピアランス〈外見〉問題の発生を初期から最小限に食い止めることについても，スタッフは意識しておかねばならないことである。回復期や社会復帰にポジティブな影響を与える諸要因も，実は急性期の治療段階から構築の準備が始まっている。しかしながら，こうした多様な技術とケア（精神科的治療，心理的介入療法）を要する患者に対して，単科単独で対応するのは不可能に近い。それゆえに，この分野に限らず医療全般で重要課題とされているのは，問題解決アプローチとしての多職種チームの編成と運営である。

　第三に，急性期（救命センターや集中治療室など）→ 回復期（一般病棟：形成外科，整形外科など）→ リハビリ期（一般病棟や通院治療：各科診療とリハビリテーション）というように，患者は担当部門の移行を経験していく。もちろん各部門間に明瞭な境界があるわけではなく，各スタッフの診療が重複している期間は短

くない。しかしアピアランス〈外見〉問題に関する限り，この重複時期を設けているということだけで，これを多職種チームと呼ぶことには無理がある。今のところどのスタッフも，患者が遭遇していく長期の過程について理解しきれていない。患者は，さまざまな課題を順次経験し，それらを一つ一つクリアしていくことによって社会復帰に近づくことができる。社会復帰の最終段階から逆算するようなケア戦略を，日々の診療現場で用意していければ理想的であるが，そのためのスキルには不慣れと感じているスタッフがほとんどであろう。

熱傷・外傷の患者がたどっていく長期の過程を把握することに努め，その各段階で行いうるケアについて触れる。この点については熱傷であっても外傷であっても大部分は共通しているが，アピアランス〈外見〉問題として侵襲度がより大きな熱傷について説明する。幸い，熱傷については多くを語ったドキュメンタリーがあるため，それを要約して紹介し（Partridge, 1990），筆者の私見も随所に付加する。

## 1 精神科的症状表現

アピアランス〈外見〉問題の有無にかかわらず，患者が遭遇しうる精神的問題についてごく簡単に触れる。

- 急性ストレス障害（acute stress disorder: ASD）：心的外傷から4週間以内に発症し，4週間以内に消失する（それ以上にわたる場合はPTSDと診断）。再体験症状，陰性気分，解離症状，回避症状，過覚醒症状を呈する。
- 心的外傷後ストレス障害（post-traumatic stress disorder: PTSD）：再体験症状，回避症状，過覚醒症状を主徴として，1ヶ月以上持続する。
- 適応障害（adjustment disorder: AD）：特定の状況のもとで気分や行動に症状が現れ，社会的機能が著しく障害される状態である。情緒面では不安，抑うつ気分，怒り，焦り，緊張などの症状がある。行動面では社会的引きこもりのほか，喧嘩，無断欠席，危険運転，暴飲暴食など，攻撃的行動が見られることもある。

ADは必ずしも心的外傷によらないが，心的外傷の大きい患者においては，ASD → PTSD → AD という経過をとることが多い。

上記の状態を「非適応的」という視点で見ると，興味深い点に気づく。ASDは主として急性期（例：集中治療室）における非適応的状態を表しており，PTSDは回復期（一般病棟〜退院，自宅療養）における非適応的状態を表しており，ADは社会復帰期での非適応的状態を表している。つまり，観察者の視点から患者の症状を表現したものでもあることは興味深い。

アピアランス〈外見〉問題への支援や介入を考えるとき，その心的外傷を構成している諸要素について，それぞれの相互的ダイナミクスについて考察することが必要となる。しかしながら，心的外傷とはそもそも何を指しているのであろうか？　「生命や存在の危機に遭遇する経験」とよく表現される。危機が去った後にも影響を与え続ける経験とは，どのようなものであろうか？　それに対する答えは曖昧なままである。その要因は多種多様であろうが，筆者は，比較的大きな影響力を持つ要因はアピアランス〈外見〉問題であると考えている。アピアランス〈外見〉問題自体は生命に影響しないかもしれない。しかし，その重大な特徴として，「他の諸要因を巻き込みやすい」という性質を指摘することができる。例えば，外見にハンディキャップを負ったとする。これまでの対人関係は維持できるだろうか？（つまり，復職はできるのか？）　新しい人間関係は構築できるのだろうか？（つまり，人生の新しいチャンスをものにしていくことはできるのだろうか？）　親しい友人やパートナーは大丈夫なのだろうか？（つまり，疎外感と羞恥心と屈辱感に満ちた生活に甘んじるようになるのか？）収入が減り，後続の治療が重荷となり，経済的に破綻はしないのか？　アピアランス〈外見〉問題とは，こうした苦悩を引き寄せる，ネガティブな磁石のような問題なのである。

この複雑に絡んだヒモを解きほぐしていくのが本節の目的である。読者はその過程で，精神科的症状表現との関連性についても，何らかの洞察を持たれるかもしれない。

## 2 熱傷患者がたどる長期の過程

　チェンジング・フェイス（Changing Faces）とジェームズ・パートリッジ（James Partridge）大英帝国四等勲爵士（OBE）について簡単に説明する。パートリッジ氏の著作『チェンジング・フェイス（*Changing Faces*）』は，アピアランス〈外見〉問題の学術的発展において記念碑的著作となった。彼自身が18歳のときに重症熱傷を負い，長期の闘病と社会復帰への模索過程を経験した。本書はそのドキュメンタリーであるが，その中で患者の心理，あるべきケア，患者が身につけるべきコーピング技術について述べている。それまであまり知られていなかった（語られもせず，傾聴もされず）アピアランス〈外見〉問題について核心的な部分を表現しており，彼の社会復帰方略については学術組織（心理学，医学，看護学，リハビリテーション医学など）がまとめ上げるべきものを，かなりの部分で先取りしていた。その後，彼は著書と同名の支援団体を立ち上げたが，この組織は国家支援の慈善団体で，国の予算支援とチャリティによって運営されている。当事者や関係者への情報提供，スキルの講習会，個別支援，学際的組織との協力（研究フィールドの提供）を行ってきた（https://www.changingfaces.org.uk/）。その結果，多くの業績が生まれた（例えば，Lansdown, Rumsey, Bradbury, Carr, & Partridge, 1997; Rumsey & Harcourt, 2005; 2014; Clarke, Thompson, Jenkinson, Rumsey, & Newell, 2014）。現在はそれらを要約した実践的な支援者養成プロジェクトが，フェイス・バリュー・プロジェクト（Face Value Project）（http://www.facevalue.cc/）として結実した。EU支援のもと，複数の大学や病院の参加でEU諸国への普及が始まっている。2017年，65歳になったパートリッジ氏は国家慈善団体の総裁を勇退し，現在は全世界に向けて普及のための国際協力事業を展開し始めている。

（a）最初に顔を見るとき

　最初に自分の変わってしまった顔や姿を見るときはショックが大きい。ショックを受けること自体は不可避であるため，その程度を最小限にすること

が必要である。理由は，最初のショックの程度が，その後の精神的心理的経過に大きな影響を与えるからである。つまりショックが小さいと，悲嘆の時期も短くなり，社会復帰への取り組みを早期に始められ，またその意欲も高めやすい。しかしショックが大きいと，さまざまな精神心理症状を引き起こすことが多くなり，その後の立ち直りも遅れてしまう。社会的引きこもりといった適応障害へ移行しやすく，自殺念慮や自殺企図といった状況にもなりうる。

　顔を見る時期の決定は，患者の気質や病状によってさまざまである。一般的にいうと，気質の点でも心の強さという点でも，特に脆弱な人でなければ，早めの時期が望ましい。長引くほどに多くの希望や疑念を抱え込むようになり，それらが裏切られたと感じると，かえってショックが大きくなるからである。逆に先延ばしにしたほうがよいと思われる人は，前述のように脆弱性が危惧される人である。もともとの性格や気質に関する情報をもとに推測するが，ポイントとなるのは，「その人が自己概念の中において，どれくらいの重要性を外見に置いていたか」である。普段，気丈に振る舞っていた人であっても，外見への劣等感や虚栄心から気丈に振る舞っていたような人は，外見へのスティグマ（劣等感や羞恥心や落胆）を持つことによって，自己概念が崩壊してしまう可能性がある。しかし，そうした患者に対して，どれくらい先延ばしにすればよいかの研究報告はない。おそらく，社会復帰の過程を何度も説明し，理解が進んでからがよいのではないかと思われる。こうした心の準備がないままに，外見問題への脆弱性の高い人が，独りで真実を知ると，何らかの精神心理症状に陥る危険性が高いだろう。あるいは後述する「決意」「ストイック」の段階から先に進めず，「完全に手術でよくなるまで家からは出ない」などという思いに執着するかもしれない。独りで顔を見るのは勧められず，本人が信頼できる人物（家族，親友，医療スタッフの誰か）が同席するようにする。この段階で有効な介入ができるわけではないが，自分の苦悩の理解者が最初の段階からいるという事実は，その後のさまざまな局面で，感情の安定に寄与するだろう。

　最初に顔を見たときに感じる感情（情動）を列挙する。患者の表現は多様だが，その根底には共通部分が多い。

- 怒り：いろいろなことに理由をつけては猛烈に腹が立ち，スタッフにも暴言を吐いたり，治療拒否したりする。
- みじめさ：自分が人生を失ってしまった哀れな存在であると感じる。
- 敗北感：自棄になると，何事にも意欲がなくなってしまう。
- 嫌悪：自分の顔が嫌いになるが，他人に見せることも嫌になる。
- 客体視：顔を治療対象物として，自分の主観とは切り離そうとする。
- ごまかし：治療で完全に良くなると信じ込もうとする。
- 決意：どんな障害が待っているかわからないのに，とにかく戦い続けるという決意を持つ。
- ストイック：感情が出るのを抑え込もうとする。

　この時期の感情反応は多彩で変動が大きく，スタッフはその対応にとかく振り回されがちになる。しかし根底にあるものに気づくと，理解と受け止めがしやすいだろう。
　人は誰でも外見にそこそこの重要性を置いている。それを失ったと思うと「悲しくて苦しくなる」のである。苦しいから怒ったり，感覚を鈍麻させたり，感情を固定しようとしたり，落ちた存在になってしまったことを回避行動や決意で認めないようにするのである。そして，この時期から先へ進むことができないのは，それは社会復帰へ向けた一般的過程をまだ理解していないからである。まだ第一歩すら踏み出していないことに，気づいていないからである。
　この時期の感情反応に対して，即効性のある介入はない。大切なことは，スタッフに対する信頼を築く時期と考えることで，患者の感情の揺れはなるべく受け止めるようにする。信頼が高まるに従い，これからの長い過程の話もできるようになる（おそらく自然に）。最初の話は，決まって事故の原因についてである。事故について話せるようになることが重要で，そこから自分の状況に対してカタルシスが起こってくれば，前向きに取り組んでいこうとする気持ちへとつながっていく。この時期にこうした良い経過を得られなければ，前述のようなASDやPTSDといった症状に陥りやすくなるのだろうと感じている。

## (b) 面会ができるようになったら

　家族や友人はもっとも期待できる支援者である。しかしその役割を期待するうえで，いくつかの注意点がある。患者は以下のような感情の中にあるため，家族や友人とその特徴に注意しながら，患者への接触の仕方を打ち合わせしておく必要がある。

- 献身：無私の献身をすべきであると考えがちである。しかし，患者の自己欺瞞や真実を覆い隠すという傾向を助長してしまうことがある。支援はするが，過度の保護には注意するべきことを説明する。
- 哀れみと同情：患者への共感になっていればよいが，やはり患者の自己悲哀的な態度を助長してしまうことがある。また，家族や友人も，疲労してくる原因となりうる。
- 回避：家族や友人が，どのように対応したらいいかわかっていないときには，回避行動をとりがちである。「今，何を目標にして協力することができるか」などを話題にするとよい。
- 拒絶：この原因は多様である。事故前からの潜在的な問題が，事故をきっかけに表出してきた場合もありうる。苦悩が大きな家族には，時に専門のカウンセリングが必要である。残念ながら，家族や友人関係の破綻という転帰をとる場合もありうる。

　家族と友人も心理的危機状態に陥る危険があるが，実はスタッフも同様の状況の中で苦しむことがあり，職場でのメンタルヘルスは，熱傷センターや救命センターでは特に注意が必要である（Kornhaber & Wilson, 2011）。

　ピアカウンセリングの有効性は高い。同じ境遇で前向きに闘病している人を見ると，生きようとする心の活力が湧いてくる。しかし，外見に重要性を置いている人には，他者の可視的差異に対して嫌悪感を先に感じてしまうので，時期としては遅らせるか，むしろやめたほうがよいだろう（Biehler, 1981; Davis, Gorgens, Shriberg, Godleski, & Meyer, 2014）。

## (c) 回復期に際して

　前向きになりつつある患者にも心理的支援は重要である (Summers, 1991)。しかしながら，いろいろと考えられる支援のうち，何が重要であろうか？　まずは，言葉の理解から始まると考えている。患者にとって治療スタッフとの関係は重要である。しかし内容のある会話ができるためには，大きな障害が横たわっている。それは学術用語の理解である。現在は説明に気を遣ってくれる施設も増えてきて，患者に理解しやすくするための冊子やビデオを作っているところもある。後述することでもあるが，患者の意欲を向上させるには，自己コントロール感や自己効力感を向上させることが必須である。理解できない言葉，日々の処置の際の患者に向けられていない難解な言葉の氾濫は，それだけで患者の自己効力感も自信も参加意欲もそいでしまう。しかも熱傷の処置は猛烈に痛い。初期はペインコントロールで疼痛管理もするが，時期が進むにつれ熱傷面積が縮小していくと，徐々にコントロール・レベルも下げていく場合が多い。痛み，自己効力感のなさ，治療参加意欲の低さ，長期的過程に対する理解不足，こうしたことが相まって，新たなストレスが形成されていく。

　事故の瞬間のことを明瞭に記憶している患者は，実はそう多くはない。後になってから明瞭に覚えているのは，痛みと感情のやり場のない空虚で退屈な闘病生活であることが多い。そうした中，日々の情報交換がスタッフとできるようになることは，患者の自己効力感を育むうえで重要である。コントロール感も増し，治療への参加意欲も増してくる。手術について理解することも重要である。長期の闘病の場合，どこまでやることが自分にとって合理的かについて，自問して考えることが重要である。これにより社会復帰の時期も変わるし，何よりもコントロール感や自己効力感が高められる。この前向きになる気持ちの効果は非常に大きく，社会復帰をより容易なものにする。医師，看護師，精神科医，臨床心理士は支援介入ができる立場にある。どのような方法を用いようとも，それを可能にするための前提段階は，言葉の問題を埋める努力から始まることを忘れてはならない。

　支援が可能なスタッフは医師，看護師，精神科医，臨床心理士だけではない。リハビリテーションスタッフも特に重要で，理学療法士は治療への意欲を

支える基本的体力作りをするし，作業療法士は意欲を維持していくための集中力を育む。ソーシャルワーカーは退院後の生活に向けて，特別な計らいをしてくれる。欧米では病院内でカモフラージュメイクを指導してくれる施設が多いが，日本では民間に頼るほかないのが実情である。

## (d) 通院しながらの支援と介入（日本では今後の課題）

　重症になればなるほど修正の手術が何度も必要になるため，退院したら終わりとはいかない。退院して自分の地域に戻って生活しながら，短期の入退院を繰り返すことになる。主として病院外での支援可能な資源について解説する。病院内スタッフには直接関係しないかもしれないが，患者が社会復帰という一貫した過程を続けるためには，医療スタッフであっても病院外のことを理解しておく必要があるし，適切な引き継ぎも期待されよう。ただし残念なことだが，日本では病院外からコミュニティベースに至る医療福祉機関で，アピアランス〈外見〉問題への理解やケアができるところは今のところない。公共サービスとして導入しようという機運もまだない（がん領域のアピアランス〈外見〉問題は国策にも入れられたため，今後はケア対応する病院や地域が増えてくるであろう）。イギリスはこの点では先進国であり，先に述べたようなアピアランス〈外見〉問題の全体を扱う自助グループ（例：チェンジング・フェイス）もあれば，状態に固有の問題への解決を重視して，状態別の自助グループも多数存在する。以下では，こうした組織が行っている支援介入活動を紹介する。

　おおむね問題が起こるのは，初対面の人と遭遇するような社会的状況である。対処するための振る舞い方を身につけていないと，不安感が強まり，回避行動をとりがちとなる。つまり，「人目につく状態を見た他者が，ネガティブな反応示す」ことが予想され，それが頭を占めるようになってしまうと不安感が強まるため，そうした場所へは出かけないようにすることが定着してしまう。あるいはメイクや衣服で隠せるとしても，常に隠し続けなくてはならなくなり，いつか見つかってしまうのではないかという新たな恐怖を抱え込むようになる。それらが高じて抑うつ状態に発展すると，よりいっそう社会生活が困

## 第1節 基　礎

難になる。

　多くの患者は自分なりの対処法を見つけ出して適応していく。おそらく病院などで配布される冊子や，ネットからの情報で，大方のことに対処できるようになるのであろう。良好な社会適応を獲得できる人は，リジリエンスの高い人と呼ばれる。そうした人の特徴を分析し，脆弱性の高い人にも応用しようという試みも見られる。しかしながら，患者は気質も違えば社会的背景も違う。将来，適応マニュアルのようなものへの期待は高まるものの，それが強要されるようなことになってしまっては，困るケースも出てくることだろう。

　うまく適応できずにいる人たちを対象にして，コーピング方略指導がなされる。社会的状況の中で考えられるような状況を想定し，そのときはどのように発言するのか，振る舞うのか，事前に検討して身につけておくのである。社会的スキルの習得である。対人関係上の困難はSCARED症候群と表現されている。これは「脅かされた」という意味で，可視的差異を持つ人に遭遇した人が，反応として示しやすいものを表している。

- Staring（凝視）：他人が視線を固定してくる場合。
- Curiosity（好奇心）：他人が好奇心を持って近づいてくるような場合。
- Anguish（苦悩）：相手の同情心や傷心が強すぎる場合。
- Recoil（後ずさり）：相手が接触を回避してくる場合。
- Embarrassment（当惑）：相手が当惑して，立ちすくんでしまうような場合。
- Dread（恐怖）：相手が恐怖と警戒心を持ってしまう場合。

　患者は好奇心を持たれていると感じ，嫌なことを言われるのではないか，話したくもないことを聞いてくるのではないかと不安，不快，恐怖を覚える（そうした経験が過去にあるからである）。しかし，実際には他人にそんな意図はないことが多い。凝視については，話しかけるときにアイコンタクトをとるのが普通なので，むしろ会話の始まりには必要な表情である。他人の好奇心にしても，深く興味を持っているわけではないので，簡単な答えを返すだけで相手は満足することが多い。むしろそれがきっかけで好意的な人物として評価され，会話や協力関係が弾んでいくことも多い。苦悩や当惑や恐怖に対しては，何

か一緒にできることはないかと相談するなどで，相手は安心して応答してくれる。後ずさり（回避）には良い対処法がない。自尊心と自信に満ちた態度で，中身は普通の人間であるということを示す以外にはない。総じて言うと，初対面の他者とはポジティブな態度で出会い，場をコントロールするようにするのがよい。自己効力感も高まり，ますます対人関係に対する積極性が高まっていく（西洋文化圏ではそうだが，非言語的要素が多い日本文化では逆効果になる場合もありうる）。

　子供たちは残酷な存在でもある。自分の状態が，子どもたちが群れているその場に適さないと判断すれば，割り切って避けるようにするのが無難である（あえて回避行動を優先させる）。しかし，子どもたちは先入観が少ない分，うまく話せるようになれば，その子の成長に寄与することにもなる。

　以上のようなことを個別にプログラムして，徐々に社会への露出を増やしていき，最終的に社会復帰に至らせる技術が認知行動療法である（Clarke et al., 2014, Seehausen et al., 2015）。街に出かけるには，最初から独りで行くのは困難であろう。簡単なことから始めるようにする。隠すツールを利用してもよいが，依存しすぎると，かえって恐怖心が強化されてしまうので注意が必要である（気づかれるのではないかという恐怖，隠すべきものを持っているという心理的ストレス）。

## (e) 最初の一歩は？

　アメリカ熱傷学会のホームページでは，「熱傷フェニックスの会（Phoenix Society for Burn Survivors）」（https://www.phoenix-society.org/）へリンクしている。イギリス熱傷学会のホームページでも，さまざまなサービス機関や団体へリンクしている。そのリンク先では，おおむね前述したようなサービスを基本に，多彩な患者支援活動を行っている。

　さまざまな情報ソースやセルフヘルプ教材を活用していく時代は目の前まで来ているが，それと同等に重要なことがある。患者に対してもっとも初期に影響を与え，その後の経過の良し悪しにも影響を与える急性期医療のスタッフの

立場は，非常に重要である。仮に，そこで明確な立ち直りが患者に見られなかったとしても，急性期を過ぎた患者の立ち直りについて，その良し悪しを左右する早期介入（early intervention）を行う立場にあるからである。長期的な心理社会的適応に関するアウトカムを，急性期の現場にもフィードバックするシステムがあれば，新たな発想のもとでの急性期治療法やケアの開発につながっていくことは間違いない。

（原田輝一）

**引用・参考文献**

Biehler, M. A. (1981). A self help group for burn victims. *Canadian Journal of Occupational Therapy, 48*(5), 221-222.

Clarke, A., Thompson, A. R., Jenkinson, E., Rumsey, N., & Newell, R. (2014). *CBT for appearance anxiety: Psychosocial interventions for anxiety due to visible difference*. Oxford, UK: Willy-Blackwell.
（クラーク，A. トンプソン，A. R. ジェンキンソン，E. ラムゼイ，N. & ニューウェル，R. 原田 輝一・真覚 健（訳）アピアランス〈外見〉不安への認知行動療法（仮） 2018年出版予定，福村出版）

Davis, T., Gorgens, K., Shriberg, J., Godleski, M., & Meyer, L. (2014). Making meaning in a burn peer support group: Qualitative analysis of attendee interviews. *Journal of Burn Care & Research 35*(5), 416-425.

Kornhaber, R. A., & Wilson, A. (2011). Psychosocial needs of burns nurses: A descriptive phenomenological inquiry. *Journal of Burn Care & Research, 32*(2), 286-293.

Lansdown, R., Rumsey, N., Bradbury, E., Carr, T., & Partridge, J. (Eds.) (1997). *Visibly different: Coping with disfigurement*. Oxford, UK: Butterworth-Heinemann.

Partridge, J. (1990). *Changing faces: The challenge of facial disfigurement*. London, UK: Penguin.
（パートリッジ，J. 原田 輝一（訳）（2013）．もっと出会いを素晴らしく——チェンジング・フェイスによる外見問題の克服—— 春恒社）

Rumsey, N., & Harcourt, D. (2005). *The psychology of appearance*. Berkshire, UK: Open University Press, McGrow-Hill Education.
（ラムゼイ，N. & ハーコート，D. 原田 輝一・真覚 健（訳）（2017）．アピアランス〈外見〉の心理学——可視的差異に対する心理社会的理解とケア—— 福村出版）

Rumsey, N., & Harcourt, D. (Eds.) (2014). *The Oxford handbook of the psychology of appearance*.

(Oxford Library of Psychology) Oxford, UK: Oxford University Press.

Seehausen, A., Ripper, S., Germann, G., Hartmann, B., Wind, G., & Renneberg, B. (2015). Efficacy of a burn-specific cognitive-behavioral group training. *Burns, 41*(2), 308-316.

Summers, T. M. (1991). Psychosocial support of the burned patient. *Critical Care Nursing Clinics of North America, 3*(2), 237-244.

第 2 節

# 実　　際
## （急性期を中心に）

　救命救急センターを経由する患者のうち，アピアランス〈外見〉問題が発生するケースのほとんどは後天性の傷害によるもので，熱傷や交通外傷が多い。また，救命救急センターは急性期担当のため患者の在院日数は短く，そのため心理的な支援・介入まで施行する機会は少ない。しかし，体表面積80％を超えるような超広範囲熱傷では在院日数が300日を超えることもあり，アピアランス〈外見〉問題も検討対象となる場合がある。本節では杏林大学医学部付属病院高度救命救急センターにおける超広範囲熱傷患者へのケアの経験を踏まえて，救命救急センターにおけるアピアランス〈外見〉問題への早期介入の試みについて述べる。

## 1 熱傷の心理的適応段階

　熱傷患者における心理的適応段階については，次の4段階に分割して考えるのが合理的である（Mendelsohn, 1983）。

**第1段階（生理期）**
　重症熱傷患者では血管透過性亢進による全身性浮腫や気道熱傷の合併，そして急性期でのデブリードマンおよび植皮手術のため，受傷後まもなく，入院直後より人工呼吸器管理が必要となる。また熱傷部位が広範囲であればあるほど手術が複数回かつ長期間にわたるため，気管切開を施行し，人工呼吸器管理を長期間継続することが多い。人工呼吸器管理もしくは気管切開チューブで管理されている状態では，うなずくことなどで意思の疎通は可能である。しかし，

熱傷による全身的侵襲，激しい痛み，鎮静・鎮痛薬など薬剤の効果で，せん妄状態（意識混濁，幻覚，錯覚など）にあることが多い。

**第2段階（心理期）**

　熱傷ショック期に引き続く利尿期が終わり（受傷後数日），呼吸・循環動態が安定すれば人工呼吸器から離脱でき，会話が可能となる。受傷後1週間前後ですべての焼痂組織を切除できれば全身状態は安定化し，生命の危険はいったん減少する。しかし，熱傷部位が広範囲であればあるほど創部への感染リスクは高く，またその他にも血栓症などの合併症に対応していかなければならない。この時期においては手術や合併症による侵襲，連日のガーゼ交換，リハビリテーションなど，苦痛を伴う治療を受ける一方で，身体的な喪失という現実に直面することで，不安，抑うつ，退行，否認や怒りが生じる。また，周術期やガーゼ交換時の鎮静・鎮痛薬の使用，全身の侵襲に伴い，せん妄状態が発症することがしばしばある。

**第3段階（回復期）**

　創部はほぼ治癒し，機能回復のためのリハビリテーションが中心となる。機能回復目的の手術を追加的に行うこともある。この時期には救命センターから一般病棟へ移っていることがほとんどで，精神保健福祉士（PSW）介入のもと福祉支援の導入を進めながら，退院後の生活への準備が始まっている。

**第4段階（社会期）**

　病院という保護的な環境を離れて社会復帰を目指し，機能障害やアピアランス〈外見〉問題などに対処しなければならない。外来通院しながら医療は継続し，主として瘢痕拘縮による機能障害に対して，状態に応じて手術が行われる。4段階の中ではもっとも長期間を要することが多い。

## 2 早期介入の必要性

　社会期というもっとも長い期間で，熱傷によって突然変わってしまった外見に，患者は向き合い，取り組んでいかねばならない。時間の経過とともに，変わってしまった外見に対する適応が順調に進むとは思わないことが重要で，悪化したり軽減したりする不安定な状態が続くと見るほうがより適切である（山下・手島・原田・真覚, 2008）。顔のアピアランス〈外見〉問題は，受傷後の年数によって心理的影響に違いが認められ，受傷から11〜13年経過した対象者の自尊感情がもっとも低かったという（Bowden, Feller, Tholen, Davidson, & James, 1980）。退院前の患者に自分の外見に関して尋ねると，「受け入れるしかない」と一定の適応は得られていることが多い。しかしその一方で，「病院内であれば，治療のために入院しているのであると周囲から理解され，人の目はそこまで気にならなかった」と話し，病院を離れて世間の目にさらされることに対する不安を抱えている患者がほとんどであることがわかる。

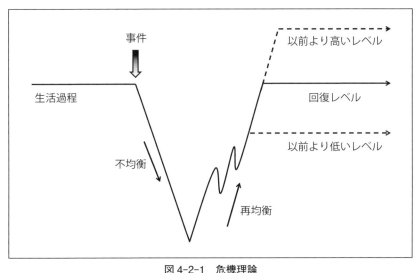

図4-2-1　危機理論
出典：Boss（2002）より編集

社会期の長さを考えると，たとえ超広範囲熱傷であっても，救命センターでの入院期間は短期間であるといえる。その短期間のうちに，もっとも効果的に支援していくための方法を考えるうえで，危機理論は多くの示唆を与えてくれる。危機理論はキャプラン（Caplan, G.）の予防精神医学が礎となっている（山勢・山勢・立野, 2011）。危機に直面すると不安，抑うつ，悲しみなど特有の反応を示すが，精神障害時の反応とは基本的に異なると認識することが大切である。危機的状況は一定の諸段階を追って回復していくが，低いレベルの回復に限定されてしまうと，その後の適応にも悪影響を及ぼすと考えられる。逆に，適切なサポートを行うことにより，以前よりむしろ高いレベルに回復することもある（図4-2-1）。危機的状況から回復していく過程では，過去の生活過程やパーソナリティよりも，現在の状況において得られる社会的支援のほうが，はるかに強い影響力を持っているとされる（小松, 1993）。

### ③ 実際の介入

集中治療室には鏡を置いていない。熱傷受傷初期から，本人に対して不安を与える必要はないし，初期の治療適応を高めるには，疼痛コントロールを含めた全身管理が最重要であると考えている。小児熱傷患者のモルヒネ使用は，PTSDの2次予防に有用であるとする報告があり（Saxe et al., 2001），受傷後の痛みが入院1年後のPTSD発症リスクの増加と有意に相関し，痛みの軽減がPTSDの発症を防ぎうるとされ（Zatzick & Galea, 2007），疼痛コントロールがその後の治療予後に影響するという報告は多い。

アピアランス〈外見〉問題への介入は，本人に対してではなく，初期は家族が対象となる。後日の患者インタビューで，「見た目が変わってしまって，家族をびっくりさせてしまったと思う」と語ることからも，家族が受けるショックのほうを危惧していることがわかる。家族のキーパーソンには，皮膚の構造から手術方法まで詳しく説明し，手術を行うたびに写真を用いて説明している。また手術後に全身状態が落ち着いたら，スタッフと家族が一緒にガーゼ交換を練習し，家族が少しずつ受け入れることができるような方法を常に考えて

いる。家族には，患者を気遣う気持ちはあるものの，患者の心身に対してどのように対処していいのかがわからないので，徐々に受容を高めていき，具体的なことを指導するように努めている。患者の家族が子どもの場合はさらに配慮が必要であり，家族が面会するタイミングをキーパーソン，看護師，医師とで話し合って決めている。

　ガーゼなどの被覆材の交換は患者の体温を下げてしまうため，初期には多人数で行い，なるべく短時間で終わらせる必要がある。疼痛コントロールのため鎮静下で行っているが，羞恥心への配慮でもある。意識下で行う場合は最低限の人数で行い，ガーゼや包帯の交換は，患者とのコミュニケーションをとりながら，少しずつ取るようしたほうがよい。

　ほとんどの患者が，もっとも気になるのは顔であると話す。本人に顔を見せる時期については医療者間でもしばしば議論になるが，あまり先延ばしにしないほうがよいのではないかと考えている。病室には鏡を置かないように工夫しているが，病室のテレビや持ち込んでいるタブレットなどに映り込む自分の姿を見るため，どのくらいの怪我かを最初に想像するのだという。それでも鏡で自らの顔を見たいと患者が訴えることは少なく，医療者から鏡を使ってみるか尋ねると，「まだ見られません」と答えることが多い。そのような場合は，離床可能になるとさまざまな場所に鏡は存在するので，車椅子で移動する際は鏡を直視しないように配慮している。リハビリ室には大きな鏡があるが，なるべく鏡が見えないところで行うようにしている。現実的には，患者が一般病棟へ移ると，そこは鏡が常に存在する環境となるため，しっかりと顔を見るようになるのはこの時期となる。うまく環境に適応できるように後続診療科や転院先へ情報提供して，注意が払われるように配慮している。

　退院後の社会復帰への不安を軽減できた一例では，本人の顔を家族が携帯電話に保存し，親戚や職場にあらかじめ見せておくという復帰準備を行っていた。もちろん本人と家族が相談して行ったことであった。こうしたやり方は，すべての患者に適用されることではないが，この患者は周囲をびっくりさせてしまうのではないかという不安感が強かったため，こうした事前行為が社会適応への促進要因になったと考えている。

## 4 チーム医療

　重症広範囲熱傷患者に対するリハビリテーションは，その病態と生体反応の制御ならびに身体機能への影響を最小にする挑戦の連続と，心理社会的側面にも十分に配慮した，積極的かつ継続的なチーム医療の集大成である。障害を最小化する相互理解こそが良好な機能予後を獲得するために必要であり，ブレイクスルーするための武器である。

　熱傷は形成外科，整形外科，精神科など多岐にわたる介入が必要となるが，当院では救急医がサブスペシャリティとして，それぞれの分野について関わっている。患者にとって，関わる医師が同じであることは安心感があるし，治療に対して迅速かつ柔軟な対応が可能となる。より専門的な治療や退院後の治療継続について，それぞれの専門科への引き継ぎを円滑に進めることもできる。また多くの他職種による支援と介入が必要となるが，問題点の早期発見，早期介入が重要であり，チームとしてすべての職種が初期から関わっている。当院救命センターでは，医師，看護師，理学療法士（PT），作業療法士（OT），言語聴覚士（ST），栄養士，精神保健福祉士（PSW）を配置し，週1回カンファレンスを行っている。救命センターのスタッフによるアピアランス〈外見〉問題への理解も有効だが，専門的訓練を受けた心理士などが支援介入とコーディネートを受け持ってくれれば，より理想的であると考える。退院後のQOL（quality of life）について心理状態を含めてインタビューで把握し，フィードバックされ，症例が蓄積されていけば，さらに良いケアについて検討することが可能になるだろう。

（荻野聡之，山口芳裕，海田賢彦，吉川　慧）

### 引用・参考文献

Boss, P. E. (2002). *Family stress management: A contextual approach* (2nd ed.). Thousand Oaks, CA: Sage Publications.

Bowden, M. L., Feller, I., Tholen, D., Davidson, T. N., & James, M. H. (1980). Self-esteem of severely burned patients. *Archives of Physical and Medical Rehabilitation, 61*(10), 449-452.

小松 源助(1993).ソーシャルワーク研究・教育への道(日社大退職記念随想録) 私家版,pp. 144-157.

Mendelsohn, I. E. (1983). Liaison psychiatry and the burn center. *Psychosomatics, 24*(3), 235-243.

Saxe, G., Stoddard, F., Courtney, D., Cunningham, K., Chawla, N., Sheridan, R., ...King, L. (2001). Relationship between acute morphine and the course of PTSD in children with burns. *Journal of the American Academy of Child and Adolescent Psychiatry, 40*(8), 915-921.

山勢 善江・山勢 博彰・立野 淳子(2011).クリティカルケアにおけるアギュララの問題解決型危機モデルを用いた家族看護 日本クリティカル看護学会誌,*7*(1),8-19.

山下 景子・手島 正行・原田 輝一・真覚 健(2008).重症熱傷患者に対する心のリハビリテーション 熱傷,*34*(2),57-70.

Zatzick, D. F., & Galea, S. (2007). An epidemiologic approach to the development of early trauma focused intervention. *Journal of Traumatic Stress, 20*(4), 401-412.

## 第3節

# 実　　際
（回復期を中心に）

## 1 はじめに

　本節で解説する熱傷や外傷の患者は，ある程度以上の重傷者を想定している。つまり，急性期病棟（救命センターや集中治療室など）に収容され，生命の危険がなくなり，回復期治療のために一般病棟（熱傷なら形成外科や皮膚科，外傷なら整形外科や形成外科や手外科，等）へ移り，治療とリハビリテーションの後に退院し，自宅療養の過程で社会復帰していく，そうした一連の流れにある患者を想定している。急性期，回復・リハビリテーション期，自宅療養期に分けて説明を進める。

　加えて，この領域には他領域とは異なる状況がある。それは社会復帰（それができない場合は適応障害）のアウトカムの評価が，病院内治療ベースから，かなり遅れた時期になることである。先天性疾患であれば，長期にわたって治療が続くことが多いため，病院ベースで適応の問題を把握することが可能である。がん領域では，すでに社会人として生活している人が，急な展開で問題を抱えるわけであり，適応の問題は，まさに治療初期から随伴するものといえる。ところが熱傷・外傷領域では，重症例は回復とリハビリテーションに長期間かかることもあり，適応障害が顕在化するのはかなり後になってからである。当然，すでに退院している。外来通院はしていても，個体差があまりに大きすぎてアセスメントしにくく，また本人自体が誤ったコーピング方略を身につけてしまっていたとしても，病院の限られた時間の外来診療内で発見するのは困難である。

　以上のような理由のため，この分野では心理社会的アセスメントが難しく，そもそもそうした問題が潜在している可能性があるということすら注目される

ことが少ない。明瞭にマニュアル化されたフォロー計画に関する出版物も見つけることができないため，筆者の現場での経験をもとに，問題への理解と支援の方法について説明する。

## 2 急性期の問題

　この領域の当事者（元患者）の特徴を確認しておく。アピアランス〈外見〉問題をきたすような外傷の受傷は，突発的に起こる。偶発的に起こる場合もあれば，故意的（事件）に起こるものもある。後者では明らかな被害者であるし，前者でも事故責任が誰かにある場合には，被害者という意識を持ちうる。つまり，この領域の当事者は，何らかの被害者意識を抱えながら闘病していき，回復と社会復帰を目指すことになる。ここが重大なポイントとなる。

　急性期には，多くの救急患者は急性期病棟や救急センター（熱傷センター）に収容される。急性期に多くの問題点を抱えて入院する患者は多く，他科や多職種をまじえたチーム医療は普通に行われている（明確なルール作りがされていようと，あうんの呼吸で行われていようと）。規模の大きな救急センターともなると専属医が複数いるのはもちろん，精神科も含めた諸科からの出向スタッフも所属していることが多い。個々の患者のニーズに合ったチーム医療の実践という意味では，急性期医療という現場は，常にそれが試されているともいえる。

　急性期医療の弱点というと，そのアウトカム評価が短期的なことである。それは機能的役割分担上，仕方のないことでもある。例えば中等症以上の熱傷患者が救命救急センターに収容されたとする。急性期の危険な状態を脱して，やがて回復期へと移行していく。そのころには一般病棟に移り，そこでの治療に引き継がれていく。一般的にいって，アピアランス〈外見〉問題が顕在化し始めるのは，患者が回復期以降になってからである。さらにいえば，社会復帰を視野に入れて，傷への治療とリハビリテーションを行うころになって明確に顕在化してくる。ということは，救急センターから一般病棟へ治療のバトンが渡されて，しばらくたってからというパターンが多い。つまり，救急センターとしては治療が終わり，「生存」ないしは「良好」といったアウトカム評価を

行った後の話となる。それでは救急センターにとっては、アピアランス〈外見〉問題というのは、自らが関わる部分がない領域の問題と考えてよいのだろうか？　筆者の考えは違っている。

## ③ 回復期・リハビリテーション期の問題

回復期には、患者は退院や社会復帰を念頭に置くようになる。そこで良好な適応ができるという自信や予想が持てなければ、退院していくことへの不安が膨らみ、場合によっては恐怖心まで湧き起こるようになる。「退院はしたいし社会復帰もしたい、しかしその目途が立てられずに怖い」という板挟み状態に置かれることになる。そうなると不安状態がさらに高まり、悪化すると抑うつ状態になったり、攻撃性が増したりする。さらに悪化すれば、PTSDという状態にもなりうる。

## ④ 退院後, 社会復帰前の問題

退院後、社会復帰前の時期は、家庭内だけでなく、街に出かけるという経験もする。社会的出会い（初対面の人との遭遇）も増える。それは些細なものから（例：待合室で向かい同士になる）、重要なものまで（例：面接試験）、さまざまである。当然、（自分に対する）他者の反応を観察することになる。一般的にリジリエンスの高い人というのは、何事に対する解釈においても楽観的であり、悪い方向に一辺倒で感じたり解釈したりしない。そういう人は、人間関係における次の段階へ進むことが比較的容易である。しかし、ネガティブな方向へばかり感じたり解釈したりする認知構造（スキーマ）が固定化されていると、他者が見せる二度見（チラ見）を「凝視されている」と感じるし、それは好奇心や哀れみの気持ちや侮蔑の気持ちからそうするのだろうと感じられる。他者が示すさまざまな反応や行為が、常にネガティブな解釈を誘導し、固定化されているスキーマをさらに強化していく。もちろん世間には心ない人たちがいるのも事

実であり，そうした人から受けた実際のハラスメント経験が，スキーマの中心で核心的に機能する根拠となっているのは間違いない。

加えて，メディアによる美的強迫社会の影響により，多くの人の思考の中には，「醜い，あるいは美しくないということはネガティブなことである」という思い込みが刷り込まれている。程度の個人差は大きいだろうが，そうした先入観が果たしている役割も無視できない。つまり，普段，テレビなどで美しくない人が貶められた文脈で描かれているのを見ると，社会的出会いの中でも，そうした人々と出会うことで，同様の判断をしてしまう。犯罪被害者を見るときの文脈もそれに近い。そうなると自分がアピアランス〈外見〉問題を抱える立場になったとき，普段，そうした人々を眺めていたときの文脈が思考内で活性化され，自分自身に対してネガティブな目を向けるようになる。つまり，自分自身を不必要に攻撃するというわけである。事故での受傷は，たとえそれに事件性がなくても，被害に遭った当事者は，自分のことを被害者として強く意識する。そうした因子が，ネガティブな方向へ患者を誘導するのであろう。ゆえに，外傷・熱傷などの患者は強い被害者意識を持ちやすく，何事にもネガティブに反応しやすくなる。ゆえに，たとえ後遺症として残る傷跡が小さなものでしかない場合でも，抑うつ状態やPTSDといった状態に陥りやすくなるのである。

## 5 急性期でできること

それでは社会復帰のことが不安になってくる時期までは，アピアランス〈外見〉問題は関係ないといえるのか？ 回復期以降で重要になってくるのは自信，自己効力感，自尊感情といった，自分に対するポジティブな感情である。こうした気持ちを持てるようになった人は回復も順調で，適応能力も高まり，社会復帰も容易となってくる。ならば，こうした感情を持てるような機会を多く作るのが，急性期治療期における心のリハビリテーションになるといえよう。

具体的な工夫を挙げてみる。急性期病棟では感染症対策から，医療スタッフ

は全員マスクをつけている。当然，口元は見えない。目からしか表情を読むことはできない。しかし，相手（医療スタッフ）がポジティブな感情を反応として見せるには，目だけのシグナルはあまりに弱い。笑顔を構成する主役は，やはり口元である。目だけでも，声に出して情報を伝えれば，相手には伝わりやすいだろう。

　身動き一つできない患者でも，意識が回復していれば話はできる（人工呼吸器が外れていることは前提であるが）。医療スタッフからの話は一方的になりがちである（注意事項の伝達のみになりがち）。無駄と思える話でもよいので，患者の側にも話をさせるようにする。そして些細な内容に対してでもよいので，素直にそれに反応して見せることが重要である。この時期の患者は，反発するような態度をとりがちであるが，それは受け流すとよい。話の内容に「好感」を持った，「強く同意」した，「感心」した，「興味」を持った，そうした反応を返すのである。患者がどのように解釈するかは予想できない。しかし，目元の緩みの変化と声による笑いながらのポジティブな内容を発すれば，患者は自分の発信した行為によって，相手が共感ないしは興味を持ってくれたと感じることができるだろう。そこが重要である。些細なことだが，この一連のプロセスによって，自己効力感を確認できるのである。そしてこうしたプロセスの積み重ねの中から自信が生まれてくる（この場合は，自分は，相手に必要や気持ちを伝えることができるという感覚）。自信を持って相手と接し，相手をポジティブな気持ちにさせることのできる存在，そうした自分が確認できるようになって，自己コントロール感や自尊感情が生まれてくる。

　ベッドから降りられない状態であっても，手足が動かせるなら，なるべく使わせるようにする。例えば，何らかの処置をベッド上で行うとする。普通なら点滴チューブなどが邪魔にならないように，あらかじめ場所を変えておいてから処置を始める。時間短縮のためにも必要な段取りである。しかしそれは処置時間の効率化という段取りであって，患者の心的ケアの段取りではない。処置をする際に，「ちょっとチューブを持って，よけておいてね！」と言ってみる。処置が終わった後，笑顔で（マスクで見えないのだが，目元と声でわかる），感謝して（ポジティブな感情を持ったという反応を伝える），患者が行った行為に対して反応を返す。

ベッドを降りられるようになったら（そのときには一般病棟へ移っているかもしれない），できるだけ反応を返せる機会を考えておいて，ポジティブな反応を返して，自己効力感を高めるように心がける。回復期以降，退院と社会復帰を目指したリハビリテーションが本格的に始まる。この段階では身体的リハビリテーション以外にも，作業療法リハビリテーションが始まるかもしれない。一般的にリハビリテーションは患者の衰えた体力を回復させ，結果的に心身ともに能力を向上させることを目指している。反応のやり取りを増やす工夫は，リハビリテーションのスタッフとも打ち合わせができればよりよいが，心理士がコーディネーターとなってくれれば理想的である。

ポジティブな自己を取り戻すための道のりは長いが，その原動力となるのが自己効力感であり，その再生へ向けた第一歩は，実は急性期治療の段階から始められるのである。

## 6 回復期・リハビリテーション期でできること

衰えた体に加えて，自信も自尊感情も自己効力感もなくなっているところに，退院（アピアランス〈外見〉問題を抱える患者にとっては，社会復帰への不安や恐怖を感じる）に向けて頑張りましょうと言われても，すぐに適応できない人もいる。そうした人は，動機が持てないのである。やる気を持てない自分をさらに責めることで，抑うつ状態が悪化することもありえる。あるいは，「（こんな何もかも失ってしまって未来もない自分に，）なんで俺がそんなことをしなきゃならない！」と暴言を吐いて，攻撃性を見せる局面もあるだろう。

熱傷患者は治療に長期間を要するために，自信・自尊感情・自己効力感を失っている状態が長く続くと，「自分は何もできない」とか，「周りは自分のことを何もわかってくれない」とか，ネガティブな思考が固定されてしまいやすい。昔から，重症の熱傷患者はもともと気難しい変わった人が多い，と言われることが多かった。精神疾患の既往があるなどの場合を除いて，患者が気難しくなる原因は別のところにあることが理解できる。急性期病棟での精神的問題に関するリエゾンというと，急性ストレス障害（ASD）や早期 PTSD などを対

象にした精神科への紹介であり，症状も明確であるため主として薬物療法の適用となる。こうした急性期症状の緩和をしながら，各スタッフの協力のもと，徐々に心のリハビリテーションの開始を検討するのが望ましい。

　アピアランス〈外見〉問題でよく議論されることは，告知の時期をいつにすればよいのかということである。患者の状態がよければ，早いに越したことはない。どのみち心的ショックは避けられない。告知したことで患者が失意に陥れば，それは告知時期を誤ったのではないかと反省することもあろうが，それは違う。早い時期が有利であるのは，心的エネルギーが消耗しきってはいない時期だからである。告知が長引くということは，不安と恐怖の期間が長引くことであって，たいていは他者の反応に対してネガティブな解釈が固定化してきている時期である。自己効力感はもちろん自尊感情も失っており，いわゆるアイデンティティは崩壊したままの状態になっていることが多い。見た目は大人しそうでも，内的には危機的状態が進行してきているので，そうした時期に最初の告知となると，ネガティブな解釈を行う悪循環からさらに抜け出しにくくなる。ASDなどの状態にあるときには，心的安静の必要があるため，それは例外である。
　告知の前に，自己効力感を感じるようにできるロールプレイが可能な性格や気質の人かどうかをアセスメントできればよい。いくらかでも他者との接触を楽しめるのであれば，告知前から多少の訓練を行っておき，スタッフに対する信頼感を築いておくとよいだろう。失意から抜け出す場合，信頼できる誰かの心的支援を必要とするのは間違いない。良好な家族関係があれば話は簡単であるが，そうではない場合，スタッフの役割は相対的に大きくなる。
　患者の対人関係能力のアセスメントを行う必要があるものの，急性期〜回復期を想定して確立された心理学的測定法は存在しない。病棟内での話し方や内容，振る舞い方について，患者に関するエピソードとして記録するのが，結局は正確な方法となろう。それを次の段階の治療者へ申し送ることになる。アセスメントに精神科医や心理士が関与してくれれば理想的であるが，アピアランス〈外見〉問題にも知識を持っているスタッフなら十分可能である。もしも心理士がコーディネーターとなってくれれば，多職種スタッフにも患者に関する

情報と接し方を教えてくれるだろう（簡単な現場での工夫であっても，すでに一種の認知行動療法になる）。

　こうした心的回復がないと，社会的不安（全般性不安とは異なり，社会定出会いやそれが起こる環境に対する回避）や抑うつ状態やPTSDになりやすい。心的なチーム医療とは，スタッフ同士が心がけていなければ，おそらく提供できないだろう。だが決して難しいことではなく，こうした患者の心理について勉強しておけば，比較的簡単に実行できる。
　EUのフェイス・バリュー・プロジェクト（Face Value Project）というスタッフ向けの教育講習会では，心理職以外のスタッフは，レベル1と2の知識に対応すべきとなっている（序章を参照）。本来は専門化した心理職者向けのレベル3と4も，少しトレーニングすれば，医療スタッフでも十分に現場で活かせるだろう。仮にチーム医療の中に心理士がいたとしても，具体的な工夫について医師も看護師も理学療法士も，多くの関係者が意見を交換していくのが理想である。

## 7 実例（回復期で発症したPTSD）

　犯罪被害によってアピアランス〈外見〉問題を抱え，PTSDをきたしていた患者に対して，ソーシャルスキル・トレーニングと認知行動療法を行い，心理的改善を得た患者について解説する。なお，患者のプライバシー保護のため，内容を変えない範囲で詳細事項は変更している。主治医を務めてくださった林いづみ医師と福家顕宏医師，そして心理療法を担当してくださった松本学先生に，感謝申し上げる。

### 症例：30歳代男性

　仕事にて社外に出ていた際，街頭にて無差別放火爆発事件に巻き込まれ，熱傷を受傷して救急搬送された。病院到着時には顔面や手など，露出部を中心

にガソリン引火の爆風による2～3度熱傷を認めた。気道損傷も認められたため，気管内挿管のうえ，人工呼吸器による呼吸管理を行った。

創部の大半は保存的治療（手術を必要とせず）にて治癒したが，左手背には分層植皮術を施行している。

リハビリテーションが進むにつれ，左手指の運動障害は徐々に改善したが，植皮部の瘢痕と色素沈着が目立つようになった。また顔は瘢痕を残さず治癒したが，色素沈着と発赤が非常に目立つようになった。退院に向けたリハビリテーションを行うころから，軽度のPTSD症状が出現し始めた。

PTSDとは，生命の危機的できごとを体験または目撃した後に生じうる精神症状であり，主要症状としては再体験症状（フラッシュバック，悪夢，等），回避症状（事故を想起させる場所を避ける，等），覚醒昂進症状（イライラして怒りっぽくなる，等）が見られる。さまざまな要因によりPTSDが発症するが，さらに予後不良の場合は抑うつ症状，不安神経症，パニック障害，適応障害，登校拒否，社会的引きこもりに移行することもある。

この患者の場合，上記症状に関する自覚を明確に述べることができた。この患者個人の具体的な心理的問題点をアセスメントした。

## 事件に対する心的外傷として
- 事件に関するニュースや新聞報道など，外部情報を遠ざけていた。
- ライターの炎や雷鳴で事件を思い出す。
- ある種の場所（受傷場所に関連するような場所）の近くや，天井の低い地下街（避難路がない通路）が怖くて避けてしまう。
- 犯人や事件に対する気持ちに整理がつかない。
- 当初，自分が犯人ではないかと疑われていたことに強い怒りを覚えた。

## 醜形・変形に対する他者の反応について
- 顔や手に傷が残ってしまい，人にどう思われるか不安である。
- 他人が自分の傷に対して当惑していることを感じる。
- 傷の治りに対する自分の認識と他人の認識の間にズレを感じる。

## 第3節 実 際(回復期を中心に)

**社会・日常生活面への悩み**
- 仕事(営業職)で初対面の人に接するときは大丈夫か不安である。
- 職場復帰するとき,今の状況をどのように自分から切り出していいのかわからない。
- 子どもとの関係に悪影響が出ないか不安である。

熱傷患者には,著しい醜形や機能障害を抱えたまま社会復帰を目指さねばならない者が少なくない。筆者がかつて所属した施設で,退院後も社会適応するまでの期間,心理的問題を抱える患者を対象に,社会適応能力の獲得を目的とした社会的スキル・トレーニングや認知行動療法(コーピング方略の習得)といった包括的ケアを試行錯誤しつつ行っていた(チェンジング・フェイス〈Changing Faces〉の指導マニュアルを参考に,個人の気質と日本文化〈就労環境〉を考慮に入れて行った)。

**スキル指導の実際**
- コミュニケーションスキルの指導。
- 非言語的コミュニケーションの活用(しぐさなど)。
- 実際の場面を想定した対応の指導(営業職での社会的出会いを想定)。
- 退院前には外出や外泊を行い,他者の反応を体験させながら,退院後生活に違和感なく適応できるように曝露を増やしていった。
- 退院後は定期的面接とホームワーク(患者による行動実験の記録)をチェックして患者の適応状況の把握に努め,スキルの修正を持続的に行った。

**心理面の経過**
- 入院期間中,他人との関係に対する不安やフラッシュバック・悪夢など,事件に対する恐怖感が見られた。
- カウンセリング開始時には,具体的な他人との対応方法がわからないという悩み,事件に対する葛藤が解消されず,受容ができていなかった。
- また営業職への復帰に対する不安も見られた。
- 介入療法の進行に伴って自信が回復していき,PTSD症状は軽快した。

- カウンセリング終了時には，社会生活上のコミュニケーションに関して問題がなくなった。
- 一連の精神症状は消失した。
- しかし，事件に対する葛藤は薄れてはいるものの，多少は残っている。

### 考 察

　本例は熱傷としては中等症であり，最終的な後遺症もさほど大きくなかった。しかし，左手背の皮膚移植による醜形瘢痕については，営業職なので，まずは名刺を差し出すときの不安が大きかった。顔面は，当初は赤みが強く目立ったが，最終的には色素沈着と質感の荒れのみが残る見込みであった。それでもやはり営業職ということもあり，世間の自分を見る目に対する恐怖がつきまとい，強化されていた。

　本例では気道損傷のため人工呼吸器管理がなされ，初期治療に伴うストレスも大きかったことより，症状としては目立たなかったがASDの状態にあったことが推測される（犯罪被害者であるという要因も大きく影響しただろう）。これに加え，退院後に待ち構えている社会適応（復帰）への不安が，PTSD化した要因であったと考えられる。軽度の症状であったのは，PTSD化の過程だったと考えられ，早期介入（early intervention）が行えた分，予後も良かったと考えられる。逆に，何らの支援も介入も行わなかったら，社会適応を含め，元の営業職に戻れたかどうかは定かではない。悩みの傾聴だけでは効果を見込めず，具体的かつ実践的な方法を提示できてこそ，患者の社会適応を助けられるものと思われた。

（原田輝一）

第 5 章

がん領域での問題と包括的ケア

## 第1節

## 基　　礎

### 1 はじめに

　近年，がん領域においてアピアランス〈外見〉問題が注目されるようになってきた。2012年に厚生労働省の研究班（清水班）が行った「外見支援に関する取り組み」に関するアンケート調査では，がん診療連携拠点病院388施設のうち274施設から回答を得て，そのうち94％もの施設が「取り組んでいる」と答えた（平成21-23年度厚生労働省科学研究補助金研究：がん患者及びその家族や遺族が抱える精神心理的不安によるQOLへの影響を踏まえた精神心理的ケアに関する研究。研究代表者　清水千佳子）。内容は，髪・皮膚・爪に関することであり，スキンケアの方法からウィッグの選び方，メイク教室までさまざまな試みがなされていた。その後もアピアランスケアのコーナーを設置するなど，実践的取り組みを進めている施設は増加してきている。施設サービスの全国的普及に加えて，『がん患者に対するアピアランスケアの手引き2016年版』（金原出版，2016年）は発売前の予約段階で増刷となったり，2012年より国立がん研究センター中央病院が実施している医療者向け研修会が，2017年は予約開始後10分で満席になるなど，アピアランスケアに対するがん医療分野での関心は年ごとに高まりを見せている。さらに行政においても，抗がん剤治療による脱毛患者を対象とした助成が始まった。2014年度に山形県がウィッグ購入に対して最大1万円までの補助を開始したのを皮切りに，同様の助成を始める地方自治体が増えつつある。そして，2017年10月に閣議決定された「がん対策推進基本計画」では，「国は，がん患者の更なるQOL向上を目指し，医療従事者を対象としたアピアランス支援研修等の開催や，……関係学会等と連携した相談支援及び情報提供のあり方を検討する」ことが規定された。つまり，がん領域における

アピアランス問題への支援事業が，国策として検討されることとなった。

そのような関心の高まりの中，がんの支援技術に関して玉石混交の情報がインターネット等に溢れるようになった（高橋・野澤・矢澤・藤間・鈴木, 2016）。さまざまなことについて患者と対話しつつ治療を進める医療現場としては，患者に勧めてもよい情報と，そうでないものを，区別していく必要が生じてきた。そこで，初めて多分野の専門家が学際的に協働した，がん患者の外見支援に関するガイドラインの構築に向けた研究班によって，多数の情報の検証が行われた。その結果は，厳格なガイドライン作成手続きに則り，関連学会の評価を経て作成された前出の『がん患者に対するアピアランスケアの手引き2016年版』に掲載された。しかし残念ながら，推奨するに足る治療法や日常整容行為はほとんどなく，アピアランスケアの分野がEBM（evidence based medicine：科学的根拠に基づく医療）から遠く隔たっている実態が示される結果となった。

アピアランスケアとは，具体的な支援活動が進んできている分野ではあるものの，カモフラージュのための製品や美容によるケア活動が関連するため，「症状を何らかの手段で隠すことや，隠すための製品や情報を提供すること，美しくすることがアピアランスケアである」といった誤解を招きやすい。しかし本当のアピアランスケアの目的は，「患者が家族を含む人間関係の中で，その人らしくいきいきと過ごせるように支援すること」であり，個別技術などは，目標達成のための手段の一つにすぎないのである。それゆえ，外見の症状を隠さずに豊かに過ごしている患者には，アピアランスケアは無用となる。本節では上記のような状況を念頭に置きつつ，がん領域におけるアピアランス問題と支援について概説する。

なお本節では，アピアランスケアを「医学的・整容的・心理社会的支援を用いて，外見変化を補完し，外見の変化に起因するがん患者の苦痛を軽減するケア」（野澤, 2017）と定義する。

## 2 背　景

がん領域においては，従来から生存率と延命率の改善を中心的な目標とし

て，基礎研究，早期診断法，治療法の開発が行われてきた。そして実際の治療は，発生したがんの性状に合わせて，該当する診療科が担当してきた。例えば，肺がんであれば呼吸器外科か呼吸器内科で場合により放射線科と共同で，皮膚がんであれば皮膚科で場合により放射線科と共同で，といったユニットでの診療であった。診療における責任所在の明確化という意味では単科責任制は便利で，こうした診療形態が現在も基本的形態として続いている。しかし，患者のニーズは多様化の一途をたどり，従来の診療形態だけではそのニーズに対応しきれなくなるに伴い，集学的かつ包括的ケアの必要性が高まっていった。その包括的ケアが対象とする問題の一つがアピアランス問題であり，それへの対処技術（支持療法）がアピアランスケアである。

　残念ながら単科主体の診療の中で，医療従事者はアピアランス問題を過小評価してきた。がんという生命の存続自体に関わる病気を前に，医療者側にはアピアランス問題についての十分な理解も，そのケアについて模索し，研究する余裕もなかったからである。また患者にとっても，アピアランス問題について医療者に述べることは，決して容易なことではなかった。その理由として，生き残ることに専念すべきなのに，外見のことを口にするのは不謹慎と感じられることが挙げられる。つまり一種の贅沢行為であり，こうしたことで周囲の人に余分の負担をかけることは慎むべきことと感じられたのである（野澤，2017; White, 2004; Hopwood & Maguire, 1988）。

　しかし近年，がん患者のアピアランス問題に対する意識が変化してきている。すなわち，かつて医療者は，患者に安静を保ちながら自宅で養生することを勧め，患者自身もあえて人混みの中に出かけようとする者はいなかった。しかし 2000 年代に入ると，外見に関する研究や患者支援の試みが大学病院等を中心に行われるなど，医療においても外見の問題が注視されるようになってきた。その理由として以下が挙げられる。

1. がんの罹患者数は 1985 年から増加し続け，がん患者の総数が増えた。
2. 医療の進歩とともに患者の生存期間が長くなり，QOL 概念の浸透と相まって，どのくらい生きるかということだけでなく，どのように生きるかということに意識が向くようになった。支持療法の発達により吐き気などの身体症

状が軽減したことも大きい。
3. 新たな抗がん剤や外科的手術など，治療法の発展に伴ってこれまでにない症状を呈する治療が登場し，外見に大きな影響を受ける人が増えてきた。
4. 入院日数の短縮化や通院治療環境の整備とともに，働きながらがん治療を行う患者が増加した（厚生労働省の特別集計では 2010 年は約 32.5 万人）。
5. 生涯でもっとも公的自己意識が高く外見が気になる若年世代のがん患者も増加傾向にある。

　このように増加するがん患者からの要望に応える形で，政府も対策を講じてきた。2007（平成 19）年，がん対策のよりいっそうの充実を図るため，「がん対策基本法」が制定され，それを具体化するための指針として「がん対策推進基本計画」が策定された。2012（平成 24）年の指針では，「がんになっても安心して暮らせる社会の構築」が宣言され，普段の生活を守りながら治療を受け，闘病ができるように，社会全体として，つまり医療施設だけでなく，職場・学校・地域等が協力し合う社会が理想とされた。当然のことではあるが，医療者にも，患者支援者としての役割が求められるようになっている。さらに 2016 年 12 月には，がん患者が尊厳を保持しながら安心して暮らすことのできる社会への環境整備を盛り込んだ改正法が成立し，これには，企業ががん患者の雇用継続への配慮に努めることも盛り込まれた。かつては治療の対象でしかなかった患者が，この法案により，実社会での一員として，社会復帰も含めて，"尊厳を持って社会に生きる"存在になったと考えられる。そしてこの改正法を受けて，2017 年 10 月に策定された第三次がん対策推進基本計画において，医療従事者を対象としたアピアランス支援研修等の推進も国の責務とされた。


## 3 現　状

　国立がん研究センター中央病院では，がん領域におけるアピアランス問題についての調査を行った。患者にがんの治療に伴う副作用によって引き起こされたさまざまな身体症状に関して，もっとも苦痛と感じられた時点の点数をつけ

てもらい，疾患別・男女別に患者の苦痛を明らかにした（Nozawa et al., 2013）。その結果によれば，乳がん患者の身体症状ワースト20のうちの12項目が，外見に現れる身体症状であった。脱毛と乳房切除が1位・2位を占め，眉毛とまつ毛の脱毛も6位・7位になるなど，頭痛や腹痛などの代表的な身体症状よりも，外見の変化のほうが高い苦痛度を示した。また全体としては，男性よりも女性のほうが，高齢者よりも若年層の患者のほうが，苦痛が大きかった。さらに，全回答者のうちの実に97.5％の患者が，外見の症状への対処方法に関して，治療を受けた病院での情報提供を望んでいた。つまりアピアランス問題については，これまで非常に大きなニーズがあったにもかかわらず，患者は声に出して言えなかったのであり，医療者も正面から取り組むことができていなかったのである。

　そしてその後の調査では，男性患者の苦悩も決して小さくはないことがわかってきた（Nozawa et al., 2017）。すなわち，一般に外見のことをあまり気にしないと考えられている男性であっても，65歳以下では苦痛が大きかった。これは社会生活との関連性のためと推測され，実社会で現役世代の社会人が闘病するにあたり，いかに外見の問題が影響力を持つかということを示唆している。これらの症状についても，医療スタッフから，副作用としての事前説明や実社会へ復帰する際の対処法についての説明があれば，苦痛を軽減することが可能である。

　がんはさまざまな診療科において存在し，加えて患者のニーズは高度化してきている。がん領域においては，多職種によるチーム医療の必要性が謳われて久しいが，今後はさらに社会復帰を視野に入れ，より複合的なチーム医療の推進が求められるであろう。国立がん研究センター中央病院ではその重要性を認識し，どの診療科の患者であっても横断的に対処できる共通部門の一つとしてアピアランス支援センターを開設し，臨床と研究を行っている。

## 4　症　状

　がん治療に伴う具体的な状態（症状）について紹介する。抗がん剤の代表的な副作用として，人目につきやすい頭髪の脱毛は，患者のQOLを著しく損な

うことが世界的に報告されている（伊田・清水, 2017）。まつ毛・眉毛の脱毛も顔のイメージを変化させるため，患者に深刻な影響を与える。筆者らの研究では，その苦痛度は口内炎，発熱といった合併症よりも高かった。また薬剤の多様化により，毛髪の変化も脱毛だけでなく，変色（白髪，金髪，等）や髪質の変化（剛毛，軟毛，縮毛，等）も生じている。

皮膚にもさまざまな副作用は現れる。アレルギー反応（過敏症状，色素変化，日光過敏症），色素異常（皮膚，爪，粘膜），有痛性紅斑，湿疹，手足症候群などである。また，爪にも爪甲剥離症，線状，色素沈着，出血といった状態が出現しうる。分子標的薬は特定の分子を狙う薬物として開発され，殺細胞性抗がん剤に比べて副作用は比較的少ないとされている。しかし皮膚症状としてざ瘡様皮疹，皮膚乾燥，爪囲炎，口腔粘膜炎，手足の紅斑，水疱，潰瘍が見られている。ホルモン療法薬のタモキシフェン（エストロゲン）では，フレア反応，ホット・フラッシュが見られる。

外科治療では当然のことながら術後の変形が問題となる（有川・宮本, 2017）。乳がんは女性で関心が高く，小さな手術でも乳房の変形が問題となる。また拡大切除した場合には，乳房再建手術の追加が検討される。頭頸部がんでは，顔面の欠損，変形が問題となり，上顎がん，舌がん，口腔がんにおいて深刻である。こうしたがんでは，修正手術の追加を考慮することが普通になってきている。四肢の欠損（切断後）も同様の問題を引き起こすが，対処方法は装具の使用に関することとなる。また，アピアランス問題になりうるものの中には，普段は他人から見えない，人工肛門や尿管皮膚瘻の造設などもあり，身体イメージと自己イメージに悪影響を与えうる。

放射線治療でも脱毛，放射線皮膚炎，色素沈着，遅発性の線維化（瘢痕化），壊死などが起こりえ，アピアランスケアの対象となることは珍しくない（角, 2017）。

## 5 支援・介入の前に

これまでの外見ケアは，その問題部位にのみフォーカスしてさまざまなカモフラージュ技術により症状の軽快を目指していた。例えば，顔の傷にはカモフ

ラージュメイク，脱毛にはウィッグなどを用いて，いかに精巧にカモフラージュできるか，ということのみが考えられてきた。しかし，例えば顔に傷あとが残っている場合には，完璧なカモフラージュは難しく，症状の軽快にこだわった分，患者を落胆させる結果となることも少なくない。

　また，臨床に従事している医療者は，がん患者の外見変化への対処方法がさまざまであり，外見の変化の苦痛が，必ずしも症状の重さに比例しないことに気づくことがある。例えば，脱毛を上手にウィッグでカモフラージュし，外からは脱毛がまったくわからないにもかかわらず，主観的に脱毛が気になって外に出られない人がいる。その反面，顔に重度のざ瘡様皮疹があっても隠すことなく，にこやかに会社員生活を送る人もいる。また，実際に，ウィッグの相談に訪れた患者が，ウィッグ自体の話は5分で終了し，その後，数十分にわたり会社復帰への迷いを語られることは少なくない。一体，外見の変化がもたらす苦痛とは何なのか？　適切な患者支援を行うためには，この苦痛の本質を理解する必要がある。

　外見の変化がもたらす苦痛は，「自分らしさの喪失や社会における関係性の変化への不安」であり，その要素は以下の3点である（野澤・藤間・清水・飯野, 2015）。

1. その症状が「シンボル」として常に自分に病気や死を思い起こさせること。
2. 自分の身体イメージが変わってしまったことへの違和感。
3. 社会の中で他人と従前どおりの対等な関係でいられなくなることへの大きな不安。

　とりわけ，外見の苦痛の特徴は，従来の医学が対象としてきた頭痛や腹痛など，誰といても一人でいてもつらい身体症状と異なり，社会の存在を前提とした相対的な苦痛である。例えば，健常人の多くが「無人島に自分しかいなかったらオシャレをしないだろう」と答えるのと同様に，がん患者も「自分一人であれば脱毛しても顔の一部が欠損してもそんなに気にならないだろう」と答える。患者は，単純に「毛髪」の有無に悩んでいるのではなく，その先の「社会との関係性」に悩んでいるのである。

　このように，外見の変化がもたらすものが相対的な苦痛であるために，個人

差が大きく，患者の苦痛の理解を踏まえた支援が必要となる。例えば，「できるだけ前の状態に」戻りたいという信念（思い込み）が強いと，小さな差異をより大きく感じて苦痛度も高くなる。喪失対象に置いていた価値が大きい場合も同様である。さらに，対処法についての情報不足や，情報過多もストレス要因となるほか，もともとの職業性質，地域性，生活環境，気質によっても大きな差異が生じる。

　また，症状部分の軽快のみにこだわりすぎると支援にならないことがある。それは，その患者の問題の本質が，症状のある部分にはない，あるいは他に別の大きな問題が潜在している場合である。例えば，ある患者は，自らががんに罹患したことを伝えていなかった子どもに手の変色を指摘され，変色が気になって日常生活をいつもどおり送れなくなってしまった。どのようにカモフラージュしても満足しなかったが，子どもへの病気の伝え方を一緒に考え，それが解決することにより，「最近，手が気にならなくなりました」と笑顔になった。アピアランスケアは決して独立した技術ではなく，がん治療全体を通じての包括的ケアの一部分であることを理解し，患者の家族構成や周囲の社会的状況などの情報にも，気をつけておく必要がある。

　この点の理解が不足すると，医療者は問題を解決できないだけでなく，白衣を着た善意の販売員になってしまいかねない。特別な病気になってしまったと考える患者に，医療者が紹介するウィッグや化粧品は，特別な製品として映るからである。医療者にとってのアピアランスケアの目標は，あくまで患者と社会とのつながりの再構築であり，隠しても隠さなくても人間関係が維持できるよう，そして必要があれば，そのつながりを通じて核心的な問題へアプローチできるように，支援と介入を心がけるべきであろう。

## 6 支援の実際

### (1) 個別介入に際しての注意事項

　アピアランスケアの対象となる患者は次の3要件を満たしている必要があ

る。

1. がんやがん治療に伴う外見の変化があること。
2. 外見の変化に起因する苦痛を本人が感じていること。
3. それらの症状や苦痛が精神疾患によらないこと。

　なかには，外見の変化の不安を訴えているものの，まったく病気が受け入れられずにいる場合や，がんの罹患を契機に精神疾患の既往症が再燃している場合もある。このような場合には，精神腫瘍科の受診を先行させるか，受診と並行するとよい。
　個別支援を要する症例の場合には，次の4段階に沿って介入を進めてゆく。

- 第1段階：患者との信頼関係の構築，患者のニーズの確認，目標設定。
- 第2段階：アセスメント（外見の状態確認，困難を感じる状況，苦痛の程度やこだわり，現在の対処方法，等）。
- 第3段階：プラン策定（患者の目的に合った方法を検討する，問題場面の社会的状況を多面的に理解する）。
- 第4段階：プラン実施の支援（患者とともに評価とプラン修正を繰り返していく。また，この行為自体が，他者から受け入れられつつ自己受容していくプロセスであり，社会参加へ向けての最初の一歩となる）。

## (2) 提供する情報やケア，および注意点

　医療者のアピアランスケアにおいて用いる手法は，①実際的な外見の加工への支援と，②外見の変化に関わる本人の認知変容の促進である。
　外見の加工に利用する実際的な方法は，スキンケア，テープカバー，カモフラージュメイク，ネイル，ウィッグ，衣服コーディネートなどの簡単な技術やそれらに関する情報提供である。その際，患者の多彩な状態に合わせられるよう，さまざまな外見に関するスキルだけでなく，問題場面でのコミュニケーション方法の相談にも対応することが大切である。

そして，アピアランスケアを行う際のもう一つのポイントは，外見加工への情報提供を含む具体的な支援を行いつつ，認知変容の促進を進めることである。この認知変容とは，患者に外見の変化に対するさまざまな見方ができるようになってもらうことを意味する。外見加工のそれぞれのテクニックは，快適に過ごす手段の一つにすぎず，隠す，隠さない，おしゃれに利用するなど，さまざまに使い分けてよいこと，必ずしも元の姿に戻すことではないことを伝えるとよい。それゆえ，提供する技術や情報は，患者の多くが気軽に社会と関わることができるように，「誰にでも簡単にできること」が原則である。

加えて，「その患者にとって，実行可能で自分らしいと思える方法であること」も重要である。というのも，患者が症状に対して自分なりに対処できたと思えることは，病気や治療へのコントロール感の醸成にもつながるからである。例えば，脱毛前教育を行い，あらかじめ治療後の自分を想定して，ウィッグや帽子などの対処手段を持たせるのも有効である。ただし，隠すことに意識が行きすぎると，安心感よりストレスが大きくなってしまうこともあるため注意が必要である。

スタッフは，日常生活を快適に過ごせる方法が必ず見つかることを伝え，またその姿勢を貫くことが肝要である。というのも，患者との関わりは，単純な情報やケアの提供だけでなく，それを通して患者の持っているネガティブな信念や思い込みを解くための認知的関わりでもあるからである。それゆえ，例えば情報提供の延長として，患者が生活の中で問題に遭遇するシーンについて話し合い，その対処法を指導して自信を回復させることも必要である。病気や対人関係におけるコントロール感を高め，自己効力感を高めることは，とりわけ退院に向けた準備段階での重要な支援となる（他者との関係性における認知変容）。

これらの取り組みは，院内のシステムとして実践されること，少なくとも医療スタッフがアピアランス問題に理解を示し，有効なアドバイスができることが重要である。なぜなら，医療スタッフは，患者の実生活にもっとも近く，治療のプロセスを知る存在であるだけでなく，患者が経験する変化に最初に出会う重要な他者だからである。すなわち，この時点におけるスタッフの対応や反応は，その後の患者の治療生活や社会適応に大きな影響を与えるという点にお

いて，早期介入（early intervention）を行っているといえよう。働くがん患者が増加した時代，これからのアピアランスケアは支持療法の一つとなり，がんの包括的ケアにおいて不可欠なものとなる。

（野澤桂子）

#### 引用・参考文献

有川　真生・宮本　慎平（2017）．外科療法　野澤　桂子・藤間　勝子（編）臨床で活かす：がん患者のアピアランスケア（pp. 33-39）　南山堂

Hopwood, P., & Maguire, G. P. (1988). Body image problems in cancer patients. *British Journal of Psychiatry*. Supplement, (2), 47-50.

伊田　英恵・清水　千佳子（2017）．薬物療法　野澤　桂子・藤間　勝子（編）臨床で活かす：がん患者のアピアランスケア（pp. 20-32）　南山堂

角　美奈子（2017）．放射線治療　野澤　桂子・藤間　勝子（編）臨床で活かす：がん患者のアピアランスケア（pp. 40-46）　南山堂

国立がん研究センター研究開発費がん患者の外見支援に関するガイドラインの構築に向けた研究班（編）（2016）．がん患者に対するアピアランスケアの手引き2016年版　金原出版

野澤　桂子（2017）．アピアランスケアとは　野澤　桂子・藤間　勝子（編）臨床で活かす：がん患者のアピアランスケア（pp. 2-19）　南山堂

野澤　桂子・藤間　勝子・清水　千佳子・飯野　京子（2015）．化学療法により乳がん患者が体験する外見の変化とその対処行動の構造　国立病院看護研究学会誌，*11*(1)，13-20.

Nozawa, K., Shimizu, C., Kakimoto, M., Mizota, Y., Yamamoto, S., Takahashi, Y., ...Fujiwara, Y. (2013). Quantitative assessment of appearance changes and related distress in cancer patients. *Psychooncology, 22*(9), 2140-2147.

Nozawa, K., Tomita, M., Takahashi, E., Toma, S., Arai, Y., & Takahashi, M. (2017). Distress from changes in physical appearance and support through information provision in male cancer patients. *Japanese Journal of Clinical Oncology, 47*(8), 720-727.

高橋　恵理子・野澤　桂子・矢澤　美香子・藤間　勝子・鈴木　公啓（2016）がんに関する情報収集の実態と外見ケアに関するインターネット情報．がん看護，*21*(6)，629-634.

White, C. A. (2004). Body image issues in oncology. In T. F. Cash, & T. Pruzinsky (Eds.), *Body image: A handbook of theory, research and clinical practice*. London, UK: Guilford Press.

# 第2節

# 実　際

## 1 はじめに

　2013年，アピアランス支援センターが国立がん研究センター中央病院に新設された。患者が「社会に生きる」を支援するために，アピアランス〈外見〉問題に関する臨床・研究・教育を行う独立部門である。専従スタッフは，アピアランス〈外見〉問題と心理を専門とする臨床心理士2名で，治療や技術の変化とともに新しく発生する問題にも対処できるよう，皮膚科医・腫瘍内科医・形成外科医が併任となり，看護師・薬剤師も連携チームを形成し，ともに活動している。

　患者相談ブースの内部は，ウィッグや化粧品，エピテーゼ[*1]，水着など，多様なアピアランス〈外見〉問題に対処するための物品を揃えているが，販売はしていない。患者は，がんに罹患するまで触れたことのなかった物品を直接手に取り，疑問を解消してゆく中で，治療に対する漠然とした不安に対して，具体的な対処方法で取り組んでいけるようになっていく。実際に，抗がん剤の副作用対策だけでなく，手術の瘢痕のカモフラージュ，外見のことを学校や職場にどう話せばよいのかなどの対人関係の悩みや，闘病中でのライフイベントの実施など，さまざまな相談に応じ，「闘病しながらも社会に生きる」を徹底してサポートしている。

　本節では，アピアランス支援センターの取り組みの際に留意している点を含めて，アピアランスケアの実際について概説する。

第5章　がん領域での問題と包括的ケア

## 2 支援に際して基本となる考え方

　アピアランスケアは，「医学的・整容的・心理社会的支援を用いて，外見変化を補完し，外見の変化に起因するがん患者の苦痛を軽減するケア」である（野澤，2017）。内容的には，実際的な外見の加工への支援のみならず，外見の変化に関わる本人の認知の変容を促進することも含んでいる。

　「実際的な外見の変化の加工」は，治療的な処置から日常整容への情報提供まで幅広く行う。そして症状の緩和やカモフラージュを行う個々のスキルが，美容的な方法も含めて，重要となる。しかし，同時に医療者は，それらが手段の一つにすぎないことを常に意識しなければならない。というのも，第5章第1節で述べたように，がん患者は，その変化した「部分」で悩んでいるわけではなく，その部分から病気が知られ，これまでのような対等な人間関係を喪失するのではないかという不安，すなわち，「社会との関係性」に悩んでいるからである。それゆえ，医療者が行うべきアピアランスケアの目的は「患者と社会をつなぐこと」であり，患者が家族を含めた人間関係の中でいきいきと過ごせるような援助を提供すべきである。そこでは，患者が少しでも容易に社会と関われるような情報提供や患者指導であることが重要となる。なお，アピアランスケアでは，ウィッグや化粧品などの物品に関連する情報を提供することがある。その際には，物品を紹介するのではなく，購入方法の選択肢やポイント，販売店での上手な断り方など，患者が安心して自分の意志で選択できるような情報を提供するように注意する。

　以下に，冊子や患者教室などで広く情報提供を行う際の留意点を述べる。

### ①特別な方法を推奨したり行動を制限したりする際には，根拠（エビデンス）に基づくこと

　　洗髪やスキンケア，化粧など，長年の習慣でもある日常整容行為は，その人らしさがもっとも表れる行為であり，本来，最大限保障されなければならない。加えて，治療中の患者の負担を軽減するという観点からも，科学的根拠の乏しい情報に基づいて制限しないよう，十分に吟味する必要がある。

②多くの患者で可能な，シンプルな方法を基本とすること

複数の選択肢がある場合には，できる限り多くの患者が実施可能な，シンプルな方法を選択して紹介するのが原則である。

③「Beauty」ではなく「Survive」するための方法であること

支援は，「その患者が実行可能で，その人らしく過ごせる方法」であることが唯一の基準である。たとえそれがカモフラージュメイクのように，美容的・整容的方法であっても，一般的に「美しくなる」か否かは基準ではない。

④リスク＆ベネフィットを患者と共有すること

医療者は，患者が自ら選択できるように適切な情報提供をすればよいのであり，一般の医療行為で見られるような，少しでも安全な「ゼロリスク回答」を行わないよう注意する。

⑤外見のケアも一つの手段にすぎないこと

アピアランスケアが目指すのは，症状を「隠しても隠さなくても，対人関係を維持して，患者がその人らしく生活できるようにすること」である。状況に合わせて，隠す行為を選択したり，逆に隠さないという行動を選択したり，場合によってはおしゃれ心を利かせてウィットやユーモアを発信する機会にしたりしてもよい。患者が状況に合わせて行動を使い分け，対人関係における主体性を発揮して，自分のいる状況をコントロールすることが望ましい。なぜならば，こうした主体性の発揮が，自尊感情や自己効力感の向上につながってゆくからである。そのためにも医療者は，患者よりも一歩引いて，常に全体を眺めるよう心がけることが重要である。そして時には，外見のケアにおいて，「そんなことは気にしなくてよい」と伝えることも大切なアピアランスケアである。

## 3 個別支援の4段階ステップ

アピアランスケアの対象者は，①がんやがん治療に伴う外見の変化があること，②外見の変化に起因する苦痛を本人が感じていること，③それらの症状や苦痛が精神疾患によらないこと，を満たす患者である。

第5章　がん領域での問題と包括的ケア

　一般にがん患者は，告知後一時的に適応障害に陥ることがあっても，本来の精神的健康度は高いため，基本的な情報提供を行うだけで治療に前向きに対処してゆく人が多い。それゆえ，アピアランス支援センターでは，患者指導の効率と患者に与えるグループダイナミックスのメリットを考慮して，グループプログラムによる情報提供を中心に実施している。しかし，開催時間帯に参加できない患者や本人の強い希望がある場合などには個別相談を行っている。個別に患者を支援する際には，以下の4段階に沿って介入を進めていくとわかりやすい。ただし，一度のプロセスで解決しない場合には，医療者は患者とともに評価とプラン修正を繰り返していくことが必要である。というのは，この行為自体が患者にとって，他者から受け入れられながら「がんがあっても変わっていない自分」を受容していくプロセスであり，社会参加へ向けての最初の一歩となるからである。

　A子を例に簡潔に説明する。A子は，Y市在住，30歳，パート事務員，シングルマザーで4歳男児と2人暮らし，乳がんステージⅡA，今週中に外来でAC療法（アドリアマイシン＋シクロホスファミド）を開始予定である。

### 第1段階：患者との信頼関係の構築，患者のニーズの確認，目標設定

　乳がんであることは手術入院の際に会社に報告したが，抗がん剤治療に関しては説明していない。「心配も同情もされたくないから周囲に脱毛を知られたくない」という患者ニーズを確認し，まず「脱毛を隠す」という具体的な目標を設定した。

### 第2段階：基本情報の収集とアセスメント

　以下の6点に関して情報収集を行い評価する。
①外見の症状としては，治療レジメン上，2〜3週で脱毛するが，その他の身体症状の発生は頭皮も含めて少ないと予想される。
②外見が気になる状況は，年配男性が多い職場よりも，ママ友に会う保育園の送迎である。毎日だが時間的には短時間である。体調によって子どものお迎えを依頼するかもしれない親しいママ友だけは，病気のことを話すべきか

迷っている。
③苦痛の程度やこだわりについては，30歳まで美しいロングヘアを保ってきたが，「子どももいるし，命を失うことに比べたら我慢できます」と述べ，大きくはない。
④現在の対処方法については，「送迎は帽子でごまかせるかなあ。職場はどうしよう」と漠然と考えているが，具体的な準備は始めていない。
⑤本人の状況（身体症状・セルフケア能力・情報収集能力・経済状況，等）としては，今回限りの脱毛であり，仕事は残業免除で対応予定．PCスキルも高い反面，治療後1週間はだるさが続く可能性があり，時間的・経済的余裕はなし。ネットショッピングには以前から慣れている。
⑥援助資源の有無としては，Y市が最大1万円のウィッグ助成を行っている。

## 第3段階：プラン策定

　患者の状況を踏まえて，どのような対処方法が「その人」にとって，目的に合致した実施しやすい方法であるかを一緒に検討する。A子の場合，ウィッグは，購入に出かけずに済み，廉価で選択肢の多い通販の利用が推奨される。また，職場はA子の親世代の男性ばかりであり，病気のことも知っているため，無理に脱毛を隠そうとせず，職場の人間関係に上手に甘えてもよい。ママ友に会う送迎では，周囲の人が違和感を持たないよう，治療前から帽子を被るようにする。一方で，安心して治療に専念できる環境づくりという点から，送迎に積極的に協力してくれるママ友との関係維持対策も大切である。

## 第4段階：プラン実施の支援

　A子と意見交換しながら，返品交換可能な通販サイトやウィッグのカットが可能な住居近くの美容室の利用，場面に応じたウィッグや帽子の使い分けなどの情報提供を行った。A子が悩む親しい人への対応については，相手に心理的負担をかけずに人間関係も変わらない話し方を考えてもよいのではないかと提案した。その後，A子は通販で安価なウィッグを購入し，馴染みの美容室でカットしてもらった。保育園の送迎時は，ウィッグが傷まないよう短時間のみ帽子を重ね，職場では，治療を説明して来客に会わない場所で作業するように

配慮してもらい，ウィッグを外して帽子で事務作業を行っている。親しいママ友には，簡単に治療スケジュールを説明して具体的な協力を求めた。その際に「あなたとの人間関係が変わったら悲しいから，それ以外は気にしないで今までどおりに接してほしい」と話したところ，相手も「わかった」と言い，病前と変わらない態度で接してくれているとのことである。

## 4 代表的症状別ケア

ウィッグを中心とした脱毛のカモフラージュを例に説明し，その他の症状は対処手段を例示するにとどめるが，いずれも「実際的な外見の加工」と「認知変容」の視点が必要であることに変わりはない。

### (1) 脱　毛

脱毛を生じる抗がん剤は，前出のアドリアマイシンとシクロホスファミドを含め，40種類弱が存在する（矢内, 2017a; 2017b）。薬剤によって頻度や程度は異なるものの，完全に脱毛する場合は，抗がん剤投与開始後20日程度で突然に脱毛が始まり，それから1週間程度で髪を喪失することが多い。まつ毛や眉毛も脱毛する場合がある。髪は3〜6ヶ月後に回復するが，以前とは異なる色調や毛質となる場合があり，毛の密度が低下する場合もある。多くは一過性であるが，体質や治療内容によっては薄毛状態が継続することもある。

### i）実際的な外見の加工への支援例
- 事前準備：症状のプロセスや対処法を知らせることで，症状や病気そのものに対するコントロール感や自己効力感を高める。脱毛と再発毛のプロセスや洗髪方法の知識，選んだウィッグのヘアスタイルに合わせてあらかじめカットするなどの工夫，自治体による助成制度・患者会やメーカーによる無償提供などの情報収集。
- 頭髪：ウィッグ・つけ毛・粉末増毛剤・帽子（簡単帽子の作成法）。

- 眉毛：パウダーアイブロウ，アートメイク。
- まつ毛：付けまつ毛・アイシャドウ・アイライナー・メガネ。
- 追加情報：眉毛の濃さ・服装などとのバランスに気をつける。

### ii）外見の変化に関わる本人の認知の変容を促進

　頭髪の脱毛は，社会的にもがん治療の象徴と認知されている症状であるため，患者にとってきわめて大きな苦痛である（Carelle et al., 2002; Nozawa et al., 2013）。それゆえ，患者は「ウィッグとバレないための自然で良質なもの」を探し求めるが，細部にこだわればこだわるほど，現実とのギャップに悩むことになる。実際，ウィッグ店を訪ねた者は，自然で良質なウィッグの基準として，「人工皮膚のつむじがあること・髪ざわりが柔らかく自然であること・安物はすぐに痛むこと」などを指導され，高価な製品を勧められる。高級品を購入できず，業者の基準を満たさない安価な製品を入手した者の中には，ウィッグが不自然ではないかと気になって外出できない者もいる。同様に，ウィッグ業者の講習会に参加した医療者も，同じ業者目線で患者のウィッグを観察するようになる。

　しかし，ウィッグ業界の基準と，医療者が指導すべき基準とを混同してはならない。患者がウィッグを利用しながらも，楽しく快適にその人らしく過ごせるよう，新たな視点を与えるのが医療者の役割であり，それがアピアランスケアでもある。アピアランス支援センターでは，「良質なウィッグとは，あなたに似合うもののこと」と患者に伝えている。必ずしも医療用ウィッグである必要はない。

　例えば，ウィッグ店に行った後，「やはりつむじが大切よね」と話す患者には，「ご家族のつむじ，思い出せますか？」と尋ねてみる。答えられる人はまずいない。あえてそうした質問をするのは，「健康な人は，一緒に暮らしている人のつむじさえ見ていないもの」であることを実感してもらうためである。自分に似合うと思えるウィッグに，仮につむじがなかったとしても，「じっと見つめている人は同業者（患者・医療者・ウィッグ業者）しかいないので，微笑み返せばよい」と教えると，患者は急に明るい表情になり，堂々と振る舞うようになる。

同様に，「髪ざわり」を気にする人には，「過去1年あなたの髪をさわったのは誰ですか？」と問えば，美容師と親しい人しかいないことに思い至ることができる。そして，客観的には，何十万人といるおしゃれウィッグを装着している健康人と何ら変わりはないことに気づいてもらい，「最近，染めるのが面倒だし，髪も腰がなくなって，おしゃれウィッグにしたの」と言い切ってよいと伝えるのも有効である。また，1ヶ月の使用で傷むような極端に廉価なウィッグであっても，週に1回くらい遊びに行くときの使用であれば，治療期間中くらいは継続して楽しむことができる。

病気を隠すためのウィッグから，おしゃれを楽しむためのウィッグへと認知変容を図ることは，「病気を隠すやましい自分」から「病気であってもおしゃれを楽しむ自分」への転換を図ることであり，患者の表情や行動が明らかに変化する。

### (2) ざ瘡様皮膚炎

ざ瘡様皮疹は，分子標的治療薬開始1～4週後以降，顔面，頭部などに見られる。通常のニキビとは異なり，無菌性である。

- 予防：抗菌薬内服，保湿薬外用，スキンケア。
- 治療：ステロイド外用剤，抗菌薬の内服。
- カモフラージュ：強く擦らなければ，メイクすることも可能である。

### (3) 色素沈着

フッカピリミジン系抗がん剤やタキサン系抗がん剤よって生じ，頬や手指など局所的に起こることもあれば，全身性に生じる場合もある。主としてメラニン色素の代謝異常による色素増強が多い。

- 予防：保湿・日焼け止め。
- 治療：ビタミンCなどの服用は，推奨に足るエビデンスはない。他の皮膚

障害がなければ，通常のスキンケアでよい。
- カモフラージュ：メイクは可能だが，日常使用の製品よりファンデーションの色を暗くしたり，医療用ファンデーションなどのカバー力の高いものを使用したりする。患者の視線は色素沈着部分に固着しがちであるが，通常のパーソナルスペース分（1.5メートル程度）離れた位置から確認するなどのアドバイスが有用である。

### (4) 爪障害

アンスラサイクリン系，フッカピリミジン系，タキサン系などの抗がん剤により，爪の変色や変形が生じやすい。

- 予防：抗がん剤点滴中の冷却・保湿。
- カモフラージュ：マニキュアは爪の変色や軽い剥離の補強に対して有用である。ジェルネイル・アクリルネイルなどは，長期間継続して接着するため，爪床部の変化がわかりにくく，爪障害が生じる可能性のある治療中は推奨されない。

### (5) 乳房切除

乳がんの手術は，腫瘍のみを切除する乳房温存術と乳房全体を切除する乳房全摘術からなる。乳房は女性性のシンボルでもあるため，患者の喪失感が大きかった。しかし，2013年よりインプラントが保険適応となり，乳房再建術を行う患者が増加している。皮弁を用いた自家組織再建もある。

- カモフラージュ：補整下着，補整パッド，エピテーゼ（人工乳房）。

### (6) 頭頸部がん治療による瘢痕や変形

上顎がん・下顎がん・歯肉がん・口腔底がん・舌がんなどの切除術は，呼

吸・摂食・発声など生存に不可欠な機能の障害を生じさせるだけでなく，大きな整容障害を引き起こす。

- 治療法：機能維持，顔面の形態維持，表情の形成のための再建術。
- カモフラージュ：皮弁・テープ・マスク・眼帯・メイク・エピテーゼ。
- アプローチのポイント：術前に，手術直後の顔貌の変形の程度や症状が安定するプロセス，具体的なカモフラージュ方法，退院後の他者とのコミュニケーション方法まで，術後の変わりない生活が送れることを説明すると，患者は安心して手術に向かう。術後，顔面の変形を受容できない患者に対しては，無理に直面化させようとせず，まずは大きく隠すことから始めるとよい。また，家族や見舞客など，術後に最初に会う重要他者との面会がうまくいくよう，外見や表情，会話の内容までを事前にアドバイスする。最初の大きなハードルをうまく越えた体験をした患者は，その後の生活への適応も早いからである。そして患者にとっては，日常生活を一つずつ無事に重ねる体験が自信となり，傷が気にならなくなっていくことが多い。なお，アピアランスケアのゴールは，その人らしさの復活であるから，治療部位のみに注目するのではなく，全体としてのその人のイメージ（例：元気な八百屋の大将）が戻るよう，服装・変色部位のカモフラージュ・表情・発声などにも配慮しながら，患者本人と一緒に対策を考える。実際のコミュニケーションシーンでは会話や食事を伴うため，構音や咀嚼・嚥下などの機能的リハビリテーションも，外見の印象に与える影響が大きくて重要である。

## 5 その他の関連トピック

### (1) 小児がん患者への対応について

子どもががん治療によって脱毛する場合には，「病気がバレないよう隠さなければ」とあわててウィッグを探す親が少なくない。周囲からいじめられたり差別されたりせぬよう親心から出た行動であるが，親が必死になればなるほ

ど，子どもにとっては「脱毛やがんは恥ずかしいことなのだ。自分は恥ずかしい存在なのだ」というメッセージになってしまう危険性がある。親の役割は，隠すことに専念するのではなく，万が一，子どもが外で心ない言葉をかけられて傷ついても，自分のすべてをそのまま受容してくれるという安心感を子どもに与える存在であり続けることである。そのため親には，「ウィッグを選択肢の一つとして子どもに提示するにとどめ，もしも子どもが使用せずに過ごすことを選択した場合には，それを尊重すること。その選択によっていじめられることがあったときは，全面的に子どもの味方になるから安心してよいと子どもに伝えること」をアドバイスするとよい。また，学校側との具体的な復学調整も重要である。

(2) ライフイベントへの対応について

　結婚式・成人式・七五三・卒業式・入学式など，さまざまなライフイベントに関してアピアランスケアを行う機会も多い。その際，当日の華やかさやイベントの成功に注意が向きやすい。しかし，自分らしさを取り戻し，対人関係を活性化するアピアランスケアの観点からすると，当日よりもその準備のプロセスのほうがはるかに大きな意義を持つ。確かに患者にとっては，「イベント当日，立派に装うこと」は嬉しい体験であり，自尊感情を高める。しかし，それ以上に大きな意味を持つのは，「長い闘病生活の中で具体的で楽しい目標ができること」であり，その目標の存在が闘病生活全体を明るく前向きなものに変化させることになる。さらに，ライフイベントが患者にもたらす最大の意義は，「大切な人のために生きる体験」である。患者も周囲も，がんという病気のインパクトの大きさに，患者役割以外を忘れてしまっていることが多いが，イベントが決まると，例えば責任のある家族の一員として振る舞うようになり，話題も表情も大きく変化する。

　またライフイベントは，患者本人だけでなく家族などの周囲の人にとっても，大きな意義を持つ。例えば，闘病中で大変なときに誰かのために頑張る患者の姿は，周囲を勇気づけ，「患者を誇りに思える機会」となるだろう。しかし，それ以上に，準備のプロセス自体が何よりの「幸せな時間を共有する体

験」であり，その温かな記憶が，遺される人のその後を支える力となるのである。

このように，ライフイベントは患者にとっても周囲の人にとっても，そのプロセスに90％以上の意味があるといっても過言ではない。それゆえ，薬剤調整や体調管理を除き，彼らができる限り自分たちで準備するよう，つまり，そのプロセスを十分に有意義な時間にできるよう，医療者は，彼らが諦めないギリギリのレベルで支援することが大切である。

### (3) 医療者のためのアピアランスケア研修会について

2012年より国立がん研究センター中央病院では，全国がん診療連携拠点病院の医療者向けに，「医療スタッフのためのがん患者の外見ケアに関する教育研修会」を開催している。2年間かけて基礎編・応用編を修了した医療者には，オレンジクローバー・バッジが手渡される（図5-2-1）。2018年1月現在，全国に約340名のオレンジクローバーのメンバーがいる。メンバーは普段は個々に活動するが，「患者さんと社会をつなぐアピアランスケア」を共通理念として，必要な

図5-2-1　オレンジクローバーのロゴマーク

ときにはいつでも相談できるようメーリングリストでつながっている。

アピアランスケアに対する患者ニーズの高まりに呼応して，研修希望者が年々増加し，2017年は基礎編1日分の座席（72名）が10分で予約満席となった。質の担保とマンパワーの関係から，対象者を拠点病院に限定して実施しているが，需要と供給がまったく合致しない状況となっている。しかし，加熱気味の状況にあるからこそ，「外見の悩みの本質は，社会との関係の変化に対する不安である」ことを，正しく理解した医療者の教育が不可欠である。

このような社会状況を反映して，国のがん政策にも変化が生じてきている。2017年10月に閣議決定された第3期がん対策推進基本計画には，「がん治療に伴う外見（アピアランス）の変化（爪，皮膚障害，脱毛，等）」に関する相談支援や情報提供の体制が構築されていないこと等が指摘されているものの，十分な検討がなされていない」ことが記載された。そのうえで，「国は，がん患者

の更なる QOL 向上を目指し，医療従事者を対象としたアピアランス支援研修等の開催や，生殖機能の温存等について的確な時期に治療の選択ができるよう，関係学会等と連携した相談支援及び情報提供のあり方を検討する」と国の責務を規定したのである。

現在，筆者らは「がん患者に対するアピアランスケアの均てん化と指導者教育プログラムの構築に向けた研究」（厚生労働科学研究費 2017-2019：研究代表者 野澤桂子）に着手した。アピアランスケアは，がん患者が尊厳を持って安心して暮らせる社会の構築（第 3 期がん対策基本計画案）に不可欠のものである。外見をケアすることがその人らしく生きるための支援であることを，治療に関わる医療者が正しく理解できる，効果的な医療者教育システムのあり方を検討していく予定である。

（野澤桂子）

注記
＊1　手術によって生じた欠損などに対し，体表上に貼り付けて形状の修復を図る，シリコンなどの人工医療材料で作られる人工物のこと。

引用・参考文献

Carelle, N., Piotto, E., Bellanger, A., Germanaud, J., Thuillier, A., & Khayat, D. (2002). Changing patient perceptions of the side effects of cancer chemotherapy. *Cancer, 95*(1), 155-163.

野澤　桂子（2017）．アピアランスケアとは　野澤　桂子・藤間　勝子（編）臨床で活かす：がん患者のアピアランスケア（pp. 2-19）　南山堂

Nozawa, K., Shimizu, C., Kakimoto, M., Mizota, Y., Yamamoto, S., Takahashi, Y., ... Fujiwara, Y. (2013). Quantitative assessment of appearance changes and related distress in cancer patients. *Psycho-Oncology, 22*(9), 2140-2147.

矢内　貴子（2017a）．症状別　外見に関わる副作用の発現頻度一覧　野澤　桂子・藤間　勝子（編）臨床で活かす：がん患者のアピアランスケア（pp. 264-267）　南山堂

矢内　貴子（2017b）．薬剤別　外見に関わる副作用の発現頻度一覧　野澤　桂子・藤間　勝子（編）臨床で活かす：がん患者のアピアランスケア（pp. 268-271）　南山堂

# 第6章

## 社会文化的アプローチ：
### チェンジング・フェイスによる「顔の平等」キャンペーン

特別寄稿

ジェームズ・パートリッジ
(James Partridge)

## 第6章　社会文化的アプローチ：チェンジング・フェイスによる「顔の平等」キャンペーン

　チェンジング・フェイス（Changing Faces）は1992年にジェームズ・パートリッジ（James Partridge）により設立された，イギリスの国家慈善団体である。原因によらず外見に違いを有する人々やそれをとりまく人々・対象に向けて，外見の違いを有しながら互いにとってより生きやすい生き方ができるようなさまざまな支援，権利擁護，啓発を行っている。2017年には設立25周年記念行事として，Face Equality Dayという大々的な啓発キャンペーンをイギリス圏で行った。本章は創設者自身による，設立からFace Equality Dayまでの展開に関する概説である。

### 1 用語について

　まず，用語について。チェンジング・フェイスでは「変形（disfigurement）」という言葉を使用している。簡潔で共用性の高い言葉で，一般の人にも広く理解されているからであり，イギリスの「Equality Act 2010（イギリス平等法2010）」の法令でも正式に使用されているからである。この法令は，「重度の変形」を負っている人々への法的保護を謳っている。
　「変形」とは，先天性や後天性の状態，麻痺，瘢痕が，顔や手や体の外見に対して視覚的影響力を持ちうるということを意味している。変形には多くの原因が存在し，生まれつきのアザや頭蓋顎顔面の状態（疾患）など出生時よりあるものもあるが，熱傷や事故が原因の瘢痕，白斑症や乾癬や尋常性ざ瘡（ニキビ）のような皮膚の状態（疾患，症状），顔や皮膚のがん，脳卒中やベル麻痺（顔面神経麻痺）などのように，多くは生涯の過程の中で獲得されたものである。変形は，どの社会階層であっても，どのような属性を持つ集団であっても，そして人生のいかなる時点においても，誰もが負う可能性があるものである。
　「変形」という言葉を好む人などほとんどいないことは十分に理解しているし，またわれわれも好まない。しかしながら（言葉を使用する）目的を考えれば，他により優れた用語があるとは思えないのも事実である。もちろん，「顔における差異」「可視的差異」「通常ではない外見」のように，別の一般的な言葉や表現を使用することもある。私たちは可能な限り，変形の原因が説明でき

るような表現を使用するよう努めている。例えば,「ジェーンには口唇裂がある」「デボラは顔のがんの手術を受けた」「アブドゥルは家の火災で熱傷を負った」などである。なぜならこのように表現すれば,その人の状態を十分に説明できる,情報量の多い表現になるからである。

## 2 チェンジング・フェイスの設立経緯と主要プログラム

　現代医学や外科手術がますます洗練されてきているにもかかわらず,変形を完全に取り除けることはほとんどないのが現実である。そして,顔は誰であっても自己イメージの中心に位置し,これを重要な社会的なキャンバスとして,自らのパーソナリティを描き,他者と共有し,そして自分の気分や意図を信号として載せる。それゆえに,変形は,その人の自己の価値や,その人に対する他者の認知や態度にも深刻に影響しうる。顔以外の部位における変形でも,自尊感情や他者がどう反応するかに影響を与えうる。

　イギリスでは少なくとも130万人の子ども,青年,成人が,はっきりと目立つ変形を持っていると見積もられている。そのうち顔の変形は56万9000人で,人口の111人に1人に当たる。日本の人口は1億2700万人であるから,およそ100万人が,顔に重大な変形を持っていると考えられる。

　私の経験を記そう。私は18歳のときに自動車の大事故に遭い,その結果,顔に重度の熱傷を負った。そして,卓越した一連の形成外科手術を受けた。しかし,外見に影響を与える状態を有している他の人々と同じように,私は世間一般で信じられている神話とは裏腹のこと,つまり治療では完全な顔（や身体）を取り戻せないことを認めることとなった。

　加えて,変形に対する医学的治療は状態によって大きく異なるだろうが,顔の変形がもたらす心理社会的影響には共通点が多い。例えば,私たちのように顔に変形を持つ人々は誰でも,他者の侵入してくるような注目や,変形に対するスティグマを思い起こしてしまうような顔とともに生活しなければならない。多くの人々はとても自意識が高まり,孤立無援になり,公共の場でのからかいや冷笑や凝視を受け,学校では期待されず,就職に問題を抱え,ソーシャ

ル・メディアで侮辱される。ただ単に見た目がそのようなだけで，メディアがもたらしているステレオタイプに従った見方を受ける。まったく不公正である。

25年以上前，アメリカの社会人類学者であるフランシス・クック・マクレガー（Frances Cooke Macgregor）は，ベトナム戦争や朝鮮戦争から市民生活へ戻った帰還兵のうち，顔に怪我を負った退役軍人の生活を研究した。彼女が生涯にわたる研究をまとめて述べたことは，（顔に）変形を持つ人々は，「ほとんどの人が当たり前のことと思っている，世間的無関心の喪失（loss/lack of civil inattention）（訳注：社会学者ゴフマン〈Goffman, E.〉の用語。雑踏の中で私たちは他者の視線から逃れることができるが，顔に変形を持つ人はそれができず，じろじろ見られたり，避けられたりすることを指している）」を経験しているということだった。公共の場で注視されないことの喪失は――あるいは（注視されないという経験が）欠如していることは――イギリスでも，そしてどの国においても，変形を持つ人々には避け難い真実である。

当事者の言葉を引用しよう。「日々の仕事に出かけようとすると，（顔の）変形を持つ人々は，目に見える形の，かつ言葉による襲撃にさらされ，そして直接的に挑みかかってくる見知らぬ人たちの慣れ慣れしさの勢いにさらされる。すなわち，あからさまな凝視，脅かされたような反応，二度見，ひそひそ話，落ち着かなさそうな表情，好奇心，個人的なことへの質問，アドバイス，哀れみや嫌悪感を見せてくること，嘲笑，冷笑，あからさまな忌避である」。

## ③ チェンジング・フェイスは何をするのか？

こんなことでいいはずがない。チェンジング・フェイスは1992年から，変形を持つ人々が，思いどおりの生活を送れるあり方を見出せるような支援を行うために，その活動を始めた。私たちはイギリスや世界に向けて，通常ではない外見を持つ人々を完全に認め，尊重する社会が創造されるよう，日々尽力している。

私たちはケアを行いながら普及活動を行う――支持的な，友好的な，ポジティブな，そして鼓舞するような，（個人への）ケアとエンパワメントを行

う。そして率直に情報提供を行いながら，社会と文化に対して毅然とした態度で，教育と権利擁護のためのキャンペーン活動を行っている（https://www.changingfaces.org.uk/about-us）。

　私たちは専門家を採用してチームを作り，（社会の）不公正に対峙するために2つのプログラムを行っている。**チェンジング・ライフ**（Changing Lives）では，変形を持つ人たちとその家族をエンパワーするとともに，その人たちの心理社会的（例：情緒的かつ社会的）不安に十分に取り組むことができるケアを求めて，権利擁護の活動をしている。**チェンジング・マインド**（Changing Minds）では，社会の多くの人々の態度に立ち向かいながら情報を提供したり，あらゆる人々のための「顔の平等（Face Equality）」のために，キャンペーンを行ったりする。

　**チェンジング・ライフ**は，子どもや大人の自尊感情や自信を，次のようにして成長させることを目指す。

- 専門的な訓練を受けたチェンジング・フェイスの実践家が，情緒面の支援，助言，社会的スキル・トレーニングについて，1対1での面談，ワークショップ形式，あるいはオンラインでそれらを行う。
- スキン・カモフラージュ技術やクリームに関する助言提供を行う。
- 医療職のトレーニングを行うとともに，NHS（イギリスの公的保険制度）でのサービス改善のための権利擁護活動を行う。

　**チェンジング・マインド**は，社会において「顔の平等」が浸透していくことを目指す。

- 賛同してくれる学校や職場を増やし，すべてのメディアにおいてロールモデルとなる人たちを育てる。
- イギリスにおいて，特に社会的メディアにおいて，「顔の平等」キャンペーンを推進する。
- 公共の場での顔に関連したスティグマや，テレビ・業界・映画における嘲笑などに対して，問題を指摘して改善を促していく。

## 4 「顔の平等」キャンペーン活動の起源と活動

　この25年以上にわたって，チェンジング・フェイスは数千名のクライアントから，そして学術研究から，イギリスの強迫的外見重視文化の中で，変形を持つ子どもも大人も正当に扱われていないことを学んできた。どうしてこんなことが起きているのか？　私たちの分析でわかったのは，顔への偏見（変形に対する差別の強調）は，深く大衆の心に根ざしているということである。

　2008年，大衆の態度（姿勢）に関する独自調査を行った。一般の人々は，「顔に変形を持つ人々を不当に扱ったことはない」と主張する一方で，10人のうち9人が，（可視的差異のある人たちに）ポジティブな特徴を見出すのは非常に困難であると考えていた。彼らは魅力がないと判断されたり，人生に大きな実りを期待すべきではないとされ，成功することは望めそうもないと判断されたり，社会的出会いの中で一緒にいることに居心地の悪さを感じられる，と考えられていることが明らかになった。

　こうした，無意識的な強固な偏見によって，メディアや職場やさまざまな状況の中で，変形を持つ人たちに対する消極性，不当性，期待の低さといったラベルが容認され，正当化されていく――そして，自分自身に対してまでも，同じようなスティグマが当てはめられるようになるのである。

　変形に対する馴染みや知識の欠如――美容外科の誇大広告とは裏腹に，現代医学や外科治療の結果に整容的限界があるのを認識し損なうこと――そうしたことが，スティグマが持続される理由の一部であろう。チェンジング・フェイスのウェブサイトを閲覧した後で行われた大衆の態度に関する同じテストでは，偏見の程度はやや減少していた。

　しかし最近の傾向として，私たちすべてが，変形をネガティブなものとして見るように条件づけられている。次の2つの非常に強力なステレオタイプが蔓延しており，日々の疎外感と不当性の原因となっている。

- 変形を持つ人々は，実り豊かな人生を手に入れるために重要とみなされている「良い外見」を欠いている。

- 「醜い」瘢痕や「歪められた顔」は，IQ の低さやモラルのない性格を想像させる。

　それゆえに，チェンジング・フェイスは 2008 年に「顔の平等」キャンペーンを立ち上げ，10 年にわたってこうした状況を変えようとしてきた。顔の平等とは，外見にかかわらず等しく，敬意を持って，正当に扱われることである。自分にできる独自の貢献に対して，誰もが尊重される社会を創造することでもある。

　チェンジング・フェイス設立 25 周年の 2017 年に至るまで，活動資金の深刻な欠乏にもかかわらず，このキャンペーンはいくつかの進歩を社会にもたらした。チェンジング・フェイスも他の慈善団体と同様，2008 年のサブプライム・ローンに起因する世界的経済危機後，基金募集に大規模な低迷を経験した。しかし「顔の平等」キャンペーンは，イギリス社会における次のようないくつかの局面において，評価され支持されてきたということができる。

1. ポジティブな見方を促す──認知の変革
2. ネガティブな見方への挑戦──スティグマに対して敢然と戦う
3. キャンペーンの経緯を紹介する──2017 年の Face Equality Day の創設

### 1. ポジティブな見方を促す──認知の変革

- 2008 年と 2010 年には，地下鉄の駅やイギリス中の屋外の広告板に，当事者の写真を載せた数千枚の「顔の平等」ポスターが掲示された（次頁の写真を参照）。
- 2009 年，チャンネル 5 のテレビニュースで，顔の変形を持つ人物（訳注：これはパートリッジ氏自身である）が初めてニュースを読み上げた。世界的な称賛が起こり，視聴率も低下しなかった。
- 教師と学校それから職場に向けて，（一般人の）態度変容のための新たな教材を作成し，「顔の平等」を推進するための方法について児童・生徒に教えたり，職場のスタッフを教育したりすることを可能にした。

第6章　社会文化的アプローチ：チェンジング・フェイスによる「顔の平等」キャンペーン

「顔の平等」キャンペーンで使用した当事者のポスター
提供：Changing Faces

## 2．ネガティブな見方への挑戦——スティグマに対して敢然と戦う

- ミシェル・ドッカリー（テレビドラマ「ダウントン・アビー」の出演女優）が出演する60秒のフィルムを作成し、悪役を描くために傷のある人物を登場させるハリウッドや映画制作者の誤ったやり方に対して、注意を喚起した（https://www.changingfaces.org.uk/campaigns/face-equality/face-equality-film）。
- BBC外部委員会（トラスト）の勧告を勝ち取った。自動車番組「トップ・ギア」の著名な司会者ジェレミー・クラークソンによる変形を持つ人々に関するコメントは攻撃的であるとし、BBCの編集ガイドラインに抵触するという内容であった。これは、他のあらゆる出演者や脚本家に対する重要な先例となった。
- 多くの企業に対して、スティグマを流布するような番組を続けないように強く働きかけを続けている。例えば、チャンネル4（「Beauty and the Beast」というドキュメンタリー）、マインド・キャンディ（子ども向けオンラインゲームのMoshi Monsters）、デイリー・エキスプレスのオンライン新聞（報道基準の新しい規制機関〈IPSO〉からの規制圧力の後に、「世界で最悪の39人の顔写真」という記事が、非常に悪趣味なものであったことを認めた）。

## 3．キャンペーンの経緯を紹介する——2017年のFace Equality Dayの創設

しかし、こうした多くの活動にもかかわらず（イギリスで最大規模のいくつかの企業に対して、「機会の平等政策」の中に「顔の平等」を組み入れることを説得する

ことを含めて），開始当初のソフトな啓発段階では，十分な成功を収めることはできなかった。イギリス社会は，人々の自尊感情と市民感覚を損ないうる不公正を，いまだに放置している。2016年にチェンジング・フェイスは，キャンペーンをより積極的な段階に移行させることを決断した。この段階では，例えば，私たちは嘲笑や侮辱について注意喚起するだけでなく，「フェイシスト（顔至上主義者）」や「フェイシズム（顔至上主義）」という言葉を用いて注意喚起するとともに，こうした言葉を一般的な用語にしようと努めた。そして，より大きな注意喚起を生むために，チェンジング・フェイスの25周年を記念して，2017年5月にFace Equality Dayを創設したのだった。

## 5 Face Equality Day を創設するために何をしたか？

この日のための準備は膨大であり，団体の全職員，ボランティアと支援者，外部顧問といった多くの人々が関わった。そしてイギリス社会の多くの部門（＝セクター）の組織から支援を受けた。以下，この重要な日についての5つの重要な特色について述べる。

### (1) エビデンスの集積

イギリスにおいて変形を有する人々が直面する問題について，今日に至るまでエビデンスを集積してきたことには大きな意義があった。806名のオンライン調査が分析され，Face Equality Dayで出版された「イギリスにおける変形に関する報告書」の基礎となった。これによると，生活のほとんどあらゆる局面が，非常に不平等な場となっていることが述べられている。こうなりたいという希望や期待を失わせ，侮辱と不公正を否応なしに受け入れざるをえない状況が浮き彫りになった。主な知見は次のとおりである。

- 80％が凝視，ハラスメント，侮辱を他の人から受けていた。
- 50％が変形に基づく差別を経験していた。

第6章　社会文化的アプローチ：チェンジング・フェイスによる「顔の平等」キャンペーン

- 40％が変形によって学校の成績への悪影響を受けていると報告した。
- 80％が自分の顔がその職にふさわしくないと考え，就職応募をあきらめた。
- 67％が自分は情緒的問題があると医療専門職に思われたことがある。
- 75％が医学的・外科的治療は必要ないとみなされ，受けることができなかった。
- ほぼ100％がソーシャル・メディアにおいて，変形を嘲る書き込みや投稿を見た。
- ソーシャル・メディア会社に苦情を出しても，誰にも取り上げられなかった。
- オンライン・デートを利用した者の92％が，外見に対して不愉快なコメントを受けた。

　以上から，変形を持つ人々の生活は，世間からの態度や行為によって不利な立場に追いやられているという結論は明確であった。加害者は特定の集団というわけではない。社会のあらゆる局面で，こうしたことが起こっている。こうした強烈な知見は，多くのマスコミ報道で伝えられ，続いて著名な評論家たちや有力政治家に届くこととなった。
　同時に，2008年に行った一般大衆の態度に関する調査を再度行った。いくらかの改善は認められたものの，可視的変形についてのネガティブなバイアスは消えてはおらず，66％がいまだネガティブなバイアスを持ったままだった（2008年では90％だった）。減少したことは励みになるし，チェンジング・フェイスのキャンペーン活動がいくらかの影響を与えたことも示唆された。しかし一方で，この減少傾向が仮に続いていったとしても，この絶対的な偏見がゼロに近づくには30年以上かかってしまうだろう。
　これらを考え合わせると，この新しいショッキングなエビデンスは，このFace Equality Dayという日に，現実的な意味を与えることとなった。

(2) メディアとソーシャル・メディアの報道

　当日までの数ヶ月間，私たちはフェイスブック，ツイッター，インスタグラ

ムという3つの主要なソーシャル・メディアにおいて，その日に関する口コミ情報を徐々に増やしていった。支持者に対してさらなる関与を狙い，そしてまったく期待どおりになった。また，名士の支援者や変形に関して連携する慈善団体も，強く支援してくれた。

変形の報告書についてメディア・リリースを行い，われわれのメディア・適正利用ガイドラインに従って，すべての全国的メディア・地方メディア組織へ送った（https://www.changingfaces.org.uk/wp-content/uploads/2016/03/Media_Guidelines_FINAL.pdf）。フェニックス・マガジンのようなところへも，事前報道を行った（https://www.phoenixmag.co.uk/article/the-skin-were-in-meet-the-changing-faces-ambassadors-redefining-beauty/）。

Face Equality Day とイギリスにおける変形の報告書の発表に関して，29のメディア・インタビューを受けた。潜在的な聴衆の数は，1920万人にのぼった。折しもマンチェスターのテロ攻撃が発生し，主要メディアは当然ながらそちらへ集中した。これは報告書の報道に影響を与えたが，私たちはタイムズ紙の法制覧にしっかりと記事を掲載し，多くの上位ブログと専門ウェブサイトに載せた。

ツイッターでは「#FaceEquality」のハッシュタグが2380万のインプレッション（ツイートが表示された数）を獲得，またチェンジング・フェイス独自のツイートを見た人は460万人に達した。サンダークラップ・キャンペーン（訳注：ウェブ上でのクラウドスピーキングプラットフォームの一つ。このプラットフォームで利用者が連携して，伝えたいメッセージを広めることを目的としている）は目標としたサポーターの218％を獲得し，パトロンであるロリー・ブレムナーを含めた支援者は53万2229人となった。新たに制作した「顔の平等」キャンペーンのフィルム「テュルシーの物語」（https://changingfaces.org.uk/campaigns/face-equality/face-equality-day）には43万1642人がアクセスし，フェイスブックだけで22万7000人以上の閲覧があり，640回以上のシェアがあった。

フェイスブックでは，私たちが投稿した Face Equality Day とイギリスにおける変形報告書の記事は92万293人に閲覧され，9万465の支援の誓約（後述）と947の新しいページについての「いいね」を生み出した。インスタグラムでは，数百名の支援者の写真がアップロードされ，リンクトインでは私たちのブログや他の関連する新しい話を共有した。

第6章　社会文化的アプローチ：チェンジング・フェイスによる「顔の平等」キャンペーン

　こうしたすべてのソーシャル・メディアでのつながりは，非常に視覚的かつ慎重に行われ，ヤクブ・マーチャント（Yakub Merchant）によって撮られた美しい写真に彩られていた。写真は新しい書籍 *Faces of Equality*（写真集，Changing Faces，2017年）の基礎ともなり，パトロンで，作家でもあるベンジャミン・ゼファニア（Benjamin Zephaniah）による力強い序文とともに，顔の平等キャンペーンの目標を際立たせる出色の声明となった。

### (3) 他の組織との連携

　Face Equality Day を創造したことにより，チェンジング・フェイスは多くの症状に特化したグループや平等に関係する組織と連携することができた。それらの多くは，かつて連絡をとり合ったり，共同で作業したりしたことがなかった。これらの組織には，ゲイの人権，body confidence（身体におけるコンプレックスを持たないようにしている運動），障害者の団体と同様に，口唇口蓋裂，先天性のアザ，頭蓋顎顔面領域の症候群，乾癬と白斑症，熱傷，顔面神経麻痺が含まれる。初年度は弱いつながりしかなかったが，共通の要因を情報交換していくうちに，顔の平等キャンペーンに対して，将来，具体的な焦点がもたらされる可能性が出てきた。そして私たちは，形成外科医，皮膚科医，眼科医の専門組織からも大きな支援を得た。

### (4) 支援の誓約

　200以上の個人や組織が，オンラインで「顔の平等」誓約に署名した。そしてリーフレットの背表紙には，2017年総選挙の議員候補者を含めて，さらに多くの人々がサインした。誓約文は以下のとおりである。「[それぞれの組織名] においては，できる限りを尽くして，顔の平等を達成するために努力する。すべての人々を，彼らの顔や体の外見がいかなるものであろうとも，平等かつ正当に扱うことを誓う」。
　スコットランドの第一副首相，スコットランド保守党の党首，労働党と自由民主党，スコットランドの緑の党の副党首など，30名を超えるスコットラン

ド議会の議員が，議場の前での Face Equality Day の集合写真に参加した。そして 80 名以上が「顔の平等」のレセプションに参加した。

また，平等と人権委員会（Equality and Human Rights Commission: EHRC）の首席から，非常に力強い支援のメッセージを受け取った。「個人として，雇用者として，意識しない偏見によって，どれほど真の能力を開花させることを妨げているかを認識することは何よりも重要である。チェンジング・フェイスのおかげで，私たちは社会が顔に変形を有する人々をどのように扱っているかという不愉快な事実に，向き合うことができる。人々の生活に深く影響しうるネガティブな態度に対して，彼らは挑み続けている。この委員会は，誰にとっても平等なイギリスを作るために努力している。チェンジング・フェイスと顔の平等キャンペーンの両方を，心より支持する」。

Face Equality Day でのバタフライ活動
提供：（左）James Partridge，（右）松本学

## (5) バタフライ運動

個人，学校，企業，セレブリティ，そして著名人に対して，その日にバタフライのロゴ・シールを身につけるよう勧めるため，多大なチーム作業が行われた。チェンジング・フェイスがこれまで接したことがなかった 4250 名の新しい支援者らを含めて，合計 8 万 4300 のバタフライが制作された。家電販売店のリッカー・サウンドの 53 店舗でも，バタフライは配られた。

イギリスにおいて最初の Face Equality Day（2009 年以降，台湾では毎年続けられている）は，目標達成に対して好意的に評価され，大衆の注意を喚起することができた。しかし，いくつかの重要な教訓もあった——販促用品の準備にはもっと時間が必要であったし，バタフライの包装は予想以上に骨の折れる仕事

第6章　社会文化的アプローチ：チェンジング・フェイスによる「顔の平等」キャンペーン

であった．こうしたことは，2018年5月に予定されている次のFace Equality Dayの計画に活かされるだろう．またイギリス社会の意識を強固にするために，またあらゆる種類の変形を持つ人々にとって，もっとインクルーシブ（統合的）でスティグマを感じさせないような状況が形成されるよう，少なくとも続く5年間は，Face Equality Dayを続けるべきであることが決められた．

## 解　説

　顔や身体の変形をとりまく問題を考える際，まずは個への支援が注目される．しかし，障害の社会モデルという視点に立てば，社会の側が変わることも必要不可欠である．とりわけ顔や身体の外見は，人体において社会的な機能を持つため，単に個へのアプローチだけでは十分な効果を発揮し得ない．つまりアピアランス〈外見〉問題を考える際には，当事者の権利擁護や社会啓発といった活動を通じて，社会のあり方を改めていくことも重要なテーマとなる．

　ジェームズ・パートリッジ氏が述べるように，日本でも推定100万人の当事者が生活している．しかし国内の状況を振り返ると，顔や身体の「不細工」は，多くのメディアにおいて「お笑いのネタ」にすらされている．そして多くの人がそのことに疑問すら感じていない．別の例として，就職活動における履歴書への顔写真添付が選択可能ではなく，必須とされている状況も変わっていない．残念ながら顔や身体の見た目の問題は，ほとんど顧みられていないのが現実である．

　イギリス公認のチャリティ（慈善団体）であるチェンジング・フェイスは，個への支援だけではなく，社会を巻き込んでのキャンペーンを通じて，アピアランス〈外見〉問題についての社会啓発と権利擁護のための活動を行ってきた．世界的に見ても，成功した先行モデルといえる．

　イギリスでは1990年代からすでに，彼らの事務所において専任カウンセラーによる心理相談が行われている．また，彼らの社会啓発活動の結果としてイギリス障害者差別禁止法（1995）が規定され，重度の可視的変形を有する者への雇用差別が禁じられている．さらに，NHSによる心理社会的支援

も，彼らの権利擁護活動の一環として実現している。近年，「顔の平等（Face Equality）」という概念を提唱し，さらなる権利擁護や社会啓発活動を発展させている。ツイッター，フェイスブック，インスタグラムといったソーシャル・メディアを積極的に利用して，より視覚的に，より個人にアピールすることで，外見の問題をイギリス文化の問題として，人々により深く伝えようとしている。

　筆者も 2017 年の Face Equality Day に参加した。そこで印象的だったのは，差別や偏見と対峙しながらも，親しみやすいポジティブな姿勢を貫いて，より効果的なアピールを行おうとしていることだった。例えば，使用されていた写真や動画などは，ポジティブな表情（笑顔などの柔らかな表情）やトーンのものが多かった。また，当日多くの人々が付けたアピール用のバタフライ・タトゥーだが，可視的差異を象徴するものとして用いられているものの，見る人への影響はソフトで，説明されなければわからないイメージである。筆者も当日は頬に付けて街を歩き，ジェームズたちと打ち合わせをしたり，友人と会って外食したりしたが，「それ，おしゃれだね！　どうしたの？」とは言われるものの，その話しかけは差別や偏見とは大きく異なっていた。つらい問題ではあるが，むしろソフトなイメージを使用することで話題になるほうが，結局は一般市民の受け入れを容易にしたのであろう。今後の展開も注視していきたい。

　なお，ジェームズ・パートリッジ氏と触発し合って，この領域の研究を推進したニコラ・ラムゼイ（Nichola Rumsey）について補足しておきたい。彼女はブリストルにあるウェスト・イングランド大学にアピアランス研究所を設立し，研究を重ねてきた。その果実として，彼らが専門職向けに作成した可視的差異の人々を支援するためのツール「FACES」がある。また，同領域の研究者たちで学会「Appearance Matters」を設立，隔年で学術集会を行っている。2017 年に停年を迎えるが，引き続きダイアナ・ハーコート（Diana Harcourt）教授（ラムゼイの部下）とともに，この領域の研究と実践をさらに進める予定である。

　翻って，わが国における状況はどうだろうか？　個の側面では筆者らが東北大学病院で心理外来を開設しているが，全国的にはまだこれからである。学術的なエビデンスが社会で共有されていくことで，個の支援の充実のみならず，

| 第6章　社会文化的アプローチ：チェンジング・フェイスによる「顔の平等」キャンペーン |

社会的視点からの啓発や権利擁護も確立されていくことを期待する。

（訳・解説：松本　学）


※ Face Equality Day の様子や関連情報は次の Changing Faces ウェブサイトで詳細が確認できる。https://www.changingfaces.org.uk/campaigns/face-equality

# 第7章

# 今後の課題（対談）

　本書ではアピアランス〈外見〉問題への理解に始まり，将来的な包括的ケアを目指した試みについてまで解説してきた。しかし，包括的ケアの技術体系についても，その現場への普及についても，まだまだ問題は山積している。加えて，メディアを中心とする社会文化的問題や，日本文化に固有の問題も未検討のまま残っている。

　最終章では，アピアランス〈外見〉問題に関する情報を，医療や学校などの現場や一般社会へ普及させるために，越えていかねばならない今後の課題について検討する。強力な助っ人の先生方との対談の中で，問題の輪郭が，読者におぼろげながら見えたとしたら本望である。ご協力いただいた社会心理学の大坊郁夫先生（北星学園大学学長，対談時は東京未来大学学長）と臨床心理学の伊藤絵美先生（洗足ストレスコーピング・サポートオフィス所長）に，あらためて御礼申し上げる。

## 第1節
# 社会文化へのアプローチについて
―「見せる文化」と「読ませる文化」との差異―

### 大坊郁夫 × 原田輝一

原田：本日はお忙しい中，対談にお時間を割いていただきありがとうございます。大坊先生は東京未来大学の学長ですが，以前の大阪大学大学院人間科学研究科教授のときからお付き合いがあり，社会文化に関する心理学，とりわけ国際比較について重要な知見を教えていただきました。本日は，個人すなわち臨床での問題点を，いかにして社会文化的に反映させていくか，フィードバックさせていくかを中心に，さまざまな話題についてお聞かせいただこうと考えています。

## 日本は相手に「読ませる文化」

大坊：以前にお話ししたのは，写真を用いた静的な表情についての国際比較でした。中国は自国中心的で，中国的要素を感じるものに対して美も感じる，という傾向が指摘されていました。逆に日本は自己抑制的で主張も弱く，むしろ曖昧さを積極的に利用している文化でありました。韓国は両国の中間的，あるいは両方の性格を持っているということでした。イギリスでも同様の調査を行っていますが，東洋人＝美しくないとなっていました。しかしこれは，民族差が大きいために心理的距離が大きくなった結果で，つまり馴染みがないものを，美しいというカテゴリーから外すという現象でした。

原田：その後の先生の研究では，顔や表情の表出について，文化の平面性や立体性について言及されています。これはどういうことなのでしょうか？

大坊：例えば，顔は正面像だけでなく，シルエットや横顔も使用されることが

あります。それが日本では少なくて，正面像しか扱わないことが多いのです。つまり顔の表現についてピンポイントの見方しかしないといえます。それを平面性と称しています。衣服にしても，日本の着物は身体の立体性を抑圧する形態です。江戸時代まではそれが日本文化として顕著だったのです。明治時代以降，顔の表情やコミュニケーション性を表現するような変化が見られるようになってきたわけですが，国際比較すると，まだまだ過去の文化の影響が残っている状況です。

原田：その平面性とは，社会文化の文脈ではどのような行動につながりやすいといえますか？

大坊：抑制されたコミュニケーションを好むとか，顔の表情を出さないなどです。表情を顔に出すのは，「人間ができていない証拠である」とみなされたり，「人に迷惑をかける行為」として自制したりします。当然ながら，喜怒哀楽は顔に出さない。しかし，まったく出さないのではなくて，微妙なところしか出さないのです。その微妙な部分を相手に読ませる，相手に推測させる文化，すなわち，読ませる文化だといえるのではないでしょうか。

原田：最近では3次元計測法を用いた表情分析研究をしてこられましたが，その研究では，以上のことはどのように反映されているのでしょうか？

大坊：日韓で比較した研究から知見を拾い上げますと，「喜び」では口元が広がりますが，「真顔」と「怒り」では逆に縮みます。日本ではそうした現象も，振れ幅が小さかったのです。先ほどの平面性と共通しますが，現代日本でもその傾向が残っているからだと思います。積極的に表出して相手に「見せる文化」ではなくて，相手の解読を利用した，相手に「読ませる文化」だといえます。

原田：相手に読ませる文化だとすると，自分が相手に読ませるだけのものを持っているか，という点が重要になってきます。昔の人がおそらく生き方を大事にしたのに比べて，現代人のプライドは，かなり変質してきていると感じます。多様化しているようでありながら，実は個性がなくて均一化していることが多い。私が感じる現代日本文化の特徴は，読ませるという要素は退化してしまい，「曖昧にして対人関係を無難に維持する」とか，「敵を作らない」とか，そういった要素だけが残っているように感じられます。海外では

第7章 今後の課題（対談）

敵味方をはっきりさせる必要性が，歴史的に強調されてきたのでしょうか？
**大坊**：確かにそれはあります。争いの歴史の密度の違いでしょう。中国や朝鮮半島の歴史は覇権争いの歴史でありましたし，欧米も同様です。積極的にコミュニケーションをしつつ，敵か味方かを判断していく必要は常にあったはずで，そうした状況が反映されていることは間違いないでしょう。文化的背景が，表情の作り方にもメイクの仕方にも反映されているといえます。

## メディアの影響とメディアへの影響

**原田**：研究における対象者の平均というか，最大多数の特徴が，その国の現在の文化的特徴と一致しているのでしょうか？　つまり，現代文化の主体はメディアになりますが，メディアが頻回に使用しているイメージ群と一般人の認識が，どの程度，あるいはどのように一致しているのかが気になります。
**大坊**：わかりやすい例として日本と韓国を考えてみます。日本人と朝鮮人のDNAはほぼ一緒です。しかし，各国の典型的人物の写真などを使って実験を行うと，それぞれが自国人を高い確率で見分けることができます。そこでは，メディアによって作られ流布しているイメージ群に微妙な違いがあって，その差を学習しているのです。ところが身近な人を対象にして実験すると，両国とも大きな差はなくなります。つまり，それぞれの区別がつかないのです。メディアによって作られたイメージ群が無意識に張り付いているわけで，実生活で使用しているイメージ情報との解離が生じています。つまり，イコールではありません。
**原田**：文化は個人に影響を与えています。個人レベルから文化に影響を与える術はあるでしょうか？
**大坊**：何十年という単位であれば，文化を変化させることは不可能ではないと思います。時代ごとの当事者にとっては，変化が蓄積していっているという感覚はないでしょう。しかし，長期で結果を振り返ってみた場合，変化が起こっていたことが分析で確認されるでしょう。
**原田**：しかしながら，現在のメディアの影響は雨あられのごとく個人に降り注

いでいます。個人の問題という局面から発信された影響が，社会文化というシステムの中へ微細に蓄積していくものとしても，現在のメディアからの一方向性の影響は強すぎると感じています。
大坊：確かにメディアを通じた人気投票の結果や，ニュース・キャスターの発言の影響を受けやすいですね。メディアを相手にして，個人レベルから逆方向に，短期的かつ有効に影響を返す方法は思いつきません。あえていえば，当事者が書いた本などが出版されることがときどきありますが，これなどは短期的には大きな影響力を持たなかったとしても，長期経過の中では微細な影響を与え続けていると考えられます。

## 社会における相互的理解をめぐって

原田：イギリスでは大規模な啓発運動も行われていますが，まだ本当の意味での浸透は得られていないと主催者は評価しています。
大坊：身近な人が当事者でないと，真剣に感じ取ることは難しいでしょうね。障害者一般に対する親和性が低いということです。パラリンピックが注目されても，それは競技や競技者に関心が集まっているだけで，障害の本質に対する関心が高まっているわけではないのです。親和性の低さについては，核家族の子どもでその傾向が知られています。つまり，ヘテロ文化の中で育っていない結果です。その反省で，現在では教職課程研修に，介護体験を組み込むようになってきています。
原田：学校も年齢が上がるに従って，学校ごとに生徒の質が均一化していきます。
大坊：偏差値偏重の「富士山型」ではなく，多様な価値観を容認する「連峰型」にすべきと言われ，少しずつその動きが出始めています。また，ボランティア活動は，自分とは違った文化や考え方を知る機会になるでしょう。社会的スキルの習得も重要ですが，他人のスキルと触れ合う機会を持つことも大きな可能性を秘めています。
原田：他人のスキルに触れるメリットについて，その根拠を教えてください。

第7章　今後の課題（対談）

大坊：先ほどの研究になりますが，エックマンの表情分析（顔面の主に表情筋の変化パターンを部位ごとに評定する方法で詳細な検討がなされるもの）を，3次元計測法で分析した知見について述べます。日本人はうつむきで怒りを表し，韓国人は首を左右に動かします。ここでも日本は抑制的で，韓国では感情の表出指向が見られます。しかし注意すべきは，アクション・ユニットの分析をすると，目が笑っていない作為的微笑みなど，韓国人の場合，状況によって表情を使い分けていることが多かった点です。ACT（Affective Communication Test；非言語コミュニケーションの記号化スキルを測定する質問紙。この得点の高い者は，解読力も高いことが知られている）と KiSS-18（Kikuchi's Social Skill Scale・18項目版；対人関係の友好さ，積極さを測る質問紙）はともに社会的スキルの測定尺度ですが，スキルの高い人ほど表情の表出も豊かであったこと，女性ではより差が大きかったこと，そして個人の差は文化の差を超えていることがわかりました。

原田：つまり，スキルの傾向についての文化差はあるものの，優れたスキル獲得には文化的な有利や不利が多少あったとしても，意図的に獲得しようとしなければ身につかないということですね。

　アイコンタクトも広い意味では表情の一部にもスキルにも入ってくると思われるのですが，これはどのように解釈されるのでしょうか？　日本人はアイコンタクトが苦手で，むしろ敵意や警戒心を喚起する場合が多いともいわれています。

大坊：他国でも同様で，上下関係の中では控えることが多いのですが，例えば韓国ですと，仲間内では，直接目を見ながらコミュニケーションをとることが普通です。日本人は仲間内でも持続的なアイコンタクトを避けることが多いのは，文化差として明瞭だと思います。その理由は，相手に警戒心を与える，他者からの注目を受けることへの懸念があるためでしょう。心理学には，私的自己意識と公的自己意識という概念があります。私的自己意識は，「私は何か考えている，行動している」主体としての自分という意識ですが，公的自己意識は，「私は人からどう見られているか，どう評価されているか」という評価懸念の意識で，臨床診断の場面ではあまり使われていないかもしれませんが，これを測る自己意識尺度（SCS）は結構日本でも使われていま

## 第1節 社会文化へのアプローチについて

す。ですので，公的自己意識が強い人の中には，自分が劣等感を感じている部分を，他人に見抜かれてしまうのではないかという懸念を強く持つ人がいます。相手の視線に弱く，対人恐怖につながりがちともいえます。

**原田**：日本は「相手に読ませる文化」だと表現されましたが，同時に，「読み取られる文化」でもあるということですね。外見にハンディキャップのある人にとっては，非常に住みにくい環境だと思います。表情を使って，喜怒哀楽などの会話開始時の文脈を伝えられない人が，アイコンタクトまで使えないとなると，とりつく島もない状況です。

**大坊**：コミュニケーション・チャンネルは複数あり，それぞれが相関しています。一つが不得手だと，他もうまくいかないということがよくあります。表現が豊かな人は，解読も得意であるともいえます。外見にハンディキャップがある人は，コミュニケーションを抑制しがちなところがあるので，意図して訓練しないと，全体的にスキルが発揮できない可能性があります。

**原田**：イギリスでの知見によると，アイコンタクトの上達と，身なりを常に整えておくことが指摘されています。アサーション文化の基本だと思います。つまり，何らの情報も発信してこないのは，その人がその状況に興味がないか，不満や敵意を持っている可能性があると受け取られてしまうわけです。逆に，黙っていることで不審者扱いされないのが日本文化であり，匿名性という点では，日本は過ごしやすい文化だといえるのかもしれません。

**大坊**：欧米は個人主義の文化で，自分を積極的に出さねばならない文化です。成り行きがどうなるかは別として，コミュニケーションができる（コミットメントできる）文化であって，何らかの自己効力感を確認できる文化です。逆に日本は，目立たないようにしなければならない文化であって，自分の所属が限定されてしまう傾向があります。そこで孤独を感じている人も多いでしょう。

**原田**：欧米では皆が自己効力感を試さねばならない文化だとすると，言い方によっては，「日本では皆が不満足で平等，そんなところで満足しておかねばならない」というところです。

**大坊**：表現力とは，出さないとその力が低下してくるのも事実で，ますます表現しなくなることになるでしょう。

第 7 章　今後の課題（対談）

原田：日本文化の弱点は長所でもある，と解釈することに健全性はあるでしょうか？　例えばアンケート調査で，「日本人の感じる幸福度は低い」という結果がよく出ています。しかし，だからといって他国に住みたいわけでもない。日本人が「幸福ではない」と感じる背景には，自己主張の抑制文化が影響していると感じます。実際には「すごく幸福」ではないとしても，「相対的にはまあまあ幸福」〜「普通」〜「不幸を感じるが，許容の範囲内」という範囲に多くの人が収まっているように感じます。

大坊：アンケートの回答の仕方に問題があるのでしょう。何事につけ日本人は，よほどのことがない限り，程度の高い方に付けない傾向があります。感情の程度としては，中程度の評定値を選ぶ傾向があります。

## 相互的理解を促進させるもの

原田：自己概念の中の，文化から影響を受けている部分を客観的に評価できないところがジレンマになっているように感じます。ブラックボックスにも似た部分が心の中にあるにもかかわらず，幸福感やウェルビーイングを考えなければならないのは難しいですね。

大坊：ウェルビーイングとはそもそも主観的なもので，今よりも上を目指している状態が，ウェルビーイングの本質だろうと思います。だから，他人からするとどん底にあるような人であっても，ウェルビーイングを感じることができます。ウェルビーイングとは，何かを目指して現在進行形の状態にあることでしょう。アピアランス〈外見〉問題の当事者であっても，このことに変わりはないのではないかと思います。

原田：逆にウェルビーイングではない状態とは，現在進行形ではない状態だともいえるでしょうか？

大坊：安定状態の中で安心しているのもウェルビーイングです。しかし，時間がたってくるとウェルビーイングではなくなることが多いでしょう。年齢が進むにつれて，目指すステージも変化していきますから，永続性があるとまではいえません。

**原田**：満足度の煮詰め方も，日本文化の中では語りにくいことなのでしょうか？　ハンディキャップのない人が，ハンディキャップのある人の文化，すなわちその人の幸福や不満などを，十分に理解していないと感じます。社会自体の文脈が混乱しているとも感じられ，仮に情報に接しても，理解が成立しにくくなってしまっているように感じます。

**大坊**：コミュニケーションのトレーニングによって，社会は多要素的であるという実感が得られます。さまざまな人々との集団でのコミュニケーションが有効で，非言語的要素も含めてスキルを体験することが望ましいのです。欧米は自分を出さねばならない，そして何らかの反応は得られる。日本ではそれがない。結果的に発信力も衰える。それに気づくきっかけを，多くの場面で経験することでしょう。コミュニケーションを円滑に進めるスキルという視点からは，日本文化はまだ成熟していないと思えます。

## 第2節
# 現場へのアプローチについて
── CBTの有効性を軸にした，心理と医療の連携（コラボレーション）──

伊藤絵美 × 原田輝一

## CBTの普及状況

原田：本日はお忙しい中，対談にご協力いただき，誠にありがとうございます。伊藤先生とは初対面ですが，臨床の第一線で活躍しておられる立場から，有意義なアドバイスを引き出せるのではないかと期待しております。
　　アピアランス〈外見〉問題と，伊藤先生が主に活躍しておられる抑うつ状態や不安障害とは，CBT（Cognitive Behavioral Therapy：認知行動療法）を行う際に，実は重複する部分が多いのではないかと考えています。まず，伊藤先生の分野である抑うつや不安障害へのCBTの普及の程度について教えてください。

伊藤：うつ・不安障害へのCBTには，診療報酬点数がついています。しかし，まだ点数が十分ではないことと，CBTを提供する条件の厳しさから，理想的に普及しているとはいえない状況だと思います。

原田：例えば，大学病院であればCBTを受けられるという状況でしょうか？

伊藤：残念ながら，まだそこまでもいっておらず，大学病院でもすべてが対応しているわけではありません。CBTのトレーニングを受けた医師が提供するもの，という点が負担になっているのだと思います。逆にクリニックになると所属の心理士が多いために，CBTを診療内容に含めているクリニックやクリニック付属の相談機関は増加しています。しかし心理士のCBTのスキルにはばらつきが大きいために，そのクリニックの施行レベルの確認が必要でしょう。

原田：質を確保しながら普及を進めていく試みとして，具体的には何が行われ

ているのでしょうか？

伊藤：先ほど，CBTのトレーニングを受けた医師の提供するCBTという話をしましたが，現在は精神保健指定医のチーム内の看護師が行うCBTにも診療報酬が拡大中です。今後，公認心理師が増えて医療現場に入るようになると，心理士も保険診療内でCBTを提供できる可能性が高くなります。そうなれば，普及が加速されることが期待されます。

原田：つまり普及させるためには，点数の問題はすぐに改善することは無理としても，喫緊の問題としてはCBTに対応できる看護師などの医療スタッフの養成，心理士の養成が求められるということになりますね。

　それでは，現在，普通に行われている抑うつ状態や不安障害などへ対処の中で，アピアランス〈外見〉問題（可視的差異なし）に関連する人はどれくらいいるのでしょうか？

## アピアランス〈外見〉問題とCBT

伊藤：軽症から重症までさまざまな症状を持っている方がいますので，正確に算出するのは無理だと思いますが，私が所長を務める洗足ストレスコーピング・サポートオフィスの相談室の場合，大まかにいうと摂食障害が10％くらい，醜形障害はさらに少なくて1％くらいだと思います。しかしながら，アウトリーチで行っている女性の覚せい剤依存者に対するグループCBTでは，25％くらいの人が，最初は痩せるために薬物を使用していたといいます。疾患別に分けるとそれくらいですが，その原因を抽出する過程では，アピアランス〈外見〉問題が影響しているケースは，もう少し増えるのではないでしょうか。

原田：本書のテーマに関わる本質的な質問になるのですが，アピアランス〈外見〉問題への対処法としてCBTは見込みがありそうでしょうか？　有効だとしたら，普及させるために必要なことは何でしょうか？

伊藤：可視的差異は，絶対的なストレッサーといえます。絶対的であるという意味は，これが不変のものであるということです。それを前提として，そこから生じてくる患者の反応（認知や行動）を理解したり必要に応じて修正し

ていくのが，アピアランス〈外見〉問題に対するCBTになります。その有効性は高いと思います。

原田：非常に示唆に富んだ指摘だと感じます。アピアランス〈外見〉問題を分解すると，インプット→プロセシング→アウトカムという順番になります。インプットとは素因や症状など，問題が発生する過程の初期条件になります。医療とは，患者の問題の原因別に対応し，初期条件の除去あるいは軽減を目指すものです。しかし残念ながらそれ以外への発想が乏しいため，インプットの修正に没頭してしまいがちです。ところが，それに続くプロセシングに適応不良なスキーマがあると，極端にいえば，インプットで何をやっても効果がないことになりますし，当然，アウトカムも悪化してしまいます。重要なことはプロセシングとアウトカムが相互関係を持っていることで，それぞれに単独にアプローチしても効果が上がりません。プロセシングとアウトカムの相互関係に働きかけるCBTは，まさに医療の手が届かない領域をカバーしてくれますし，強力な補完的パートナーだと思います。

　医療現場への具体的な普及について，良いアイデアはあるでしょうか？

伊藤：現場にCBTに精通している心理士がおられたら理想的でしょう。しかし，まだ精神科領域でもそこまで普及しているわけではありませんから，すぐに期待することはできません。ただしアピアランス〈外見〉問題の場合なら，発想の転換が可能です。CBTは，レベルによっては心理士でなくともできるからです。

原田：先ほど，精神科領域でのCBTの普及のために，看護師の方々が導入され始めているとお聞きしました。例えば先天性疾患を扱うセンターや，外傷や熱傷を扱う救急センターを出発点とするチーム医療の場合も，やはり看護師が適任でしょうか？　加えて，どれくらいのトレーニングを必要とするものでしょうか？

伊藤：看護師なら，すでに援助的スキルはお持ちですので，まずは2～3日の講習会でしっかり学んでいただけるとよいと思います。心理士に課せられているような膨大な質と量の習得は，限定された環境では必要ないと思います。それよりも，スーパーヴァイズを受けられる体制の確保のほうが重要です。

原田：なるほど。例えば，CBT で計画したことの進行が思わしくない場合，進行を阻害している要因など，何かを見落としていないか，そうしたアドバイスは欠かせませんね。スーパーヴァイズをしてくれる心理士がいる施設であれば問題ありませんが，近くにいない場合，どのような対策が可能でしょうか？

伊藤：私は1対1のスーパーヴァイズを何件も行っていますが，スカイプ（Skype）でも十分可能です。たとえグループで行うスーパーヴァイズであっても，適切なメディアを使えば可能です。

原田：逆に，疾患に詳しいスーパーヴァイザーの育成は必要でしょうか？

伊藤：スーパーヴァイズ自体は，インプットにあたる疾患レベルのことについては簡単なレベルでよいので，アピアランス〈外見〉問題に興味を持っている，かつ CBT を専門とする心理士であれば，対応は可能だと思います。

原田：アピアランス〈外見〉問題について，より多くの心理士の先生方に知っていただくには，どのような方法が考えられるでしょうか？

伊藤：日本認知療法・認知行動療法学会，日本認知・行動療法学会，日本心理臨床学会などに働きかけをするという手があるかと思います。問題は，どのようにすれば熱心な心理士の集団へ情報を届けることができるか，でしょう。加えて，臨床研究ができることも，大きなモチベーションになります。つまり，研究が可能なフィールドを提供できるか，ということです。それには発信力，情報交換できるパイオニアやコーディネーターの存在がキーになると思います。

原田：アピアランス〈外見〉問題の場合，看護師以外にも臨床で深く関わる専門職があります。例えば，先天性疾患では音声言語療法士，外傷や熱傷では理学療法士（PT）や作業療法士（OT）などです。これ以外にも多々ありえます。こうした方々が CBT に参加するという事例はあるのでしょうか？

伊藤：PT，OT も参加してくる場合があります。こうした職種の中で，関心を持っている熱心な集団があれば，心理士側に相談してくる場合があります。CBT の内容は日常生活に即したものですから，心理士だけではなく，幅広く対人援助職に開かれていると思います。

原田：アピアランス〈外見〉問題の場合，包括的ケアという枠組みの中では，

CBTはもっとも重く困難を抱えている患者さんへのアプローチになります。しかし大多数は心理的に軽症というか，立ち直りの力が完全には萎えていない方々です。そうした人たちへは，セルフヘルプ教材の提供が合理的とされています。

**伊藤**：インターネットを利用した提供であれば，セルフヘルプ教材の提供もスムースです。しかもネットなら，ワークブックをダウンロードできる利点があります。自己学習したことのチェックを行うことは重要で，こうした媒体を利用したチェックは有用です。先ほど，医療スタッフ向けの講習会は2～3日でよいと申しました。しかし，例えば1ヶ月後のフォローアップ研修をはじめから計画に組み込んでおくことが重要です。患者に行うように，初回セッション＋フォロー・セッションにしておき，その間，実際に自分でチェックシートなどの記入を行い，振り返りを行ってもらうのです。CBTはセルフヘルプ技術でもありますから，受講者は自分で使ってみる必要があります。


## 臨床から社会への情報発信

**原田**：最後にお聞きしたいのは，社会文化へのフィードバックが可能だろうかという点ですが，いかがでしょうか？

**伊藤**：社会文化へのフィードバックは，研究成果（エビデンス）の発表が重要だと思います。もちろん日本心理学会などの大規模な組織でトピックスとして情報発信して，研究者の育成を奨励してもらうという方法もあるでしょう。

**原田**：学際的に情報を発信しても，メディアがどう扱うかまでは予想できません。この問題に関する過去の経過を振り返ってみても，当事者や一般の人々に対する情報提供に，どれくらいメディアが参加してくれるのかは未知数です。

　最後に，伊藤先生の今後の方向性について教えてください。

**伊藤**：私自身はCBTのほうは一段落したと考え，現在はスキーマ療法に取り

組んでいます。認知療法の扱う自動思考の根底にある，深い思いや信念について取り組んでいるのです。

原田：その領域は，深層でアピアランス〈外見〉問題が絡んでいる患者も多いと予想され，私としても興味深いです。

伊藤：アピアランス〈外見〉問題に関して，心理と医療との連携は，十分にできると感じました。CBTは構造化されているので，理解されやすいと思います。今後のコラボレーションのきっかけ作りは，双方向から行っていく必要があるでしょう。心理と医療との連携という意味では，薬物依存治療が参考になると思われます。やはり研究と臨床について，その両方ができるかどうかという点が大きいでしょう。

原田：連携を促進して発展させていく要因は，常に意識しておく必要があると感じます。少数の研究者が成果を発表し続けることも大切ですが，多くの研究者が論文や著作でアピールするほうが，病院行政や地方行政を担当している方々の目に留まりやすいのは事実です。医療側も心理側も，現場の問題への対処だけでなく，一つ先のことを意識しながら連携することが，今は大事だと思います。

# 索　引

## あ行

アイコンタクト　58, 69, 173, 242, 243
愛着　143, 146
アウトカム　24, 148, 150, 175, 184, 185, 248
アザ　39, 87
アピアランス／アピアランス〈外見〉　12, 14, 21, 29, 125, 196, 199, 218, 219, 235
アピアランス心理学／アピアランス〈外見〉心理学　19
アピアランス問題／アピアランス〈外見〉問題　12-17, 20, 21, 25, 29-33, 164, 177, 185-187, 196-200, 234, 247-249
アピアランスケア　31, 90, 196-198, 203-209, 213, 216-219
アピアランス支援センター　31, 88, 200, 207
アペール症候群　108
アントレー・ビクスラー症候群　108, 109
怒り　24, 25, 28, 57, 65, 165, 169, 178, 239, 242
印象　18, 38, 41, 44-48, 55-58, 62, 69, 82, 101, 114, 216
印象形成　28, 41
インプット　24, 248, 249
インプラント　215
ウィッグ　196, 203-205, 208, 211-214, 216, 217
ウェルビーイング　244
うつ病　130, 134　⇒抑うつ
援助者治療原則　75
音声言語　105, 144, 249

## か行

外見への不安　23, 24, 51
外見問題（appearance matters）　18, 19, 21
　⇒アピアランス〈外見〉問題
外傷　164, 165, 184, 185, 187
外的羞恥　28
ガイドライン　148, 150, 197, 228
回避　14, 19, 20, 23, 24, 33, 44, 48, 51, 54, 55, 58, 61, 67, 140, 165, 170, 173, 174, 191, 192
回避行動　14, 23, 28, 169, 170, 172, 174
解離　25, 165, 240
顔の平等（Face Equality）　222, 225-236
下顎顔面骨形成不全症　109
覚せい剤依存　247
獲得性（acquired）　110　⇒後天性
顎裂　104
可視的差異（visible difference: VD）　17, 18, 38, 51, 82, 101, 222, 247
家族会　159, 160
価値観　22, 72, 77, 241
カモフラージュメイク　172, 204
がん　16, 21, 31, 88, 118, 121, 196-204, 207-210, 217-219
眼球突出　108, 109
がん診療連携拠点病院　196, 218
関節リウマチ　120
乾癬　27, 119
がん対策推進基本計画　31, 196, 199, 218
顔面神経麻痺　41, 55, 116, 117
顔面表情　38, 40　⇒表情

# 索　引

顔面裂　46, 105
帰属スタイル　24
急性ストレス障害（ASD）　165, 166, 189, 190
凝視　47, 61, 173, 186, 223, 224, 229
強迫スペクトラム障害／強迫性障害　16, 125, 126, 128-130, 132-134
恐怖-回避モデル　23
恐怖感　25, 142, 143, 193
クルーゾン症候群　47, 108, 109
化粧　38, 82-90, 127, 203, 207, 208
結果　23, 24, 27, 28, 32, 33, 63, 67, 148-150, 200　⇒アウトカム
ケロイド　114, 116
健康心理学　15
言語聴覚士　152, 182
顕出性（salience）　25, 26
健常感（sense of well-being）　32
構音障害　104, 140
口蓋裂　44-48, 55, 104, 110, 141, 149, 152-156　⇒口唇口蓋裂
抗がん剤　120, 121, 199-201, 210, 212
攻撃性　14, 28, 69, 146, 186, 189
膠原病　121
口唇口蓋裂　74, 104, 140, 141, 148, 149, 152
口唇裂　27, 44-48, 55, 102, 103, 141, 142
公的自意識　85, 89
後天性　28, 110
行動療法　14, 62, 70, 249
コーピング　17, 22, 23, 167, 173, 184, 193, 237
コクラン共同計画　148, 150
骨移植　104
骨延長［手］術　107, 110
コミュニケーション　39, 54, 55, 57, 60, 61, 78, 116, 181, 193, 194, 204, 216, 239, 240, 242, 243, 245
コントロール感　171, 188, 205, 212

## さ行

ざ瘡様皮膚炎　214
歯科矯正　104, 105, 129, 144
色素沈着　201, 214, 215
自己概念　23, 25, 28, 51, 168, 244
自己効力感（self-efficacy）　32, 171, 174, 187-190, 205, 209, 212, 243
自己コントロール感　171, 188
自己スキーマ　23, 63-67
自己制御理論　22
自己像／自己イメージ　23, 51, 118, 147, 201, 223
自己変革　72, 77, 78, 80
自己防衛　28
自己免疫疾患　121
視線　39, 44, 47, 48, 55, 58, 61, 67, 69, 173, 215, 224, 243
歯槽　104
自尊感情／自尊心（self-esteem）　26, 27, 32, 51, 72, 75, 77, 85, 174, 179, 187-190, 209, 217, 223, 225, 229
私的自意識　85
自動思考　64-67, 251
社会［的］適応　20, 30, 101, 118, 173, 175, 181, 193, 194, 205
社会的回避　14, 23, 25, 52, 54
社会的スキル　28, 29, 173, 241, 242　⇒ソーシャルスキル
社会的スキル・トレーニング（SST）　15, 30, 193, 225　⇒ソーシャルスキル・トレーニング
社会的出会い　26, 186, 187, 193, 226
社会的認知モデル　22
社会的ネットワーク　24
社会的比較　24, 25
社会的不安　16, 24, 25, 52, 54, 191
社会復帰　14, 164-169, 171, 172, 174, 178, 181, 184-187, 189, 193, 199, 200

253

社会文化的圧力　16, 21, 31, 33　⇒文化的圧力
社会変革　72, 73, 80
社会保障制度　20
社交不安症／社交不安障害　125, 130, 132-134
斜視　47, 108
醜形（ugliness）　18, 113-116, 126, 194
醜形恐怖／醜形障害　13, 16, 21, 125-136, 247
羞恥　28, 133, 166, 168, 181
主体性　73, 78, 209
出生前診断　141, 142, 152, 154-157
上顎骨の低形成　108-110
症候群　107, 140, 144
症状　17, 101
状態（condition）　18, 26, 100, 101
小児がん　216
植皮　116
神経線維腫症　118
滲出性中耳炎　104　⇒中耳炎
尋常性乾癬　⇒乾癬
尋常性ざ瘡（ニキビ）　27, 120
身体イメージ　16, 23, 26, 201, 202
身体イメージ［の］障害　16, 17, 22, 23
身体醜形障害　⇒醜形障害
心的外傷　165, 166　⇒トラウマ
心的外傷後ストレス障害　⇒PTSD
信頼モデル　22
心理士　13, 14, 30, 51, 68, 145, 149, 152-155, 160, 161, 171, 182, 189-191, 207, 246-249
心理社会的危機　145
頭蓋顎顔面（CMF）　140, 148
頭蓋拡大手術　107
頭蓋顔面　101, 150
頭蓋骨早期癒合症　106-109
スキーマ　23, 24, 26, 30, 47, 63-67, 186, 187, 248, 250
スティグマ　23, 28, 74, 168, 223, 225-228, 234
ステレオタイプ　28, 41, 42, 56, 69, 224, 226

ステロイドホルモン　121
ストレスとコーピング理論　22, 23
正常範囲内における不満足　100
精神発達障害　107, 108, 145
精神保健福祉士　178, 182
整容　104, 197
摂食障害　16, 22, 23, 26, 128, 132, 247
セルフヘルプ／自助　30, 32, 78, 80, 101, 174, 250
セルフヘルプグループ／自助グループ（SHG）　71-80, 172
先天性（congenital）　16, 101
全般性不安　27, 191
創傷治癒　112
ソーシャルスキル　42, 47, 48, 53, 54, 64, 65, 68　⇒社会的スキル
ソーシャルスキル・トレーニング　52, 54, 62, 63, 68, 69, 191　⇒社会的スキル・トレーニング

## た行

対処モデル　23
対人恐怖症　132-134
多職種チーム医療　148
脱・専門職至上主義　77-79
脱毛　16, 120, 121, 196, 200-202, 205, 210-213, 216-218
ためこみ症　129, 136
多面的自己概念　23
チェンジング・フェイス（Changing Faces）　30, 68, 167, 193, 222, 236
中耳炎　140, 156, 157
中心性肥満　121
超音波検査　141
鳥様顔貌　109
爪　121, 201, 215, 218
敵意／敵愾心　24, 25, 28, 69, 242, 243
適応　17, 18, 21-23, 28, 30, 62, 67, 101, 118, 140,

152, 161, 166, 173, 175, 177, 180, 181, 186, 187, 193, 194, 205, 216, 248
適応障害（AD） 21, 22, 165, 166, 168, 184, 192, 210
統合失調症 131
トラウマ 113 ⇒心的外傷
トリーチャー・コリンズ症候群 109, 143

## な行

内的羞恥 28
軟口蓋裂 104
ニキビ ⇒尋常性ざ瘡
日常思考記録表 66
乳がん 200, 201, 210, 215
乳房再建術 215
認知過程 22-24, 100, 113
認知行動療法（CBT） 15, 29, 30, 62, 64, 65, 68, 69, 78, 134, 135, 174, 191, 193, 246-251
認知療法 62, 63, 65, 249, 251
ネガティブな感情 25
ネガティブな反応 28, 48, 51, 172
ネガティブな評価 25, 28
熱傷 63, 115, 116, 164, 165, 167, 174, 177, 178, 182, 184, 191-194
脳圧亢進症状／脳圧亢進状態 107, 108

## は行

白斑症 119, 120
抜毛症 129, 136
ハラスメント 187, 229
瘢痕 47, 111-116, 201, 215
瘢痕拘縮 111-116, 178
ピアサポート 69, 78
鼻咽腔閉鎖［機能］不全 104, 140
ピエール・ロバン症候群 110

非言語的コミュニケーション（NVC） 55-62, 69, 116, 193
肥厚性瘢痕 113-116
美的強迫 17, 187
皮膚移植 115, 116 ⇒植皮
皮膚科的状態 27
皮膚科的な疾患／皮膚疾患 39, 47, 118
皮膚がん 118
皮膚むしり症 129, 136
皮弁 116, 215
肥満 23, 121, 128
美容 128-130, 135, 197, 208, 209, 226
病識 128, 130-132, 135
表情 38, 39, 41, 43-48, 54, 55, 57, 58, 60, 61, 68, 69, 116-118, 216, 224, 235, 238-240, 242, 243 ⇒顔面表情
表情筋 40, 116, 117, 242
ファイファー症候群 108
不安 22, 23, 25, 27, 28, 51, 63, 110, 134, 142-145, 165, 173, 178, 179, 186, 190, 202, 208, 218
不安感 23, 27, 52, 142, 172, 181
不安障害 22, 246, 247
フェイス・バリュー 31, 68, 167, 191
物質関連障害 130
プロセシング 248
文化症候群 133
文化的圧力 21, 121
ベル麻痺 117
ヘルパーセラピー原則 75, 78 ⇒援助者治療原則
変革 227
変形（disfigurement） 18, 23, 101, 222
放射線治療 121, 201
母子相互作用 158
ポジティブな感情 25, 187, 188
骨切り手術 104, 110
微笑み 41, 43-46, 48, 55, 57-59, 61, 69, 213, 242

ボランティアセクター　15

## ま行

満月様顔貌　121
魅力　41-44, 47, 48, 69, 127, 226
メーキャップ／メイク　28, 47, 82-88, 90, 172, 196, 201, 204, 209, 213-216, 240
目立ちやすさ／目につきやすさ　24, 27, 102, 113, 114
メディア　20, 21, 132, 187, 223-226, 230-232, 234, 235, 237, 240, 241, 249, 250
メビウス症候群　41
メンタルヘルス　170
妄想性障害　125, 131, 132

## や行

誘意性（valence）　24, 25
抑うつ／抑うつ感／抑うつ症状　22, 25, 27, 28, 51, 52, 110, 134, 158, 165, 172, 178, 180, 186, 187, 189, 191, 246, 247　⇒うつ病

## ら行

ライフイベント　147, 148, 207, 217, 218
楽観性　24
リジリエンス　15, 100, 173, 186
臨床心理士　13, 30, 51, 68, 145, 149, 171, 207　⇒心理士
瘻孔　104
論理療法　63, 64

## 英語

AD　⇒適応障害
ARC（Appearance Research Collaborations）　23, 29, 31
ASD　⇒急性ストレス障害
ASI-R　26
AYA 世代　16, 21, 121
BDI　52, 158
BIQLI　26
CARSAL　25
CARVAL　25
CBT　⇒認知行動療法
Changing Faces　⇒チェンジング・フェイス
CLAPA　149
Cleft Team　148, 149
CMF　⇒頭蓋顎顔面
Craniofacial Unit　150
DAS　25, 52
DAS24　⇒DAS
DAS59　⇒DAS
disfigurement　18　⇒変形
DSM　125-128, 130, 132-134
DSM-5　⇒DSM
FNE　25
HADS　25, 27
INCOM　25
NVC　⇒非言語的コミュニケーション
PADQ　25
PANAS　25
PLISSIT モデル　29
PTSD　63, 165, 180, 186, 187, 189, 191-194
RAQ　25
SCARED 症候群　173
SHG　⇒セルフヘルプグループ／自助グループ
SSQ　24
SST　⇒ソーシャルスキル・トレーニング，社会的スキル・トレーニング
STAI　52
VD　⇒可視的差異

## 執筆者一覧 （執筆順）

**原田輝一**（はらだ・てるいち） ＊編者
医療法人生登会　寺元記念病院・てらもと医療リハビリ病院
　　執筆担当：序章／第2章1節／第4章1節・3節

**真覚　健**（まさめ・けん） ＊編者
宮城大学
　　執筆担当：第1章1節・2節

**中田智恵海**（なかだ・ちえみ）
NPO法人ひょうごセルフヘルプ支援センター
　　執筆担当：第1章3節

**阿部恒之**（あべ・つねゆき）
東北大学
　　執筆担当：第1章4節

**松井徳造**（まつい・とくぞう）
兵庫医療大学
　　執筆担当：第2章2節

**今井啓介**（いまい・けいすけ）
大阪市立総合医療センター
　　執筆担当：第3章1節

**松本　学**（まつもと・まなぶ）
共愛学園前橋国際大学
　　執筆担当：第3章2節／第6章

**今井啓道**（いまい・よしみち）
東北大学病院
　　執筆担当：第3章2節

**館　正弘**（たち・まさひろ）
東北大学病院
　　執筆担当：第3章2節

**荻野聡之**（おぎの・さとゆき）
杏林大学医学部付属病院
　執筆担当：第4章2節

**山口芳裕**（やまぐち・よしひろ）
杏林大学医学部付属病院
　執筆担当：第4章2節

**海田賢彦**（かいた・やすひこ）
杏林大学医学部付属病院
　執筆担当：第4章2節

**吉川　慧**（よしかわ・けい）
杏林大学医学部付属病院
　執筆担当：第4章2節

**野澤桂子**（のざわ・けいこ）
国立研究開発法人国立がん研究センター中央病院
　執筆担当：第5章1節・2節

**James Partridge**（ジェームズ・パートリッジ）
チェンジング・フェイス創設者
ウェスト・イングランド大学アピアランス研究センター客員研究員
　執筆担当：第6章

**大坊郁夫**（だいぼう・いくお）
北星学園大学
　執筆担当：第7章1節

**伊藤絵美**（いとう・えみ）
洗足ストレスコーピング・サポートオフィス
　執筆担当：第7章2節

アピアランス〈外見〉問題と包括的ケア構築の試み
──医療福祉連携と心理学領域とのコラボレーション

2018年5月20日　初版第1刷発行

| | |
|---|---|
| 編　者 | 原　田　輝　一 |
| | 真　覚　　　健 |
| 発行者 | 宮　下　基　幸 |
| 発行所 | 福村出版株式会社 |
| | 〒113-0034　東京都文京区湯島2-14-11 |
| | 電　話　03（5812）9702 |
| | F A X　03（5812）9705 |
| | https://www.fukumura.co.jp |
| 印　刷 | 株式会社文化カラー印刷 |
| 製　本 | 協栄製本株式会社 |

© Teruichi Harada, Ken Masame 2018　Printed in Japan
ISBN978-4-571-24068-3 C3011
落丁・乱丁本はお取替えいたします
定価はカバーに表示してあります

## 福村出版◆好評図書

**N.ラムゼイ・D.ハーコート 著／原田輝一・真覚 健 訳**
### アピアランス〈外見〉の心理学
●可視的差異に対する心理社会的理解とケア

◎5,000円　ISBN978-4-571-25049-1　C3011

外見（アピアランス）に問題を抱える人々の心理社会的不安と困難に焦点を当て，介入・支援の可能性を探る。

**太幡直也 著**
### 懸念的被透視感が生じている状況における対人コミュニケーションの心理学的研究

◎4,000円　ISBN978-4-571-25048-4　C3011

気づかれたくない内面についての被知覚の意識（懸念的被透視感）が与える影響と対人場面に果たす役割とは。

**野村俊明・青木紀久代・堀越 勝 監修／野村俊明・青木紀久代 編**
これからの対人援助を考える　くらしの中の心理臨床
### ①うつ

◎2,000円　ISBN978-4-571-24551-0　C3311

様々な「うつ」への対処を21の事例で紹介。クライエントの「生活」を援助する鍵を多様な視点で考察。

**野村俊明・青木紀久代・堀越 勝 監修／林 直樹・松本俊彦・野村俊明 編**
これからの対人援助を考える　くらしの中の心理臨床
### ②パーソナリティ障害

◎2,000円　ISBN978-4-571-24552-7　C3311

様々な問題行動として現れる「パーソナリティ障害」への対処を22の事例で紹介し，多職種協働の可能性を示す。

**野村俊明・青木紀久代・堀越 勝 監修／藤森和美・青木紀久代 編**
これからの対人援助を考える　くらしの中の心理臨床
### ③トラウマ

◎2,000円　ISBN978-4-571-24553-4　C3311

「トラウマ」を21の事例で紹介し，複数の立場・職種から検討。クライエントへの援助について具体的な指針を提示。

**野村俊明・青木紀久代・堀越 勝 監修／青木紀久代・野村俊明 編**
これからの対人援助を考える　くらしの中の心理臨床
### ④不安

◎2,000円　ISBN978-4-571-24554-1　C3311

生活の中で様々な形をとって現れる「不安」を22の臨床事例で紹介し，多職種協働の観点から検討を加える。

**野村俊明・青木紀久代・堀越 勝 監修／北村 伸・野村俊明 編**
これからの対人援助を考える　くらしの中の心理臨床
### ⑤認知症

◎2,000円　ISBN978-4-571-24555-8　C3311

認知症の人や介護者への支援を22の事例で紹介し，認知症における心理臨床の役割と意義について論じる。

◎価格は本体価格です。